JN252490

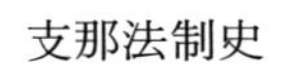

支那法制史

淺井虎夫編

明治三十七年發行

支那法制史

日本立法資料全集 別巻 1150

信山社

文學士淺井虎夫編

支那法制史

東京博文館藏版

序

此書題して支那法制史と云蓋法制史とは一國法律の歴史的發達を記述するにあり此故に過去に於ける法律的現象は一に法制史によりて研究せらる而して法律は最よく國民の特性を外部に發現せる者なれば法律史の研究は一國民の特性を知るに於て最重要なる研究なりと云を得べし。

法律的現象は頗複雜なり時と場處とによりて異る是に於て國別法制史出づ支那法制史は支那法律の歴史的發達を記述する者にして支那國民の特性は支那法制史を研究する事によりて最明了ならしめ得べし。

今や支那に對する各種の調査研究は日を追て進渉しつゝあるに拘らず獨法律の發達に關する研究は未着手せられず然かも志を外に

馳するの士の之を渴望しつゝ其渴望を滿たす能はず余が此編若くは其百一を滿すに足らんか。學者は又日本古代法制の多く支那法制に出づるを知て然かも其關係の如何計親密なるかを知らず其母法たる支那法制を研めざるの結果避け易き誤解を敢てして毫も顧慮せざる者あり此編若くは其十一を正すに足らんか。

之を要するに我支那法制史は左程の大册にあらざるも猶支那に於ける法律の發達の大要は述べ盡せりと信ず讀者之によりて彼國民の特性を悟り之を我古代法制に比較し而して更に歐洲の法制に對比し其長短得失を究め得ば以て他日有爲の活動に資する事を得ん

編者誌

凡例

一此編の體裁は元人郝氏の語によりて時代を上三代下三代に分ち更に明代を加へて各時代の法制を略說したり蓋明は範を宋にとり宋は範を唐に取り唐は之を上三代及漢にとれり故に上三代なる夏殷周下三代なる漢唐宋之に加ふるに明の法制を略述すれば略支那に於ける法制の沿革を知るを得べし而して清朝の法制は則範を明にとれり

一唐虞三代の法制に關して學者間に最疑問となれる者は周禮及禮記の二書なり若悉之を採用すれば各種の法制を詳に知るを得べしと雖古來より學者の異論多く悉採用するに於て頗危險なるを覺ゆ蓋該書は周代の制度を本として後人の著しく潤飾せし形跡あるを見る故にこれ等は周禮の制度として特に研究すべく其間往々關係ある所は自己の管見に任せて唐虞三代の條若くは下條に於て之を採用せり但周禮禮記の文字は之を記して讀者の取捨に任せたり

一本編に繼續すべき清朝の法制は編者別に成稿あり別册として刊行すべし

一引用書は頗多くして一々記載するにたえず唯讀者の參考書として座右に備ふべき者

は

廿一史の志類　九通(文献通考、同續、皇朝通考、通志、同續、皇朝通志、通典、同續、皇朝通典)

各種の法典(法源の條に掲出せる者)　圖書編　玉海　古今治平略　淵鑑類函

等となす本書主として據る所亦此等の諸書にあり隨筆文集の中往々參考すべき者あり得るに從て附加せり

一本書の躰裁はブルンネルの獨逸法制史イェリングの羅馬法制史グリムの著書を參酌し兼て宮崎美濃部兩法科大學敎授の講義に負ふ所あり又其內容は市村文科大學助敎授の指示に負ふ所多し一言此由を附記す

明治三十七年の春日

編者識

支那法制史目次

第四章　唐代の法制

目次終

支那法制史

文學士 淺井虎夫編

第壹章 漢人種の建國

人類の起原は一原なりや二原なりや、果多原なりやは、確定し難き問題に屬す。然れ共歐人は自稱してアリアン人種に屬すとなし、其祖先は嘗て亞細亞の中部に住居せしか、或未定なる、古き時代に於て、四方に轉住したり。其移るや多少年序を異にし、或者は合して一團となり、或者は散じて數團となり、各良好の土地を求めん爲に、世界の各部に向て離散せり。其一は東方即亞細亞の方面に、其一は西方即歐羅巴の方面に向ひしか、其東方に向ひし者は、やがて印度波斯の住民となり、其西北に向ひし者は、日耳曼人種となり、其西方に向ひし者は羅甸サビニー及希臘の人種となり、西南に向ひし者は、埃及王の祖先となり、而して最後に歐洲に入りし者を、東歐の人種即露西亞ボヘミヤ波蘭土の住民となり、其余世界の各部には、異人種多く住居し、ヒブリュー、フォュシアン、アラブスの如き、種族は、セミチックに、タークスモンゴルスの如きはチュラニアンに、各屬すといへり。若此說に從はゞ、漢人種の如きは、其チュラニアン派に屬する者と云べし。或は言語上より觀察して、更に之と區別し漢人種を特に單音人種として、西藏印度支那種と合したるものあり。

漢人種の出現

抑漢人種は、初より支那の北部に住居せしか、果西方より移住し來りしかは、人類の一原多原によりて決せらるべき問題なり。或者は其原住地をアリアン種と同く、中部亞細亞の地方に求め、或者は之を黃河の上流及楊子江の上流なる甘肅邊に求め、又或者は湖北邊に、求めて說一定せず。今若歷史の上に示す所を以てすれば、漢人種は突然北支那の地に現出したり。其年序は詳ならずと雖、此等の人種の酋長たる即王たりし堯舜の時代を目して、今を去る凡四千餘年とするによりて考ふれば、此先三皇五帝を數へて、三百年を出でざるべし、或は此等の一帝の名稱を一代の名稱として、更に幾多の帝王を列擧する者ありと雖信ずべからず。要するに漢人種の史上に現出するに至りしは、今を去る大凡四千三百年以前にして、

漢人種と苗人種との衝突

遠くも四千五百年を出でず。而して彼と先衝突せし者は、則苗人種なり、苗人種は嘗て支那の中部一帶の土地を占領せしが、漢人種の爲に漸時に驅逐せられて、南方に移轉せり。此苗人種の起原につき、或は漢人種と同一原なりと云の說あり。其當否を明にせずと雖、史上の記載事實を以て考ふれば、漢人種と苗人種とは、互に容るべからざる仇敵なりき。蓋漢人種は侵略的なりしに對して、苗人種は之が防禦につとめたりき。これ猶アリアン種が世界の各部に向て分散するや、常に侵略的にして、先住の人種は之を防禦して克たず、遂に或者は征服せられ、或者は逃奔し、或者は殺害せられたるに似たり。苗人種は常に漢人種に抵抗せしも、敵する能はずして、或者は殺害せられ、其多くの者は皆南方に向て逃竄したり。これ今の雲南貴洲の山中に存留せる苗人の祖先なり。是に於てか漢人種は、支那一帶の土地を占領して、以來數千年の根據を設立するに至れり。

漢人種の建國

此時に方て、漢人種と派を異にせる人種が、其周圍に夥多しく棲息したりき。例へばトングス種は北の方(吉林省邊)肅愼なる名稱を以てあらはれ、トルコ種は西北の方董鬻の名を以て、チベット種は西の方(四川甘肅邊)に氐羌の名を以て、蒙古種はトルコ種の東に山戎の名を以て各現れたり。此他東北には貉種あり。然して此等の人種は大抵チユラニアンに屬して、最初は一原なりしといへり。然れ共此等の多くは發達進化する事頗遲緩にして、完全なる國家を組織し發達せる文化を形成する事能はざりしを以て、我法制史上には現出し來らざる人種なり、其之あるは獨漢人種のみ。

法制史上に於ける漢人種

第貳章　唐虞三代の法制

第一節　當代に於ける經濟上の狀況

漢人種の農業時代

漢人種は此の如くにして出現したり此時に當りてや素より未開の狀態を脫する事能はざりき、然れ共如何に未開の人民と雖其生活を持續する爲には食はざる可からず又衣せざる可からず住するに所なかるべからず蓋衣食住の三者は彼等の直接に必要を感ずる所なりしは疑ふべきにあらず漢人種の苗人種を驅逐して其良好なる土地を占めんとせしも此欲望を充たさんとてなり既に良好の土地を占領してより後は此土地に定住して專農業に從事したりき此故に農

農業の發達

業は漸時に發達して遂には各種の農具を製作するに至りぬ傳へ云神農氏木を斲て耜となし木を揉て耒となし耒耜の利以て天下に敎ゆと當時農具の改良ありし事を知るべし然れ共熟々人種の進歩を考ふれば農業時代に達せし頃ははや進歩せる時代にして是より先既に幾多の未開の時代を經過し來れるなりされば漢人種も農業をなす以前には或は牧畜を業とせしやも知るべからず或は或文字によりて牧畜時代のありし事を證する者あり

此後農業は次第に發達し從て農業を勸課する者多く出づるに至り或は器具を改良し或は巧に土地を耕作して其成果を愈利用する者あり或は寒暑時を敎へて播穀に從事せしむる者あり堯の時后稷をあげて農師とす后稷幼より農事に志し遊戯するに當てや常に好で痲菽を種殖す成人たるに及で農を勸め地の宜五穀の宜を相して稼穡す民皆之を法則とす堯遂に之をあぐ天下其利を得と后稷又舜に仕へて功あり當時農業を勸むる爲に特に官職を設けたり名けて農師と云ひ又稷官とも云へり夏の時には之を農宰といひ周の時には農師農正農太夫といへり時に又田畯とも云此他司稼あり稻人あり

商業

當時商業亦行はれて有無相通ぜしが如く神農氏の時日中市をなし天下の民を致し天下の貨を聚め交易して退く事あり然して此交易の形式は何によりしや明ならず其古代にありては實物交換なりしは事實なるべきも虞夏の際既に金銀銅錢刀布龜貝の類を用ひし由云傳へたれば當時貨幣の存在せしを知るべし

貨幣

一說に曰貨幣に金屬を用ふる事周以后に屬す古は貨貝にして寶龜なりと然らば當時の貨幣は多く貝若くは龜を用ひしが如し周に至て珠玉黃金銅鐵を用ゆ周の景王の時錢の輕きを憂ひて遂に大錢を作りし事あり文に寶貨と記せし由見えたり

土地

土地は當時全く私有物にあらざりしが如く部落共有に屬するに似たり此故に分田の制度の如きも夙に發達したり王は或定數の田地を各個人に平分して耕作せしめたり史に傳ふる所によれば黃帝丘井法と名づくる者は則分田の制に

黃帝丘井法

して后世井田の法の起原なりと然れ共其制詳にすべからず唐虞の際亦此法ありと雖傳はらず夏の時禹丘甸の法を作る殷に至て公田私田あり周に至て井田の法大に備はる

井田の法

夏の時個人の配分を受けし田地は凡五十畝なり殷の時增して七十畝となり周の時更に增して百畝となれり一說に曰これ田の加はるにあらずして實は同數なり只尺度を異にするのみと夏の時は五畝の收入を以て王に供したりしが殷より以後は別に公田の設あり公田は即王の領地にして八家互に公田を耕し其收穫を王に供す此の如き制度を名づけて井田法と云或は云當時誠に公田私田の別あるにあらず土地は悉く平分せられて私田と稱へ其收穫十分の一を王に供するなりと或は云當時誠に公田あり然れ共私田の中十の一を以て公田の收入として之を王に供するなりと

分田の制は他人種の古代にもあり

按ずるに希臘の古代ゼルマンの古代にも皆分田の制ありき土地は悉種族の公有地にして各個人は其配分を受けて之を耕作したり而かも其制度の詳なるを知るべからず支那に於ては周の時井田法最備はれり但異說區々にして之が解釋を與ふる者多々あり井田法は一種の分田の制度なり今其大略を左に記述すべし抑井田法とは其字の示すが如く方三百畝の田を劃して井字を作り周圍の方百畝を以て一私人の田地とし合して八百畝の田を八家の私田

とし中央百畝の田を以て公田とし八家各其私田を耕すと共に百畝の公田をも耕し其收穫を以て王に供するなり之を圖示すれば左の如し

私	私	私
私	公	私
私	私	私

井十を通といひ通十を成といひ成十を終といひ凡萬井とす終十を同と云ふ

井
井
井
井
井
井
井
井
井
井

井十を通とす

通	通	通	通	通	通	通	通	通	通

通十を成とす

溝洫の法

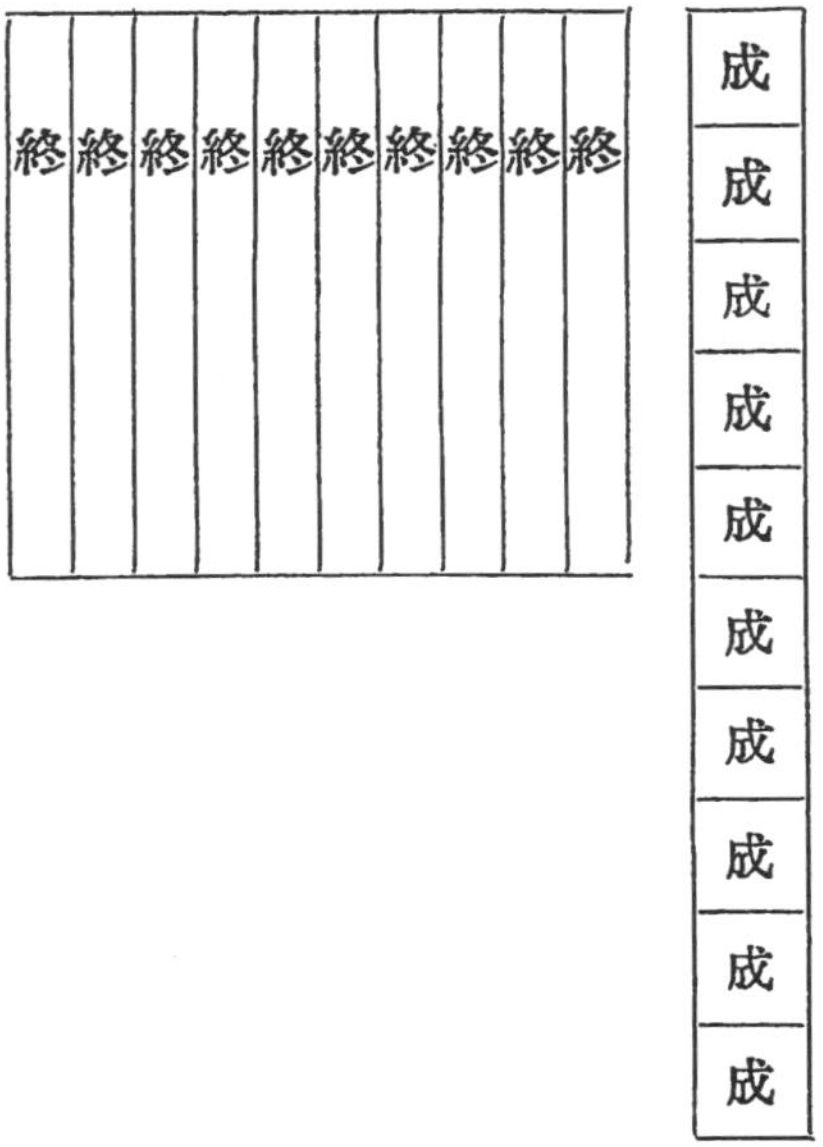

成
成
成
成
成
成
成
成
成
成

成十を終とす

終終終終終終終終終終

終十を同とす

而して田と田との間には又溝洫あり其制夫の間に遂あり遂の上に徑あり十夫に溝あり溝の上に畛あり百夫に洫あり洫の上に涂あり千夫に澮あり澮の上に道あり萬夫に川あり川の上に路あり然るに一説に曰廣二尺深二尺之を遂と云九夫井をなし井の間廣四尺深四尺之を溝と云方十里を成とす成の間廣八尺深八尺之を洫と云方百里を同とす同の間廣二尋深二尋之を澮と云とあり前者に十夫といひ後者に九夫と云合せざるに似たり之より古來種々の

異説を云ひ出せり要するに此兩者を以て相背馳するにあらずして全く同一の制度なりと云へり但是を以て全く合すべき者にあらざる事を主張する者あり今假に前者の說に從て田畝間の溝洫を圖示する時は略次の如し

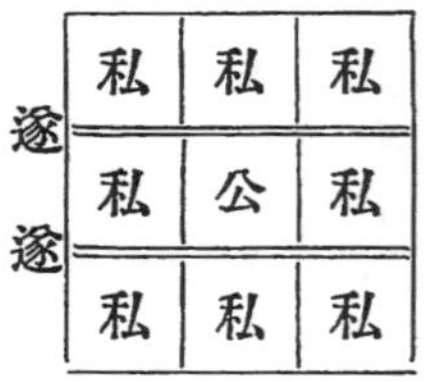

私	私	私
私	公	私
私	私	私

遂 遂

遂は廣二尺深二尺遂の傍に通路あり徑と云ふ

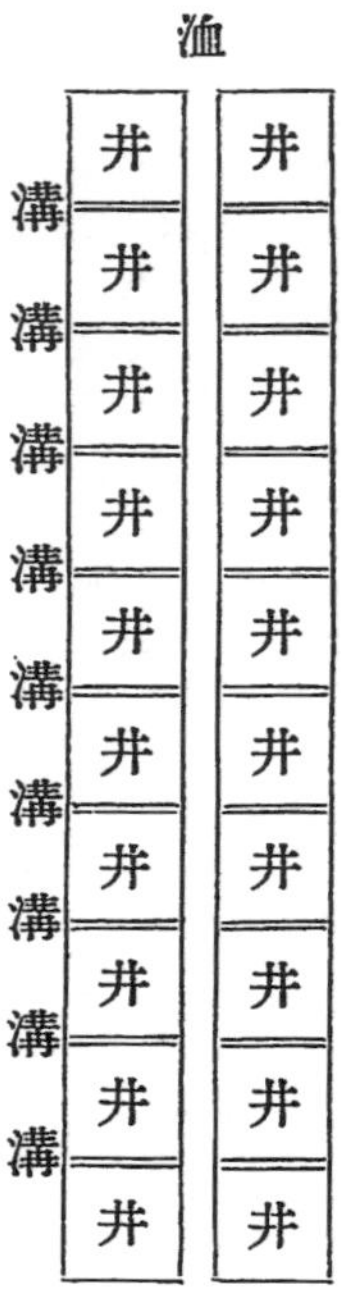

洫

井 井 井 井 井 井 井 井 井 井

井 井 井 井 井 井 井 井 井 井

溝 溝 溝 溝 溝 溝 溝 溝 溝 溝

溝は廣四尺深四尺溝の邊に畛あり洫は廣八尺深八尺洫の傍に涂あり

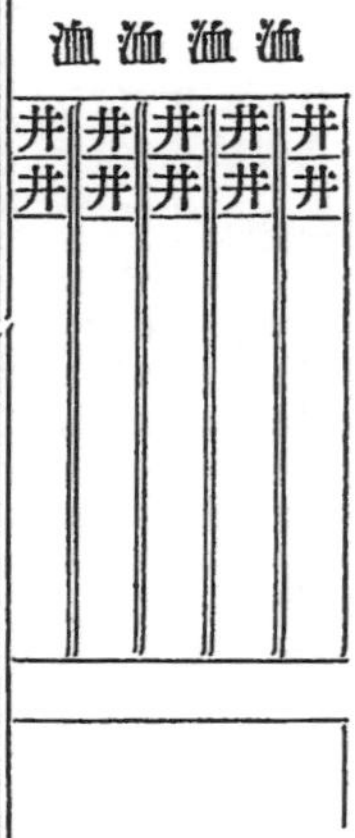

洫 洫 洫 洫

井井 井井 井井 井井 井井

澮は廣二尋深二尋澮の傍に道あり

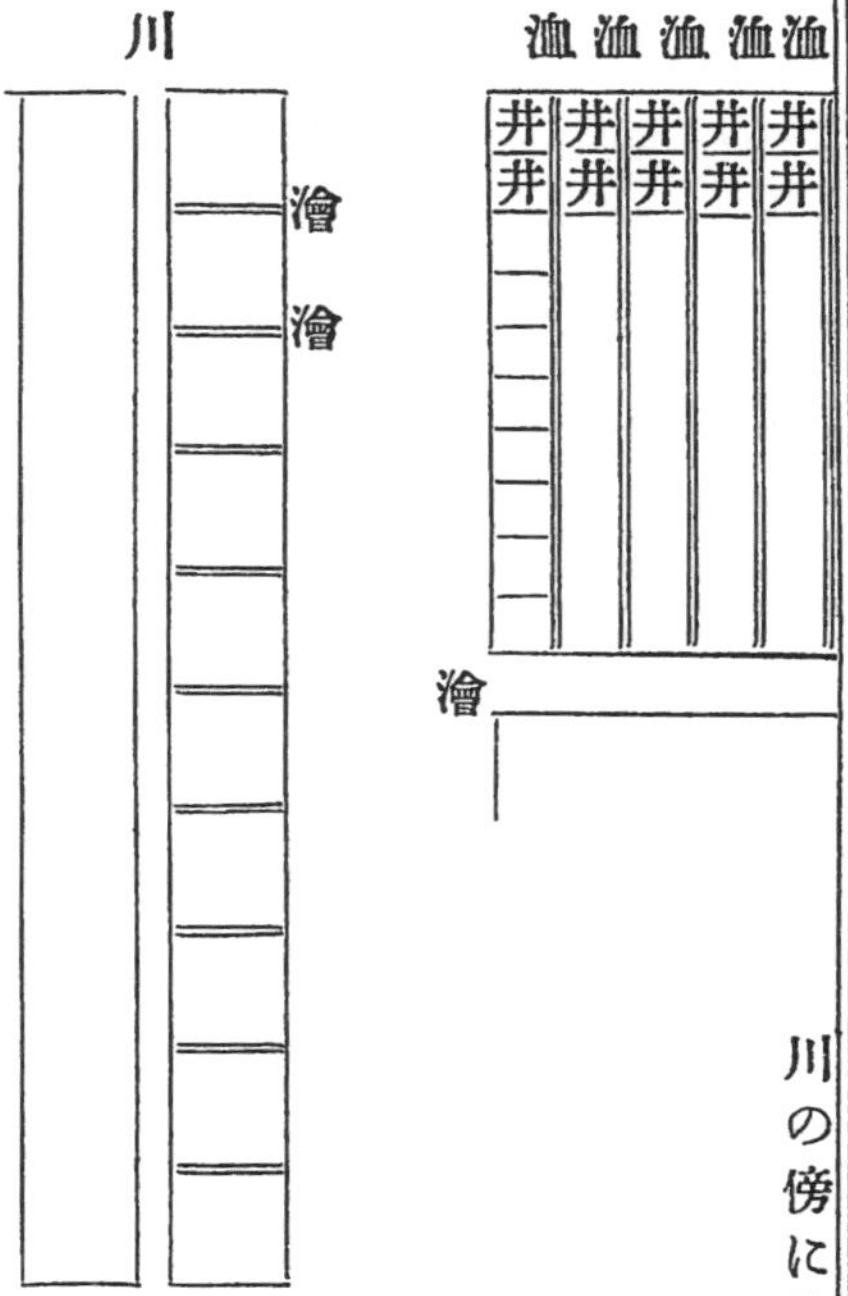

川の傍に路あり

洫　洫　洫　洫　洫

井井　井井　井井　井井　井井

澮

川

澮

澮

井田法に關する異說

世に井田の法と稱する者大畧以上の如し而して此に對する非難は當時公田なる者なしと云說と井田法到底行はるべからずと云說となり而して井田法の存在を認むる人に於ても或は是を以て前に說明せるが如き制度にあらずとする說と其行はれし範圍につき所說一定せざるとの差別あり蓋公田なしとするの說は明に公田の存在を記せる者なきに起因し其行はるべからずとするの說は其授田の制頗複雜にして民口の多寡を知り務農の勤怠を計り民

の年齢職業さては土地の肥瘠をも精査して然る後分田すべき制なれば言ひ易くして實は行ひ難しとなす其井田法の存在を認めて解釋を異にする者は必しも劃するに井字を以てするにあらずして公田を私田に寓するか若くは民百畝の私田を受けて十の一若くは九の一を王に供するを云なりと簡單に説明し去る者あり而して其行はれし範圍につきても或者は王畿千里の中六鄕六遂都鄙に分ち六鄕六遂には之を行はずして都鄙に行へりといひ或は全く之と反して六鄕六遂に之を行ひて都鄙には行はずといひ或は王畿悉行はれしなりといひ或は必しも六鄕六遂都鄙を分たず土地平旦なる所には凡て之を行へりといひ所説一定せず然れ共當時井田法行はれ公私田のありし事は事實なるべし而して先に説述するが如く正確に行はれしや否やは頗疑ふべしとなす宜なり其制の永く傳はらずして其傳をさへ失ふに至ては完全に施行されしにあらざるや明けし要するに各個人が百畝の田を配分せられ兼て王の領地を耕して其收穫を王に供せしは事實なり

第二節　王

漢人種の部落制度

牧と后と四岳と

漢人種の史にあらはるゝや彼等は幾多の部落に分れ各之が酋長を戴きたり此等の部落の名稱は今に傳はらざるを以て知り難しと雖之が酋長は名けて牧とも后ともいへり此故に一人の牧一人の后は以て一部落を代表せる者と云べし部落の數多きに從ひて牧后の數亦多からざるを得ず之を總稱して群牧とも群后ともいへり而して各部落は親族關係によりて結合する事他の人種と異らず牧と后とは戰時には軍を指揮し平時には部落內の裁判をなしたり群后群牧の上に四岳あり四岳は盖群后群牧の撰擧する所なるべし四岳の掌る所は王を撰擧し王の顧問に與りしが如し王は四岳によりて撰擧せられ國の大事は四岳に諮て之を行へり

王は之を名けて皇或は帝或は王といへり一に又天子と云ふ皇も帝も共にアキラカの義なり王は萬民の歸往するによりて名つけ天子は天の子と云の義なりと當時王權甚大ならず政治の本質は常に四岳にありて王權意外に薄弱なりき堯水を治めんとして之を四岳に問へり四岳答へて鯀をあげしむ堯其器にあらざるを知て猶其議に背く事能はず堯位を退くや四岳舜を撰擧す舜位につくや

國の大事は悉四岳に諮へり王位は常に世襲にあらずして撰擧なりし事は明白なり

王の職務

王は戰時には全國民を率ゐて軍に臨み平時には則裁判の爭務を行へり而して其最大なる職務は人民に代て天を祭るにあり此意味に於て王は最高の僧侶なり蓋天を祭り天に事ふる事は王のなす所にして民心を天に通じ又天心を民に通ずるは最重すべき所なりき此故に天に事ふる事は天子に委任して人民は與らず但天を敬し天を畏れ天に本づく事は上王より下人民に至る迄皆これあり獨天に事へ天を祭る事は王のなすべき所なりき此の如く天子民に代て天を祭る而して天災あれば則至誠の天に通ぜざる爲となし王自其身を責めたりこれ後世漢儒が荐りに天人相與の説をなすの本なりき

王位世襲

王は其初世襲にあらざりしが禹よりして後は遂に世襲となるに至り桀に至て殷湯王の爲に殺害せられ殷國をうけ王位常に世襲なりしが周武王に至て又殷紂王を殺害して王位につき以來世余世王者の地位にあり

王權の増大

王位既に世襲となりてより王權次第に强大を加へ殊に周の時同姓の諸侯を各

地に分封し此等の諸侯は皆王に服從して王を輔佐せしを以て王權頗強大となり政治上の權力は王の一身に集まれり是に於てか君主專制となり古の民主の制は遂に滅亡したり周末に至て分封の諸侯漸強大となり權勢王者を壓倒せり從ひて君主を神聖に見なすの傾を生じ古代民主の制と全く反せる制度を現出したり春秋の頃君臣を討つ臣之を讎とする事能はず謂へらく君命は天なりと最高の權力を認めたる事此の如くなりき

王の收入

王の收入は唐虞の世詳ならざれ共思に萬民の貢獻と王の領地よりの收入との二者なりしなるべし此他時に隣地の異人種よりの貢獻もありき夏の時は天下の田皆税を科して以て王の收入に充てたり此他に各州よりの貢獻物あり税は州によりて其率を異にす冀州最多く豫州之に次ぐ梁州最下たり貢は其地の出づる所に從ひて異にす漆絲羽毛齒革金屬の類なり周の時王の收入凡四種あり名づけて什一税九賦九貢九功と云ふ什一の税とは則王の領地なる公田よりの收入なり九賦とは諸の官吏の祿田より出づる税也九貢とは王畿外の分封諸侯每歲の貢獻なり九功とは九職の民の貢獻なり此等は皆王の收入に屬して經常

收入也又臨時の收入あり名づけて方貢と云夷狄の貢獻なり而して此等の收入は各用ふる所あり九貢は吊用の費に九功は府庫の費に什一の税は稍食の費に九賦は九式の費にあてたり

九貢(祀貢、嬪貢、器貢、幣貢、材貢、貨貢、服貢、斿貢、物貢)……………吊用費

九功(三農、園圃、虞衡、藪牧、百工、商賈、嬪婦、臣妾、間民)……………府庫費

公田及貢法よりの收入(什一税)……………………………………稍食費

九賦(邦中、四郊、郊甸、家削、邦縣、邦都、關市、山澤、幣餘)……………九式費

九式費とは賓客芻秣工事匪頒幣帛祭祀羞服喪荒好用の式を云へり此外に方貢ある事前に說けるが如し

王は又必要に應じて人民を使役する事を得たりき而して其使役する方法は一ならず或は府史胥徒の如き官役に供する事あり或は比閭族黨の鄉役に任ずる事あり或は溝渠涂巷の役あり車輦委輸の役あり要するに鄉役官役兵役田役の四者となす

第三節　階級の制度

當代に於ける階級の制度は大凡分て三となすべし貴族自由民及奴隸之なり當時の貴族は自由民の上に立て政務を行へり其初貴族の手によりて君主をも撰擧せしが後王者の世襲となるに至てより此等の貴族は皆王の官職に任じて人民の上にありき而して其間亦自階級あり周の時最上位にある者を卿といひ上卿下卿の區別あり次を大夫と云上大夫中大夫下大夫の三等あり次を士と云上士中士下士の三等あり大夫以上は釆地を賜ひ上士以下は土田を賜ふ分封の諸侯亦五等の階級に分ちて各上下あり公侯伯士男之なり諸侯の國亦卿大夫上士中士下士の別あり自由民は其業とする所によりて之を農工商の三に分てり奴隸は主として罪人を以て之にあつ罪あれば收めて奴とす春秋の時人の等級を分て十とする者あり一に王二に公三に大夫四に士五に皁六に輿七に隸八に僚九に僕十に台といへり

第四節　官職の制度

唐虞三代より以前官職の制得て知るべからず然れ共旣に國家を立つ國家の事務は一人にて行ふべからず是に於てか事務に與る官職を立つる必要あり或は

殷の官制

曰黃帝の時雲を以て官に名づけ炎帝は火を以て名づけ共工氏は水を以て名づく太皡は龍を以て名づけ少昊は鳥を以て名づく此故に少昊の時玄鳥氏あり司分の官たり伯鳥氏は司至たり青鳥氏は司啓者たり丹鳥氏は司閉者たり祝鳩氏は司徒たり鴡鳩氏は司馬たり鳲鳩氏は司空たり爽鳩氏は司寇たり鶻鳩氏は司事たり此五鳩氏は民事を掌りき此他五雉あり五工正となす器用を利し度量を正す事を掌れり九扈氏あり九農正とす農事を掌れり堯の時舜をあげて百揆に入れしむ伯禹を以て司空とし棄を以て后稷とし契を以て司徒とし皐陶を以て士とし垂を以て共工とし伯益を以て虞とし伯夷を以て秩宗とし龍を以て納言とし夔を以て樂を掌らしめき舜の時八元八凱をあげて農事と敎育とを掌らしむ夏后氏の時三公九卿廿七大夫八十一元士あり殷の時に至て二相六太五官六府六工あり其目次の如し

六太
- 太宰
- 太宗
- 太史

五官
- 司徒
- 司馬
- 司空

六府
- 司士
- 司木
- 司水

六工
- 士工
- 金工
- 石工

周の官制

太祝
太士
太卜

司毀
司士

司草
司器
司貨

木工
獸工
草工

周の時官制大に備はれり周禮によれば國家の事務を處理する者を分て六とし各其屬を以て事に與れり六官とは次の如し

(一)天官冢宰　其屬六十　邦治を掌る
(二)地官司徒　其屬六十　邦敎を掌る
(三)春官宗伯　其屬六十　邦禮を掌る
(四)夏官司馬　其屬六十　邦政を掌る
(五)秋官司寇　其屬六十　邦刑を掌る
(六)冬官司空　其屬六十　邦事を掌る

以上六官其屬各六十合して三百六十と云と雖これ大數なりこれより多少增加すべし

◎按ずるに周の官制として周官を取る事に付ては古來異論あり此故に直に周

官を以て周の官制となすは早計に失するの嫌なきにあらず且官制中往々後世の加入にあらざるやを疑はしむる者あり今周禮と云て必しも周の官制と云はず而して眞の周の官制の如何なりしやは今日傳へざれば明白ならずと雖荀子王制篇中に序官の一節あり或は當周の官制にあらざるか今試に其官名と職掌とを左に記載すべし

宰爵　賓客祭祀饗食犧牲の牢數を知る

司徒　百宗城郭立器の數を知る

司馬　師旅甲兵乘白の數を知る

大師　憲命を脩め詩商を審にし淫聲を禁じ時を以て順脩し夷俗邪音をして敢て雅を亂れざらしむ

司空　隄梁を脩め溝澮を通じ水潦を行り水臧に安し時を以て決塞し歲凶敗水旱と雖民をしで耘艾する所あらしむ

治田　高下を相し肥堯を視五種を序し農功を省み蓄藏を謹み時を以て順脩し農夫をして樸力にして能寡なからしむ

虞師　火憲を脩め山林藪澤草木魚鼈百索を養ひ時を以て禁發し國家をして用に足て財物をして屈せざらしむ

鄉師　州里を順にし廛宅を定め六畜を養ひ樹藝を間し敎化を勸め孝弟に趨かしめ時を以て順脩し百姓をして命に順ひ安樂鄉に處らしむ

工師　百工を論じ時事を審にし功苦を辨し完利を尙ひ備用を便にし雕琢文釆をして敢て專家に造らしめざる事を掌る

傴巫跛擊　陰相を相し祲兆を占し龜を鑽り卦を陳へ攘擇五卜を主り其妖祥吉凶を知る

治市　採淸を修め道路を易にし盜賊を謹み室律を平にし時を以て順修し賓旅をして安じ貨財をして通ぜしむ

司寇　急を抃き悍を禁じ淫を防ぎ邪を除き之を戮するに五刑を以てし暴悍をして以て變じ姦邪をして作らざらしむ

冢宰　政敎に本づき法則を正し兼聽して時に之を稽へ其功勞を度り其慶賞を論じ時を以て愼修し吏をして免盡し衆庶をして偷せざらしむ

辟公　禮樂を論じ身行を正し敎化を廣め風俗を美にし兼覆して之を調一す

之なり周禮或は之を敷衍して作成せるにあらざるか

六官の上に三公あり又三孤あり三公は太師太傅太保にして三孤は少師少傅少保なり其六官の職掌は略前表に示すが如く天官家宰は後世の吏部に相當し地官司徒は同く戸部に春官宗伯は禮部に夏官司馬は兵部に秋官司寇は刑部に冬官司空は工部に相當せり其所屬官名職員數及職掌の如きは周禮に詳なり

部落制度の破壞

王畿千里以外の地には初牧后の如き一部落內の行政及裁判の事務を掌りしが夏殷の時に至り部落制度漸破壞せられ是等の統治者も王より撰任せらるゝに至りたり是に於て改めて方伯を置き州に主たらしむ州の下に卒あり卒の下に連あり連の下に屬あり五國を以て屬とすといへり

九州の制

當時天下を分て九州とす古は九州の制なかりしが禹の時より始て九州を建つ之より先舜の時十二州に分ちし事あり禹九州を建てゝより以來殷周之による其名目は冀州兗州青州除州楊州荊州豫州雍州梁州之なり或は云これ夏の九州

国畿

公侯伯子男

にして般には之を冀州幽州兗州營州楊州荊州豫州雍州梁州といひ周には之を冀州幽州兗州青州並州楊州荊州豫州雍州と云と又土地の遠近によりて五服九服の制を立て分封の諸侯其地の產を以て王に供す抑五服の制夏に始まり周に至て九服を立つ夏は五百里甸服五百里侯服五百里綏服五百里要服五百里荒服とす甸侯綏要荒の五者を立てたり周に又五服あり周の五服は侯甸男采衛なり之に要服を加へて又六服と云又九服とは侯甸男采衛に加ふるに蠻夷鎭蕃の四服を以てするなり蓋周制に從へば王畿千里之を國畿と云王の直轄なり外五百里之を侯畿と云侯畿の外五百里之を甸畿と云甸畿の外五百里之を男畿と云男畿の外五百里之を采畿と云采畿の外五百里之を衛畿と云衛畿の外五百里之を蠻畿と云蠻畿の外五百里之を夷畿と云夷畿の外五百里之を鎭畿と云鎭畿の外五百里之を蕃畿と云と彼六服の中なる要服は蠻夷鎭蕃の四服を合していへるなり五服以外は地既に遠し之が服を立つる定制にあらざるが如し此等九服に分封せられたる諸侯は爵位の高下に從ひて五等の階級に分てり公侯伯子男之なり周の時九州の內州方千里州に百里の國卅七十里の國六十五十里の國百二

軍の編成

十凡二百十國ありと云此等の國にも各官職ありて從て亦爵位の別もありき官職には司徒司馬司空あり而して司徒は冢宰をかね司馬は司伯をかね司空は司冦をかねたり然れ共此等の官亦分置せざるにあらず只其例甚稀なり爵位には卿大夫上士中士下士あり

第五節　軍制

漢人種の始めて見はるゝや戰鬪を以て初まれり軍隊は即國民にして一人の王を戴きて出陣したり軍隊の編成に關しては唐虞夏殷其制詳ならず周の制は井田の法に從て軍を編成せり其法地方一里を井とし井十を通とし通十を成とす成方十里なり成十を終とし終十を同とす同方百里同十を封とし封十を畿とす畿方千里なり此中より賦と税とを出す賦は則軍の編成にして税は則軍粮なり其法四井を一邑とし四邑を一丘とし丘は十六井戎馬一匹と牛三頭とを出す四邱を甸とす一甸は六十四井戎馬四匹牛十二頭兵車一乘を出す兵車一乘には甲士三人卒七十二人あり卿大夫は百乘の家なり依て戎馬四百疋兵車百乘を出す諸侯は千乘の國なり依て戎馬四千疋兵車千乘を出す天子は萬乘の主なり故

異說

に戎馬四萬疋兵車萬乘あり春夏秋冬互に農の隙を以て訓練せり

按ずるに軍の徵發編成の方法につき周禮に記す所前說と同じからず周禮の記する所に從へば徵發は一家一人の比にして五人を以て一伍とし五伍を一兩とし一兩は廿五人四兩を一卒とす凡百人五卒を旅となす凡五百人五旅を師となす凡二千五百人五師を一軍とす凡萬二千五百人なりこれ則一鄕より出す所の兵なり王畿の內六鄕六遂あり遂も亦鄕と同じく一軍を出す是に於て六鄕出す所合して七萬五千人六遂亦然り或說に曰周禮云ふ所は敎練の數にして前者を以て徵發の數となすと或は曰これ六鄕邦國の別なりと又出車の數に至ても前說載する所は一甸(即六十四井)に兵車一乘戎馬四疋牛十二頭なり然るに一說には百井三百家に革車一乘なり之によりて攻車と守車とを分ちて解する者あり

周禮の制に從へば左表の編成を見る

師(中大夫)二千五百人　旅(下大夫)五百人　卒(上士)百人　兩(中士)廿五人
師(中大夫)二千五百人　旅(下大夫)五百人　卒(上士)百人　兩(中士)廿五人

一軍（師（中大夫）二千五百人…旅（下大夫）五百人…卒（上士）百人…兩（中士）廿五人

師（中大夫）二千五百人　旅（下大夫）五百人　卒（上士）百人　兩（中士）廿五人

師（中大夫）二千五百人　旅（下大夫）五百人　卒（上士）百人）

一兩は五伍よりなり伍は五人より成る

王の護衛

當時王は必要に應じて軍隊を召集する事を得たり而して各人民に科するに兵役義務を以てしたり王は又王宮を護衛せしめんが爲に八次八舍を置けり八次は王宮の內にありて王宮を守り八舍は外にありて王宮を護る一說に曰次は宿衛のある所にして舍は其休沐の所と皆士地を領する身分ある者の子第を撰で之にあつ此他虎賁旅賁あり勇士を選で之にあつ虎賁は王の出行するに當て先驅し王止まれば王閑を守り國に大事あれば王門を守る旅賁は戈盾を執り王車を夾てゆく常に左右各八人從屬せり

第六節　法の公示

本節に於ては當時代に於ける法の公示につき略說せんと欲す蓋法律が其始て成典となるに至る迄には自順序あり而して支那の法典は春秋の頃漸世に見は

れ戰國に至て遂に成典の存するあるを見る此故に古代の不文法より漸時成文に移り易る間の變遷を考察するも亦無用の業にあらざるべし

抑法が未成文に至らざる間は多くは慣習によりて各人が長き間に於て行ひ來りたる方法によりて決定したり學者は此の如き時代を名づけて慣習法時代とも不文時代ともいへり然れ共社會の進步につれて世事漸複雜を加ふるに至りては到底此の如き狀態に於て止まる事能はず是に於て國家の事務に與る人は古代よりの慣習を自覺し之を記憶する事の困難なるを以て或は之を筆錄し置き一旦疑ふべき事起らば其記す所によりて判斷したり此の如き筆錄はやがて法典の起因をなせる者と云べし然して社會の進步と共に又之に應ずべき法律を設けて之を民に示し若くは慣習の記憶を呼び起さんが爲に民に知らするの必要を生じ是に於て法の公示を見るに至り國家は此の如き法律を拾集し條例となし更に組織して法典となすに至る素より此の如き順序は常に存するにあらず或國は今も不文の時にあり或國は直に成典に至りし事ありて一定せず支那に於ける法典編纂の沿革を考究すれば其始は全く慣習により次で法の公示

法の公示

となり最後に法典の編纂に至れり支那に於て法の公示せらるゝに至りし時代は詳ならずと雖舜の時に至て既に法の公示ありき此故に此頃よりして法を公示するの必要を生じたる者の如し下て周の時法を公示するの式は朗讀法と揭示法となり其朗讀法は春秋の祭日四時の孟月吉日等に地方官等人民を一定の所に集めて法をよみ其揭示法は法を象魏にかけて洽く衆庶に示し日をへて復徹したり

象刑

按ずるに舜の時法を公示するの式ありとは虞書に象以典刑と云に本づきていへり然れ共此語に關しては異說多し或は益稷に象刑と云語あるに本づきて一種の名譽刑とし衣服を異にして耻辱を與へ村里をして伍せしめざるの刑罰なりといへり例へば今の四人に衣するに赭衣を以てするが如き之なり劓に當る者は其衣を赭にし臏に當る者は墨幪を用ひしめ死に當る者は布衣にして領無き者を衣せしめしが如し然れ共此說非なり或は之を以て周の刑象の法を象魏にかくるに比して、これ則象刑なり象刑は則法を懸けて民に示すの義なり周制これより出づとなす者あり此說是に近し故に今法の公示は

政廳

虞の時既に之ありと云所以なり

又按ずるに周の象魏にかくる法は周禮に見ゆ象魏は一に闕と云雉門の前にあり宮城皐門を入て庫門あり次に雉門あり次に應門あり次に寢門あり内を王宮とす萬民雉門に迄至る事を得たり政廳は皐門應門の中にあり皐門の中にあるを外廳と云ひ法令出づれば民を此に集めて其意向を問へりと云ふ

第七節　刑罰

身體刑
死刑
贖刑

當代の刑罰の最多く用ひられたる者は五刑なり五刑とは墨劓刵宮辟之なり墨劓刵宮は皆身躰刑にして辟は生命刑なり其他に流刑あり罪の輕き者には鞭刑扑刑あり又贖罪金の法もあり蓋國の原始時代に當てや犯罪の多は自省せしむるを常としたり此故に輕き犯罪は犯罪者をして之を贖はしめ他人を害せし者は其復讐として己も亦害せられしが如し然れ共罪の重き者に至ては王は自進で之に刑罰を加へたり

刑罰の主なる者は則右の五刑なり五刑は早くより存し堯舜以前既に之あり苗民五虐の刑を設けしが如きこれなり此後舜の時に至り五刑に代ふるに流刑を

以てしたりしが夏より以後は又古に復して五刑を用ふるに至れり蓋身躰刑の如きは原始時代に限らず何の時に於ても多く用られ罪人に痛苦を與ふるに最適當したる者なるを以て多く用ひられたり刑の適用としては最効力を有せしなり

墨刑

墨刑は又黥刑とも稱し顔面を傷つけて之に墨を加へて印跡を殘し何人も一見して其犯罪者たる事を知りて之と伍せざらしむ周の時墨刑五百あり穆王の時墨罰の屬千あり

劓刑

劓刑は鼻をきる刑罰なり古代よりあり周に劓刑五百あり穆王の時劓罰の屬千あり

刖刑

刖刑は足をきる刑罰なり此刑は苗民五刑の中に入らず周の五刑の中にあり苗民の五刑は刵を欠きて刖を加へたり刵は耳を截るなり一説に刵は刖の誤ならんと然れ共ゲルマンの古法にも刖刑の存するを見ば必しも誤なりと云べからず刖一に又臏と云又剕とも書せり周の時刖罪五百穆王に至て剕罰の屬五百あり

刵刑

宮刑

宮刑は男子の精を絶つ刑罰なり一に腐刑とも又蠶室とも云苗民五刑の中の椓之なり周に宮罪五百あり穆王の時宮罰の屬三百あり

死刑

辟は則死刑なり皆斬殺す

流刑

以上五刑の外に猶各種の刑罰はあり流刑は舜の時之あり分て流放竄殛の四種となす皆遠近を以て名を異にす殛は配處に在て死するを云なり又鞭刑打刑あり後世の鞭笞杖刑の起原なり

餘の刑

體刑と死刑とを合せ行ふ殘虐の刑罰も亦少なからざりき般の紂王は銅柱に油して下より火を焚き罪ある者をして之を渡らしめ火中に投落して燒死せしめたり名けて炮烙刑と云又別に火刑あり其方法詳ならず

ゲルマン古代の軆刑

按ずるに身體刑は國の東西を問はず時の古今を論ぜず皆一様に多く用ひられたり蓋身體に直接に痛苦を與ふる者は體刑に若くはなし今日に於ては之に代ふべき精神上の痛苦例へば名譽刑の如き或は自由を束縛する自由刑の存するありて强て刑の本旨に違ふ身體刑を用ふるの必要を見ず漢人種の用ひし體刑はゲルマン人種の用ひし體刑に大差なしローマ人も亦人の肢體を

傷つくる刑罰を用ひたりしも其最多く用ひし者はゼルマンのフランク時代に於ける體刑なりゲルマンの體刑は大凡之を分て二とすべし一を手足切斷の刑罰とし一を皮毛の刑罰とす前者は單獨に用ひらるゝのみならず死刑の準備として亦用ひられたり單獨の刑罰としては宮刑手足切斷或は兩手兩足切斷刵劓斷舌斷唇若くは目を抉出するの刑罰あり皮毛の刑も死刑の準備に用ひらるゝ事あり又追放に先立て行はるゝ事あり然れ共多は單獨の刑罰なり主として輕罪に用ひらる例へば鞭笞の如きは皮膚に加ふる痛苦にして其他毛髮を除去するが如き事あり酷なる者は頭髮を除去するのみならず皮膚をも幷せ剝き去る者あり或は燒印を捺すものあり燒印の刑罰は支那になくして日本にあり剝皮の刑目を抉出するの刑亦支那に見えず其他手を斷ち齒をぬくの刑罰の如きも見る所なし但黥はゲルマンに行はれざりしものゝ如し斷舌斷唇の如き刑罰は支那に於ても或時代に行はれたり要するにゲルマンの體刑は支那の體刑に比して稍複雜なりき

第參章　漢代の法制

第一節　官職の制度

中央官制
秦の官制

第一欵中央制度　秦天下を一統し皇帝の號を立て百官を設くるに及びては多く古を師とせず改めて太尉を置き又御史太夫を設けて相に貳す其官制略左の如くなりき

相

太尉　兵事を處理す　　御史太夫
廷尉　刑獄を掌る　　奉常　祭祀禮儀を掌る
衛尉　門衛屯兵を掌る　　郎中令　宮殿掖門を掌る
宗正　王の親戚を掌る　　內史　穀貨を掌る
太僕　輿馬を掌る　　典客　賓客を掌る
少府　納收税を掌る

當時未三公九卿の名稱なしといへ共漢の三公九卿は既に秦の制に胚胎せり其

漢の官制

他官制多く漢の則る所なり

漢の初秦制に倣て革めず蓋時宜に從へるなり然れ共後世漸改正增減して制漸整ひたり殊に丞相御史太夫太尉の三官はやがて文武糺正の三官にして後世に至る迄設官の骨子となれり丞相は高帝十一年更て相國と云ふ哀帝の時大司徒と改む武帝建元二年太尉を省き元狩二年初て大司馬を置く成帝の時御史太夫を改めて大司空と云ふされば初は丞相御史太夫太尉を以て三公と稱へしが哀帝の時に至ては大司馬大司徒大司空を以て三公と云に至れり光武中興以後官節約に從ひ官職頗減ずる所あり丞相御史太夫等を廢して改て三司を以て事務を處理す三司とは太尉司徒司空之なり而して三公の上に上公あり太師太傅太保これなり

丞相

丞相　丞相は天下をすべ百官をすぶ秦に左右の二人ありしが漢高帝に至て合して一人となす十一年更に相國と名づく一說に曰丞相相國自別なり相國は丞相の上にありと孝惠の時又左右丞相を置く文帝二年一丞相を置き哀帝元壽二年に至て更に大司徒と名づく後漢大を去て司徒と云ふ

九卿

丞相の下に九卿あり一に曰太常二に曰光祿三に曰衞尉四に曰宗正五に曰太僕六に曰大理七に曰鴻臚八に曰司農九に曰少府これなり

太常　太常は宗廟禮儀に關する事務を處理す始奉常と云景帝中六年改むる所なり屬官に左の諸官あり

太樂　太祝　太宰　太史　太卜　太醫

又均官都水兩長丞、諸廟、寢園、食官、令長丞、廱太宰太祝令丞等の職員あり

博士　秦官なり古今に通ずる事を掌る員多き時は數十人に至る武帝建元五年初て五經博士を置き宣帝黃龍元年增して十二員とす

光祿勳　秦官郎中令之なり武帝太初元年光祿勳と改む宮殿掖門戶を掌る屬官に左の諸官あり

大夫　論議を上る太中大夫、中大夫、諫大夫、の別あり

郎　門戶を守り出て軍騎に充つ議郎、中郎、侍郎の別あり又車郎、戶郎、騎郎の名あり

謁者

期門　兵を執り送從する事を掌る武帝建元三年置く所多きは千人に至る僕射あり平帝の時名を虎賁郎と改め又中郎將を置く

羽林　送從を掌る武帝太初元年置く所初建章營騎といひ後羽林騎と云ふ又羽林孤兒あり羽林には令丞あり

僕射　秦官なり

衛尉　秦官門衛屯兵に關する事務を處理す丞あり景帝の初中大夫令といひ後復衛尉とす左の屬官あり

公車司馬、衛士、旅賁、の三令丞、

此他諸屯衛候司馬廿二官屬す

太僕　秦官輿馬に關する事務を掌る兩丞あり後漢の時卿一人丞一人あり屬官には大廐未央家馬の三令各五丞一尉及車府路軨騎馬駿馬の四令丞、龍馬閑駒橐泉騊駼丞華の五監長丞あり

廷尉　秦官刑辟を掌る正左右監あり後漢卿一人あり廷尉は景帝中六年大理と改め武帝建元四年復廷尉と名づく宣帝の時左右平を置き哀帝の時復大理と名

づく王莽改めて士といひ後漢舊に復す

大鴻臚　秦官典客之なり諸侯歸義蠻夷に關する事務を處理す丞あり景帝中六年大行令と改め武帝太初元年更に大鴻臚と改む王莽更に改めて典樂といひしが後漢大鴻臚に復し卿一人を置く左の屬官あり

行人　譯官　別火　三令丞

宗正　秦官親屬に關する事務を處理す丞あり平帝元始四年宗伯と名づく王莽之を秩宗に合して暫廢せしが後漢復舊によりて宗正と名づけ卿一人丞一人を置けり屬官に左の諸官あり

都司空令丞　內史長丞　諸公主家令門尉

大司農　秦官治粟內史たり穀貨に關する事務を處理す兩丞あり景帝後元年大農令と改め武帝太初元年更に大司農と改む王莽名を改めて義和といひ又納言といひしが後漢復大司農と名づけ卿一人を置けり左の屬官あり

大倉　均輸　平準　都內　藉田　五令丞

斡官　鐵市　兩長丞等

大尉

御史太夫

少府　秦官山海地澤の税以て共養に給する事を掌る六丞あり後漢に卿一人あり屬官左の如し

尙書符節　太醫　太官　湯官　導官　樂府　若盧　考工

胞人　都水均官　上林中十池監　中書謁者　黃門、鉤盾、尙方、御府、永巷、內者、宦者、諸僕射、署長、中黃門、

而して此等の諸屬官分合廢置各沿革あり

以上九寺共に丞相の統ぶる所なり

太尉　秦官、武事を掌る武帝元狩四年大司馬を置く之より先孝文三年太尉をやめ次で孝景の時之を復せしが孝武二年またやむ是に於て大司馬を置き將軍を冠す宣帝の時將軍の號を去りしが後存廢あり後漢また太尉といひ公一人を置く

御史太夫　秦官丞相を副くる事を掌る兩丞あり一に中丞といひ外刺史を督部ず一を內史と云內侍御史を領し公卿奏事をうけ擧劾按章す成帝の時大司空と更め哀帝の時復御史太夫となす元封二年復大司空といひ御史中丞を御史長史

と更む後漢大を去て司空と云公一人あり獻帝の時復御史太夫と云
以上の外猶左の諸官あり

中尉　秦官京師を警察する事を掌る兩丞あり武帝太初元年名を執金吾と改む
左の屬官あり

中壘　寺互　武庫　都船の四令丞

式道左右中候候丞、左右京輔都尉尉丞

將作大匠　秦官もと將作少府と云宮室を治むる事を掌る兩丞左右中候あり景
帝中六年將作大匠と改む左の屬官あり

石庫、東園主章　左右前後中校の七令丞　主章長丞

典屬國　秦官蠻夷の降る者を掌る屬官に九譯令あり成帝の時大鴻臚に幷す典
屬國都尉の治は安定天水上郡四河五原にあり後加ふる所あり

水衡都尉　都水上林苑を掌る武帝元鼎二年置く所なり五丞あり屬官には上林、
均輸、御羞、禁圃、輯濯、鍾官、枝巧、六廐、辨銅、九官令丞あり又衡官水司空都水農倉、及甘
泉上林都水七官長丞あり

主爵主尉

主爵主尉　秦官列侯を掌る景帝中六年名を都尉と更む武帝太初元年右扶風と改む屬官に掌畜令丞、都水鐵官、廐、廱廚、四長丞、あり

都尉校尉の諸官には

護軍都尉

護軍都尉　秦官武帝元狩四年大司馬に屬す哀帝元壽元年司寇と更め平帝時更に護軍と名つく

司隷校尉

司隷校尉　武帝征和四年置く所巫蠱を捕へ大姦猾を督する事を掌る后其兵をやむ哀帝また置く

城門校尉

城門校尉　市師城門屯兵を掌る

中壘

中壘校尉　北軍壘門內外を掌り外西域を掌る

屯騎

屯騎校尉　騎士を掌る

歩兵

歩兵校尉　上林苑門屯兵を掌る

越騎

越騎校尉　越騎に關する事務を掌る

長水

長水校尉　長水宣曲胡騎を掌る

胡騎

胡騎校尉　池陽胡騎を掌る

射聲
虎賁
奉車都尉
駙馬都尉
將軍
地方官制
秦の地方官制
三十六郡

射聲校尉　待詔射聲士を掌る
虎賁校尉　輕車を掌る
以上中壘以下の八校尉は武帝の時置く所なり
奉車都尉　御乘輿車を掌る
駙馬都尉　駙馬に關する事務を掌る武帝の時置く所也
武官には大將軍以下列將軍あり
大將軍は高帝以來之あり票騎將軍は武帝元狩四年置く所車騎將軍あり衛將軍あり前后左右將軍あり上將軍あり游擊將軍あり復土將軍あり將屯將軍あり驍騎將軍あり護軍將軍あり輕車將軍あり或は材官將軍伏波將軍を初として樓船、戈船、下瀨、橫海、浮沮、匈河、等頗多し凡漢官名事に依て官を置き事已めは則已む故に常に廢置ありて沿革定ならす
第二欵地方制度　周末戰亂相次てより諸侯大は小を幷せ强は弱を抑へ遂に秦楚齊燕韓魏趙の七國となり雌雄を決せしが幾なくして秦天下を平け六國を統一す始皇是に於て天下を分て三十六郡とし郡に守あり邑に尉あり漢に至て秦

漢の制

郡守

十三州刺史

孤立の弊に懲り諸侯を立て各地に封す天子公領を郡といひ諸侯の國を國といひ是に於て郡縣封建併せ用ひたり

郡に守あり尉あり尉は守を助けて武職中事を掌る又丞あり景帝中都尉と名つく武帝元封五年天下を分て十三州とし郡國其下に隷す州毎に一人の刺史あり

司隷(校尉)

冀州刺史　豫州刺史　兗州刺史　徐州刺史　青州刺史　荊州刺史

楊州刺史　益州刺史　凉州刺史　幽州刺史　交州刺史　幷州刺史

十三州に關しては異說あり刺史は古監御史と稱して秦官なり郡を監する事を掌れり漢に至て之を省き更に丞相史を遣して州を分刺せしむ常置にあらざりき武帝元封五年初て部刺史を置き詔を奉じて州を條察する事を掌れり即郡國を周行し治狀を省察し能否を黜涉し寃斷を斷治し六條を以て事を問ふ問ふ所にあらされは省みず成帝の時更て牧と云哀帝の時また刺史といひ次て復牧と云後漢光武の時刺史十二人を置き一州は司隷校尉に屬す靈帝の時又改て牧と云ふ

郡縣鄉亭里

郡の下に縣あり萬戸以上に令を置き萬戸に滿たざるを長となす皆丞尉あり之を長吏少吏となす縣の下に鄉あり鄉の下に亭あり亭の下に里あり天下の縣凡千五百八十七鄉は六千六百廿二亭は二萬九千六百卅五哀帝の時新に郡國六十三を置き前の四十と合して百三郡となれり亭に長あり鄉に三老あり秩あり嗇夫あり游徼あり三老は敎化を掌り嗇夫は訴をきゝ賦稅を收め游徼は盜賊を禁ずる事を掌れり

三老嗇夫游徼

諸侯の國に封せらるゝ者之を分て三とす一は異姓諸侯王にして一は諸侯王なり一を列侯となす

諸侯王

漢興るの初同姓寡し是に於て彊土をさきて多く皇子を封じ許すに王號を以てす之を諸侯王となす(功臣侯王子侯に分つべし)然れ共猶異姓諸侯の王を稱する者亦少なからざりしが幾なくして亡び只皇子若くは天子の兄弟を限りて王號を稱せり景帝以後諸侯只租稅に衣食するを得て政事に與る事を得ず皇子の始て立つ者大國も猶十余城にすぎず此故に漢の末世親屬既に疎遠にして本末共に弱し王莽忌憚する所なく遂に漢室を覆せり然かも諸侯王以て媚を容る諸侯

王の下に列侯あり群臣の功勞ある者を以て之にあつ常は京師にありて時に領國に歸るのみ景帝以后亦租税に衣食するのみ凡諸侯の國國毎に相を置きて之を治めしめ國の下に縣を置き縣の下に鄕を置く事猶郡に於けるが如し

以上の外猶左の地方官あり

西域都護

西域都護　宣帝地節三年置く所西域卅六國を管す

戊已校尉

戊己校尉　元帝初元元年置く所

右二者は後漢明帝の時亦之あり章帝の時一旦戊己校尉をやめしが和帝の時に至て之を復す安帝の時亦西域都護を置く

關都尉等

關都尉　農都尉　受降都尉　宜禾都尉　護漕都尉

郡國の諸官

又郡國に均輸鹽鐵の官あり武帝の時大農部丞數十人を郡國に分ちし事あり又京兆に船司空あり太原に相馬官あり遼東に牧師官あり交趾に羞官あり南郡に發弩官あり丹陽に銅官あり杜陽に金官あり其他枚擧に暇あらず皆事によりて立つる所定制にあらざるなり

京師

京師には內史あり長安に於ける事務を處理す景帝二年左右內史を分て治めし

む武帝太初元年名を京兆尹と改む屬官に長安市厨兩令丞あり又都水鐵官兩長丞あり左内史は名を左馮翊と改む屬官に廩犧令丞尉左都水鐵官雲壘長安四市四長丞あり

第二節　身分の階級

士農工商

漢の時天下の人を分て四とす士農工商之也士は寧官職による貴族と云べく農工商は則自由民なり自由民の下に奴婢あり當時の語に學で位に居るを士といひ土を闢き穀を殖うるを農といひ作巧成器を工といひ財を通し貨を鬻くを商と云とあり

階級

士の中に自階級あり爵の上下によりて貴賤を分つ爵凡二十級あり

(一)公士　(二)上造　(三)簪裊　(四)不更　(五)大夫　(六)官大夫
(七)公大夫　(八)公乘　(九)五大夫　(十)左庶長　(十一)右庶長　(十二)左更
(十三)中更　(十四)右更　(十五)少上造　(十六)大上造　(十七)駟車庶長　(十八)大庶長
(十九)關内侯　(二十)徹侯

徹侯また通侯とも列侯ともいへり

奴婢

自由民なる農工商の間に上下あり農を上とし工を中とし商を下とす漢の法商人を賤て農人を尊ぶといへる之なり

奴婢となる場合に種々あり或は身を賣て人の奴婢たる者あり或は罪をうけて奴婢たる者あり

第三節　當代に於ける經濟の狀況

土地の種類

第一款土地の制度　戰國の時秦孝公商君を用ひて阡陷を開く是に於て古の井田法全く亡び富者は愈土地を幷せ貧者は益其地を喪失し貧富の懸隔最甚しくなれり漢に至て田に私田あり公田あり代田あり名田あり又籍田あり邊には別に屯田を置けり

私田

私田は個人私有の土地にして一定の田租を收めしむ

公田

公田は國家の領地にして所有權は國家にあり民に貸與して之を耕作せしめ其收獲の一部を上納せしむ或は貧民に給與する事あり功臣に下賜する事あり

代田

代田は武帝の時置く所なり一畮に三甽(甽とは田のミゾなり)歲每に代り植う故に代田と名つく甽は廣一尺深一尺種を畛中にまき苗の葉を生ずるに至らば隴

名田

の草を去り其土を以て苗根に附するの法也此後屢々邊郡河東弘農三輔太常の民之を便として施行したり力を用ふる事少くして穀を得る事多しといへり名田は董仲舒武帝に説きて貧者の田なき者の爲に民に名田を限りて之を與へ賣買する事を得ず兼并の道を塞ぎて不足を足すべしと云によりて設けし所要するに一種の均田法なり哀帝の時有司條奏して諸侯王列侯皆名田を國中に得列侯は長安にあり公主公田縣道及關內侯吏民名田皆卅頃に過ぐる勿れと但賈人は名田を得る事能はされは一種の勸農法とも云べし

藉田
分田

此他文帝の時藉田あり天子躬耕すの田地なり王莽の時分田あり分田とは貧者田なきによりて富人の田を借て耕種し其收穫の幾分を富人に入るゝの法なり王莽また天下の田を悉王田といひ賣買する事を許さゞりしが幾なくして行はれす賣買する事舊の如し

晉の限田
占田

漢より以後晉に限田あり限田とは男子一人に占田七十畝女子は三十畝丁男課には五十畝丁女は二十畝なり次丁男は半し女子は課せず又官品に從て占田あり官品第一は五十項を占め每品に五項を差とす第九品は十項を占めたり元魏

魏の均田

職分田

北齊の永業田

の時均田の法あり孝文太和九年冬十月天下の人に均しく田を分つ男子年十五以上は露田四十畝を受け婦人は廿畝奴婢は三十畝を受けたり身沒すれは田をかへす諸の官亦遠近に從て公田を賜ひたり後世の職分田之に始まれり北齊の時河淸三年職事及百姓墾田を請ふ者は之を與ふ名けて永業田と云當時一夫露田八十畝婦人は四十畝每丁永業廿畝を與へて桑田とす土桑に宜しからされは麻田を與ふ永業田は之を官に還付する事なし

屯田

當時屯田の制亦行はれ漢文帝民を募て塞下を耕す事あり武帝渠犂に屯田を行ひ昭宣成帝の時各之あり魏晉の際廣く行はる漢の屯田は皆兵を用ふ此後唐の屯田は多く民を用ふ歷代或は兵を用ひ或は民を用ひて一定せす漢の屯田の主なる者は渠犂輪臺車師莎車烏孫張掖三邊伊循金城隴西建武順陽南陽廣武柳中漢陽三營伊吾護羌永元龍耆湟中許下合肥苟陂等なり蜀には諸葛亮渭濱に屯田する事あり魏に淮南北屯田あり晋に襄陽屯田あり石鼈屯田あり齊に苟陂屯田あり以て隋唐に及べり

田の數

凡天下の田漢元始中提封田一億四千五百十三萬六千四百五頃此中一億二百五

十二萬八千八百余頃は邑居山川林澤の類にして不可墾田に屬す其三千二百二十九萬九百四十七頃は墾すべくして未墾せざる田なり定墾田は八百二十七萬五百餘頃ありといへり後漢和帝の時は墾田七百三十二萬一百餘頃安帝の時六百九十四萬二千八百餘頃順帝の時凡六百八十九萬六千二百餘頃ありと云ふ

第二款 貨幣の制度

秦の貨幣

貨幣は秦の時上幣下幣の二種あり上幣は黄金にして溢を以て名づく下幣は銅錢質周錢の如し文に半兩と云而して珠玉龜貝銀錫の類は用ひず然かも時に隨て輕重ありて一定せず

漢の貨幣

漢興りてより秦錢重くして用ひ難しとし更に民をして莢錢を造らしむ黄金一斤なり高后の時鐵錢を行ふ即八銖錢なり次で又五分錢を行ふ孝文帝の時錢を鑄る事愈多くして愈輕し乃更に四銖錢を鑄る文を半兩と云ふ

半兩

盜鑄錢令を除き民をして放鑄せしむ賈誼諫めて放鑄の不利を云ひ之を禁ずるの利七福を論ぜり上用ひず此時に當り呉呂諸侯山につき錢を鑄る富天子に等し呉の地多く錢を鑄る呉錢天下に普し武帝即位に及び盜鑄擧て數ふべからず錢益多く物益少し良貨は盜摩せられて愈輕薄となる

皮幣

是に於て白鹿皮方尺を以て縁に繡を施して皮幣を造れり直四十萬王侯宗室

赤仄

五銖錢

契刀龜貝

朝覲聘享皆必皮幣を以てしたり加之銀錫白金を造りて幣とす白金三品一品は重八兩之を圓くす文は龍名けて白撰と云直三千一品は重六兩之を方にす其文は馬名けて直五百一品は重四兩之を橢圓形とす其文は龜直三兩なり又縣官をして三銖錢を鑄らしむ金錢を盜鑄する者は皆死刑にあつ後元鼎元年赤仄を鑄る一五に當る赤仄にあらざれば行ふ事を得ず後二歲赤仄錢賤くして民用に便ならず乃やむ是に於て郡國に令して鑄錢する事勿らしめ專上林三官をして鑄錢せしむ天下に令して三官錢にあらざれば行ふ事を許さず前に鑄る所は悉廢滅せしむ民鑄錢益少く其費を以て當る能はず元狩五年三官五銖錢を鑄てより平帝元始中に至る迄二百八十億を成すと云ふ王莽漢制を變じて新に大錢を鑄る徑寸二分重十二銖文に大錢五十と云又契刀を作る長二寸文に契刀五百と云又錯刀あり直五千五銖錢と共に四品並び行はる後又金刀あり更に又金銀龜貝錢布の品を造り名けて寶貨と云錢貨六品小錢は一に直す公錢十幼錢二十中錢三十壯錢四十大錢五十銀貨二品龜寶四品貝貨五品布貨十品凡寶貨五物六名廿八品あり錢府丞一人を置く元鳳元年貨布貨泉を鑄る二品並び行はる又鐵錢あ

魏以后の貨幣

り光武十六年五銖錢を復し靈帝中平三年四出文錢を鑄る獻帝初平元年董卓五銖を壞て更に小錢を鑄しが後曹公之をやめて五銖を行ふ

此後魏文帝黄初二年五銖錢を行ひ後穀貴きを以て五銖をやめて穀帛を以て相貿せしむ明帝太初元年復五銖錢を行ふ晋之を用ふ齊亦然り三國の呉は孫權嘉禾五年大錢を鑄一を以て五百にあてしが後更に大錢を鑄たり赤烏錢之なり晋元帝初赤烏錢を用ひしが後沈充小錢を造る之を沈郎錢と云ふ宋文帝元嘉七年四銖錢を鑄る孝武孝建元年更に四銖錢を鑄る景和二年二銖錢を鑄る永光元年私に錢を鑄る者あり錢貨亂る一千錢長三寸に盈たす之を鵝眼綖環と云明帝泰始の初之を禁じて唯古錢を用ふ梁武武帝天監元年五銖錢を鑄る又別に五銖錢を造る徑一寸公式女錢と名づく二品並び行はる然れ共百姓私に古錢を以て交易す當時五銖女銖太平百錢定平一百五銖稚錢五朱對文豐貨男錢等あり輕重一ならず普通四年更に鐵錢を鑄る民私鑄する者多し東錢西錢長錢の稱あり梁末又兩柱鵝眼錢あり陳は五銖を改鑄し後大貨六銖を鑄る後魏孝文帝太和五銖を鑄る後孝莊の始私鑄頗多く頗薄少にして風飄水浮の語あり依て更に五銖を造

りしも名ありて二銖の實なしと云後永安五銖を鑄る盜鑄愈多し
北齊は文宣天保四年常平五銖を改鑄す後周武帝保宣元年更に布泉の錢を鑄る
建德五年廢す建德三年五行大布錢を鑄る宣帝大象元年又永通萬國通錢を鑄たり

第四節　財政

周末春秋戰國の間周制已に廢れてより各穪の制度亦詳ならず當時財政如何なりしや得て考ふべからず春秋の時魯宣公初て畝に稅する事あり魯は周公の國

魯の稅法

周の遺制猶存せしにより助法行はれて公田十一の稅に加ふるに其私田に稅す是に於て學者謂へらくこれ什に二を稅するなりと諸國の制詳ならずと雖必其國民に課稅せしや疑ふべからず秦制亦詳にすべからず然れ共漢人秦を謂て太

秦の稅法

半の賦と云十に五を課せしが如し二世其法を行て遂に亡す漢に至て國家の收

漢の法

入に各種あり時により增減一ならず

田租

田租　田租は高祖秦の弊を除き輕減して什五分の一を稅す景帝の時三十にして一を稅す然れ共實は之より重かりしが如く王莽の令に漢氏田租を減輕して

三十にして一を稅す然かも實は什に五を稅するなりと後漢光武の時三十にして一を稅す桓帝の時郡國に令して田ある者は畝稅錢を斂む畝に十錢なり靈帝中平二年亦天下の田畝に十錢を稅す

算賦　算賦は人每に出す稅なり高祖四年初て算賦を起す民年十五以上五十六に至る皆賦錢を出す人每に百二十之を一算とす以て兵車馬庫の料に供す文帝に至り民賦四十又年齡を廿三以上五十六以下に改む武帝の時民賦二十をまさん事を請ふ者あり帝許さず其後屢定額百廿を減輕する事多し又其年齡も時に變改あり後漢の時常に八月を以て人を算せり

口賦　口賦亦人每に出す稅也只算賦と異る所は其年齡にあり又時によりて差あり武帝の時四夷を征伐して用足らず是に於て口賦を起し民子を生む三歲に至れば則口錢を出だす宣帝五鳳三年天下の口錢を減す元帝の時七歲乃口賦を出し二十歲にして算賦を出さしむ口賦も亦時に令して收むる事勿らしめし事あり

鹽鐵　鹽鐵專賣による收入　鹽鐵は政府の專賣に屬し其收益は國家收入の一部をな

せり漢の鹽鐵は由て來る事久し禹の時鹽を貢する者あり鐵を貢する者あり周に鹽人あり鹽池あり齊に鹽筴あり管仲鹽を煮て之を賣り成金萬一千余斤を得たり鹽を專賣する事此に始まれり漢に至て各郡縣に鐵官鹽官を置く初未嘗て禁あらず武帝の時孔僅桑弘羊等管仲の法を祖として始て行施す民私に鐵器を鑄鹽を鬻く者は左趾を駄し其器物を沒入す是に於て鹽鐵官を置き鹽鐵を摧す昭帝始元六年賢良文學の輩鹽鐵をやめん事を請ふ宣帝詔して鹽賈を減ぜしが元帝の時令して遂に鹽鐵官をやむ幾なくして用度足らざるを以て之を復す此後法に寛あり急ありと雖禁摧して政府の專賣となす事は一なり後魏の時終歲合して收鹽廿萬九千七百八斛四升ありといへり三國の蜀は鹽府校尉司鹽校尉の設あり其後陳も國用不足を以て奏して煮海鹽稅を立てたり

按ずるに鹽は井に出づる者あり海に出づる者あり池に出づる者あり山に出づる者あり井に出づる者を鹽井といひ以下海鹽鹽池鹽山の名あり又鹽地に出づる者あり而して鐵官は世の重ずる所にあらざるを以て論者鹽法に精にして鐵法に粗なり

賣官爵

役の類

賣官爵の收入　官爵を賣て國家收入の一部となせし事あり惠帝の時民罪あり爵を賣る事を得三十級は以て死罪を免ず時に一級直錢二千凡六萬なり此後文帝の時晁錯請て粟を邊に入れしめて以て民に爵を授けん六百石は爵上造稍增して四千石に至りて五大夫とし萬二千石を以て大庶長となさんと石の多少を以て爵に高下あり其後孝景帝亦賣爵令を修む武帝の時武功爵を賣る事あり武功爵は一級を造士といひ二級を閑輿衛といひ三級を良士といひ四級を元戎士といひ五級を官首といひ六級を秉鐸といひ七級を千夫といひ八級を樂師といひ九級を執戎といひ十級を政戾庶長といひ十一級を軍衛と云ふ第八級樂師に至る迄は之を買ふ事を得たり

役　役は秦の時一年の中三月役せしめたり古に十陪す漢に至て更賦の法あり更に三種あり卒更踐更過更之なり卒更とは正卒一月に一更する者をいひ又貧者に更錢を與へて代て遣す法あり月に錢一千之を踐更と云又天下の人悉邊を戍る事一年に三日名けて更と云律の所謂繇戍なり丞相の子と雖免るべからず但戍に至る能はざる者は錢三百を入る是を過更と云へり凡男子役に出づる民

復除

年二十三に始まり五十六に終る景帝の時廿に至て始て役すと然らば其間卅六年なり役を免ずるを復と云後世の蠲に相當す復除せらるゝ者は或は軍功により或は孝悌力田により或は三老或は明經博士弟子或は功臣の子孫なり年月長短あり

雜稅

此他漢の時雜稅頗る多し戶賦は列侯封君の出す所なり舟車稅は武帝元光元年課する所なり畜類の稅は武帝の時之あり昭帝元鳳元年馬口錢を斂めざれとの令あり或は曰これ畜類の稅なりと又算緡の法あり一種の所得稅也緡錢二千にして一を課す少きは四千にして一を算す又海租あり魚類の稅也槀稅あり市租あり此類頗る多し

榷酤

榷酤　酒の專賣なり亦國家收入の一部を形成す武帝天漢三年二月初て榷酤し民の酤釀を禁ず昭帝始元六年二月之をやめしが元帝の時又榷酒あり

貢獻

此他諸侯王よりの貢獻亦少なからず凡漢の百姓賦歛一歲に四十餘萬萬吏俸其半を用ひ他の二十萬萬は都內に藏して禁錢となす小府領する所の園地務は八十三萬萬以て宮室に給し諸の賞賜にあつ然れ共時により增減多寡あり國庫の

常平倉

豐充と否とは各代を異にするに從て差あり

第五節　救恤行政

救恤に關する制度は略整備し殊に常平倉なる救恤事業は國家の事業として當代始て設立せらるゝに至りたり蓋常平倉は其端緒を周禮云ふ所の委積の法に發し戰國に於ける魏國に用ひし方法に本づきて設立せし所に係る以來隋唐宋以來悉其方法を採用したり抑周禮に云所の委積の法とは國家が官吏をして其收入の幾分を畜積せしめ此を以て凶年の救恤にあつるは素より平時に於ても貧窮老孤者の養育救濟の費にあてしめたりされば常平倉とは稍其趣を異にせりと雖後世の義倉若くは社倉とは全く其轍を一にせりといふべし戰國の際魏の文侯其臣李悝の説に從ひて糴法を立つ此法は當時農夫の生活に苦しみ貧困に陷る者多きを憂へて其生計を遂げしめ其貧困を救濟せんとの目的に出て國家が平時に於て各人の土地の收穫を年の豐凶に從て其三分一乃至二分一を買得し之を蓄積し若凶年に遭遇したる時は其價を減じて賣拂ひたり此故に國家も百姓も利する事を得てこれやがて漢の常平倉の則る所となれり漢常平倉は

糴と糶

全く李悝の法を襲用せる者なりと云を得べし漢に至て常平倉を初て起せしは宣帝の時にあり宣帝の五鳳四年耿壽昌の說に從て邊郡に倉を置き穀價賤き時は其價を貴くして之を買得し名づけて糴といへり若凶歲にあひ穀價增す時は國家は又其價を減じて賣拂ひたり名づけて糶といふ又其倉を名づけて常平倉といへりされば此方法にして完全に行はるれば人民に對して莫大の利益ありしは云を待たず國家も莫大の費用を要せずして救恤する事を得べしと雖其局に當る官吏は往々自家の利益のみを計りて國家及人民の利益につき注目せざりし爲に却て常平倉を置きし結果國家にも私人にも有害なる結果を生ぜし事多かりき此故に一時常平倉を置く事を止めたりしが後漢の明帝に至て復之を設置したり以來存廢常ならず然れ共其主義とする所既に救恤にあるを以て歷代之が整理につきては常に企畫する所ありき晋武帝の時太倉を起し又常平倉を設けしが如き魏の太和中同じく常平倉を設けしが如き以來齊梁亦之ありき隋唐以後に至て常に之が設立を見る

第六節　交通の制度

驛傳の制

漢の時三十里に驛あり驛に驛馬あり一に又驛騎ともいへり驛の外に傳あり傳には初車を備へ名づけて傳車といひしが後又改めて馬を置き名づけて傳馬と云ふ傳車の數によりて或は一乘傳四乘傳六乘傳七乘傳の稱あり或は馬の良否によりて置傳馳傳乘傳に分つ事あり置傳とは即四馬の高足なる者をいひ馳傳とは四馬の中足なる者をいひ乘傳とは四馬の下足なる者をいへり驛傳の外に又步傳あり步傳を又郵と云又馹ともいへり車馬によらずして送達の任に當る者なり驛馬傳馬步傳は皆公用にあつる爲にして公用にあらざれば之を使用する事を得ず

亭

又秦の制に倣て十里に一亭を置き亭に關する事務を處理する者を亭長と云武帝の元光六年南夷に始て郵亭を置く其他の地方は秦以來設置する所なり武帝又西域に通じ敦煌より西臨澤に至る間に亭を起せり以來後漢に至る迄常に亭傳郵驛の制ありき或時は未開の地を通じて亭傳を列ねし事あり或時は山を鑿て郵驛を設けし事あり

關

地方には處として別に關の設あり關には都尉一人を置きて關の出入警備の事を處理せしむ漢の時著名なる者は太行山下の天井關を始として居庸關五阮關

常山關武關白水關玉門關函谷關大谷關等あり

漕運

漕運に關しては秦漢以來漸盛なり或は水により或は陸により粟を運輸す漢の時常に關東の粟を漕運して中都官に給せり初は數十萬石にすぎざりしが後漕運の便加はるに從ひて其數を增加せり或時は西南夷を征し或時は北匈奴をうち轉漕最遠きに及べり就中武帝の時轉運最盛にして山東の漕一歲に六百萬石に下らず大倉甘泉の倉充ち邊亦穀を餘せり宣帝の時歲每に關東の粟四百萬斛を京師に漕せり卒常に六萬餘人を費せり後漢の時亦地方官に命じて務めて轉運に從事せしむ或は特に大轉糧運使なる者を置きて專漕運の事務を處理せしめし事ありかくの如く陸路の交通と共に水路の交通に關しても國家は常に之に從事せり

大轉糧運使

第七節　敎育の制度

始皇の燔書

春秋戰國以後敎育の制得て詳にすべからず然れ共私に子弟を養て詩書を講ずる者少なからず秦始皇の時李斯上書して曰今諸生今を師とせずして古を學び以て當世を非る語皆古を言て今を害す虛言を飾て以て實を亂る人其私に學ふ

漢の教育

太學

博士

所を善として以て上の建立する所を非とす禁ぜずんば主の勢上に降て黨與下に成らん請ふ史官秦記にあらざれば皆之をやかん天下詩書百家の語を藏する者は之を燒かん敢て詩書を偶語する者は棄市せん去らざる所の者は醫藥卜筮種樹の書若法令を學ばんと欲せば吏を以て師とせよと令して之を許せり是よりして書籍多く亡び教育の道大に廢す漢興りてより其弊未矯むべからず庠序未立たず文帝景帝をへて武帝の時に至て董仲舒の對策により始て太學を起す時に元朔五年なり太學は北七里にあり市あり獄あり其制博士官あり又弟子員あり弟子員は年十八以上の器量ある者を擇で之に補し年末に一たび之を試み一藝以上に通ずる者は皆各官に補す是より人士彬々として著る博士は則五經博士官にして建元五年立つる所なり昭帝の時太學に博士弟子員を增して百人に滿つ元帝の時員一千八を設く光武の時四方の學者多く京師に集る建武五年太學を修起し車駕太學に幸す以來章帝和帝安帝獻帝靈帝亦各率する事あり順帝の時黌舍を修覆し造る所二百四十房千八百五十室ありと云質帝の時太學生三萬餘人あり靈帝熹平四年諸儒に詔して五經を校合せしめ古文篆隸の三躰に

石經

易書詩禮春秋

漢以后の學

國子學

書して石碑を刻み之を太學の門に建つ後世の石經之なり

初武帝の時經は易に楊氏書に歐陽詩に魯齊韓禮に後氏春秋に公羊傳を立てしが宣帝の時に至て易には施孟梁丘三氏書には歐陽大小夏侯詩には齊魯韓禮には大戴小戴春秋には公羊穀梁傳を立てたり元帝の時又京氏の易を加ふ平帝の世更に左氏春秋毛詩逸禮古文尙書を立つ光武に至て博士凡十四あり之を十四博士と云易には施孟梁丘京氏あり書には歐陽大小夏侯氏あり詩には齊魯韓あり禮には大戴小戴あり春秋には嚴氏顏氏あり

漢より以後魏文帝黃初五年太學を洛陽に建て五經課試の法を制し春秋穀梁博士を置く甘露二年太學に幸する事あり晋元帝建武元年太學を建つ成帝の時亦之あり孝武太元中太學生百人をます之より先晋の初太學生三千人あり後魏の初太學を立て五經博士を置く

太學の國子堂にあるもの之を國子學と云漢に國子學あり晋咸寧二年國子學を立つ祭酒博士各一人助敎十五人を置く元帝の末儀禮春秋公羊博士各一人を加へ合して十一人とし後增して十五人とす之を太學博士と云武帝太元十年國子

漢の辟雍

助教を損して十人とす宋文帝元嘉廿年國子學を立つ幾なくして廢す後魏天興二年國子太學生三千人をます明元帝國子學を改めて中書學とす太和中また國子學と云後洛邑に遷るに及び國子太學四門小學を立て文運大に張れり

漢の時又辟雍あり辟雍は成帝の時立つる所長安城の南にあり然れ共未成らず王莽の時に及で遂に辟雍を起す一説に曰武帝の時明堂辟雍靈台を立つ之を三雍宮と云と平帝の時辟雍を治めし事あり後漢光武中元元年辟雍を起し明帝以后禮を辟雍に行へり晉の時亦而り

鴻都門學

宋の儒學館

此他後漢靈帝の時光和元年始て鴻都門學を始む其諸生は州郡三公能く尺牘詞賦をなし及鳥篆に工なる者を擧見し相課試して千人に至る宋の時文帝元嘉十五年儒學館を北郊に立て十六年玄素史文學を立つ一説に玄學史學文學儒學なりと

地方の學

以上は主として國都にある學校なり而して地方學には漢の時個人の事業として地方に學官を置きし事あり武帝の時天下郡國に令して學校官を立てしめき平帝元始三年亦郡國に學を置き縣邑侯國に校を置けり校學に經師一人あり鄕

に庠あり聚に序あり共に孝經師一人を置く後漢の時私に學校を設くる者上天子より下諸官人に至る迄頗多し此後梁天監四年州郡に州郡學を立てたり

第八節　軍制

周末春秋戰國の間大率皆兵を用ひ分封の諸侯は各軍備をなして敵の來襲に應じ或は土地を併さんが爲に進で敵國を襲撃せり春秋の際稍大なる者凡十九國戰國に至ては遂に減じて七國となれり魯の盛なる時は公車千乘ありき猶不足として邱甲を作る晉の初一軍を以て諸侯たり後二軍を作り復州兵を作て三軍とす最後に六軍を作れり齊桓公管仲を用ひて什伍を連ねて軍政を成し兵を農に寓せり戰國の亂遂に秦によりて一定せられ秦天下を統一して遂に皇帝の位をうく

魯の邱甲

晉の六軍

秦の制

秦の軍制明ならず始皇帝の時天下を分て卅六郡とし守尉を置く尉は守を助けて武事を掌れり其後長城を築くや卒四十餘萬を發し五鎭に成する者五十餘萬人といへり然れ共武事に意を用ひざりし結果兵多く用ふるに足らず或は犯罪人を徵發して邊戍を守らしめたる事もありき

漢の軍制
南北軍

漢の時京師に南北二軍あり南軍は宮城門内にありて宮門を護衛し宿衛する事を掌り北軍は宮城門外にありて護城を掌る南軍の主を衛尉といひ北軍の長を中尉と云内外表裏すと雖兵の主力は北軍にありき南北二軍の外に光祿勳あり其屬を從へて南軍と共に宮門を守る

北軍

北軍は中尉之が長たり八校尉之に隷す

中壘校尉　壘門の內外を掌る　屯騎校尉　騎士を掌る
步兵校尉　上林苑門の屯兵を掌る　越騎校尉　越騎を掌る
長水校尉　長水宣曲を掌る　胡騎校尉　池楊胡騎を掌る
射聲校尉　待詔射聲士を掌る　虎賁　輕車を掌る

以上八校尉は皆武帝の初て置く所なり丞あり司馬あり此中胡騎は常置せず故に七校と云ふ後漢中壘校尉以下を省き中候一人を置きて五營を監す五營とは屯騎越騎步兵長水射聲之なり初建武九年青巾左校尉を置き七年長水射聲を省く十五年復屯騎長水射聲三校尉を置き青巾を改めて越騎とす

南軍

南軍は則衛尉之が長たり屬官に衛士令丞あり又長樂建章甘泉衛尉皆其宮を掌

る宮門四面每門各二司馬凡八司馬あり故に八屯と云司馬は衞士徼巡宿衞を掌る宮の外門を謂て司馬門と云は之が爲なり後漢の時衞尉卿あり宮門衞士宮中徼循の事を掌る

南宮衞士令　南宮衞士を掌る　衞士　五百卅七人

北宮衞士令　北宮衞士を掌る　衞士　四百七十一人

左右都候　劍戟士徼循宮を掌る

左都候衞士　三百八十三人

右都候衞士　四百十六人

宮掖門に每門に司馬一人

南宮南屯司馬　衞士　百廿人

北宮蒼龍司馬　衞士　四十人

北宮玄武司馬　衞士　三十八人

北屯司馬　衞士　卅八人

北宮朱雀司馬　衞士　百八十八人

朔平司馬　衞士　百十七人

太官令衞士　卅八人

光祿勳　宿衞を掌る其衞尉と異るは衞尉は殿の外門舍を掌り光祿勳は殿內門

舎を掌るにあり武帝八校を增置して北軍の兵多し中尉の權大ならん事を恐れて光祿勳に羽林期門を加へて南北二軍勢相均しと云光祿勳に郞を置き左の屬官あり

五官中郞將　五官を掌る

左右中郞將

虎賁中郞將　初期門と稱す兵を執て送從する事を掌る平帝元始元年名を虎賁郞と改め中郞將を置く虎賁中郞將は虎賁の宿衞を掌る左右僕射は虎賁郞習射を掌る大君陛長は直虎賁朝會在殿中を掌る其他虎賁中郞虎賁侍郞虎賁郞中節從虎賁あり皆定員なし宿衞侍從を掌る

羽林中郞將　又送從を掌る期門に次す武帝太初元年初て置く名づけて建章營騎と云後更めて羽林騎と云又從軍死事の子孫を取て羽林官に養ひ敎ふるに五兵を以てす號して羽林孤兒と云羽林に令丞あり宣帝の時中郞將騎都尉をして羽林を監せしむ後漢の時常に漢陽隴西安定北地上郡西河凡六郡の良家の子を取て之に補す

羽林左監一人　羽林左騎を掌る　凡八百人

羽林右監　羽林右騎を掌る　凡九百人　丞一人

安帝永初三年吏人をして錢穀を入れて虎賁羽林郎緹騎營士たるを得せしむ

桓帝延熹四年亦而り

光祿勳は武帝の太初元年名づくる所古は郎中令といひき郎中令の屬官に郎あり門戶を守り出充軍騎を掌る議郎中郎侍郎郎中皆定員なし中郎に五官左右二將あり郎中に車戶騎の三あり車を掌るを車郎といひ戶を掌るを戶郎といひ騎を掌るを騎郎と云ふ

諸校尉

以上三軍の外に猶左の諸武官あり

城門校尉　京師城門の屯兵を掌る司馬十二あり

步林校尉　騎都尉　驍騎都尉　長鉦都尉　特將　城將　重將　弩將　門尉

西城軍備

又西域地方の軍備には戊巳校尉護羌校尉烏桓校尉あり事に臨て軍をやる時には則將軍あり

徵兵

凡徵兵の法は民年二十三を以て正とし一歲は材官騎士にあて一歲は衛士にあつ年五十六に及で乃免す兵籍にある凡卅四年なり材官騎士は常に射御騎馳戰

陳を習ひ八月を以て試課す材官騎士は郡都尉に屬す平地には車騎を用ひ山阻には材官を用ひ水泉には樓船を用ふ

兵の種類

兵に步兵あり騎兵あり之を步卒騎士と云步卒一に又徒步ともいへり

諸將

漢の初閑廐を掌る者を廐將といひ輜重を掌る者を重將といひ築城の兵に將たる者を城將と名づけ弩に將たれば弩將と名づく騎に騎將あり其他愼將特將騎將說衛門尉の名稱多し又隨時に營を置きて討伐に用ふる事あり例へば黎陽營漢陽營度遼營虎牙營の如き其一例也又臨時召募の兵あり或は罪人を免じて軍に從はしむる事あり武帝の後選募あり罪徒あり選募を勇敢といひ亡命といひ伉健といひ豪吏と云其罪徒を謫民といひ惡少といひ亡命といひ又犯刑といひ徒といひ應募罪人ともいへり

兵器

兵器は常に武庫の中に收む軍を發する時は武庫を發して之を出す武庫は未央宮にあり中郎の屬官武庫令丞之を掌る多く丞相の子を以て令となす

烽候

烽候の制は邊の輜急に備へん爲なり高き臺を設け臺上に桔桿なるものを設け頭に兜零(カゴ)あり薪及草を其中に入れ常に之を抵る寇あれば則火を燃して之

をあぐ名けて烽と云又多く薪を積み寇至れば則之をやく其之を望むを燧と云晝は則燧を燔き夜は則烽をあぐ

出軍

軍を發するには皆符を用ふ文帝二年初て郡國守相に銅虎符を賜ふこれ周官牙璋を以て軍旅を起すに本づけり此後璽書と並び行はる

漢以后の兵制

漢以後の軍制は魏の時虎兵あり五兵あり中兵外兵騎兵副兵都兵之を五兵と云ふ晉太康中亦五兵尙書あり而して中兵外兵を分て各左右とす宋の五兵は唯中兵外兵二曹を領す後魏は七兵尙書とす北齊は五兵とし左中兵右中兵左外兵右外兵都兵と云後同大司馬を置く其屬に兵部中大夫兵部下大夫あり

晉に又六軍あり領軍護軍左右衞驍騎游擊之なり魏武帝の時領軍あり建安中改めて中領軍となす後省き或は復す護軍は秦の護軍都尉官なり漢に護軍中尉あり魏に護軍あり建安十二年改めて中護軍とす魏の初護軍あり泰始元年四護軍を置き城外の諸軍を統ぶ次て中軍將軍を置き以て宿衞の七軍をすぶ晉に又四軍二營三部五督あり四軍とは左右前後軍之なり二營とは左右營之也又北府の兵あり太元二年謝玄の率ゆる所なり成帝の初劉超義興の人を以て君子營を作

りし事あり西魏大統九年宇文泰周典に倣て六軍を置く合して百府とす毎府一郎將之をすぶ二府大將軍之をすべ二將軍を柱國之をすぶ六柱國持節都督之をすぶ其表次の如し

- 持節都督
  - 柱國一人
    - 大將軍一人　一府
    - 大將軍一人　一府
  - 柱國一人
  - 柱國一人
  - 柱國一人
  - 柱國一人
  - 柱國一人

法典の編纂

第九節　法源

前代に於ては法の公示ありて未法典の編纂に至らざりしが春秋以後漸法典編纂に從事する者あるに至れり抑法典は一の成典なるを以て一たび編纂せらるれば常に靜止の狀態にありて從て社會の進步に伴ふ事能はず此故に例ひ一た

鄭の刑鼎
晉の刑鼎
鄭の竹刑

魏の法經六篇

秦の律

漢の三章

び編纂せらるゝも其以後に於て新なる法典は次第に編纂せられて愈複雜を加ふに至るべきは當然なり戰國の際法典の見はれてより以來漢時代に於ては幾多の法典も編纂せられし者の如く殊に魏以後に至ては完全なる法典次々に編纂せられたり今此等につき左に略說すべし委しくは別に編する所の支那法典論に讓る

法典の今に傳はる者其最古き者を魏李悝か法經六編となす是より先春秋の時亦刑書あり當時未紙筆なかりしを以て多くは鼎に鑄若くは竹に刻したり鄭に刑鼎あり晉も亦刑鼎ありこれ等は皆鼎に鑄込たるものなり鄭に又竹刑あり刑書を竹簡に刻したるなり而して此等の刑書は今に傳はらざるを以て其內容得て詳にすべからずと雖其名によりて考ふれば恰も犯罪と刑罰とを記せる者の如し此後戰國の時魏李悝法經を作れり其書凡六篇あり一に盜法といひ二に賊法といひ三に囚法四に捕法五に雜法六に具法といへり盜法は後の賊盜律に當り賊法は後の詐僞律に囚法は斷獄律に捕法は捕亡律に雜法は雜律に具法は名例律に各當れり秦の時商鞅法を改めて律とす漢に至て高祖民と法三章を約せ

九章の律

漢代の諸法典

し事あり其後蕭何秦法により更に加へて九章の律を作る刑法の書を名づけて律と云事之に始まる律と名づくる所以は六律の度量衡を正すが如きによりて犯罪と刑罰とを定めたる法律を名けて律と云なりと又一說に曰凡竹を以て作れる器を名けて律と云筆を不律といひ管を律と云が如し古は刑書皆竹簡に書す故に名づけて律と云と漢九章律は李悝の六篇に加ふるに戶律興律廐庫を以てするなり戶律は則後の戶婚律にして興律は則擅興律なり又其廐律は則後の廐庫律なり之より後屢律令出づ多くは事により時に發布するものにして必しも完成せる法典の謂にあらず今其名稱を列載すべし

挾書律　著令　令甲　令乙　令丙　耐金律　田令　田租稅律　契令　光祿
契令　廷尉挈令　水令　公令　功令　養老令　馬復令　諸姬令　秩祿令
官衞令　決事比　憲令　尉律　金布令　錢律　任子令　祠令　胎養令　元
和定律　小杜律　品令　決事都目　田律　上計律　大樂律　尚方律
章程

其發布の年代其內容の如き今に傳へざれば之を知る事能はず

魏以后の法典

魏より以後の法典は現物傳へざれば其內容知るべからずと雖其篇目は今に存す魏に州郡令四十五篇尙書官令軍中令合して百八十餘篇あり又魏新律十八篇あり晉に泰始律令あり又晉六條五條詔書尙書十二條祠令等の名稱あり後魏に太和新律あり東魏に麟趾格あり西魏に大統式あり之より先齊に永明律あり梁に梁律令科あり陳に陳律令科あり北齊に北齊律令權令あり後周に大律あり今此等の律令撰者と其制定の年月と卷篇數とを左に記載すべし篇目は則別表にあり

欄外見出し	王朝	律令	卷篇數	撰者	制定年月
魏	魏	新律	十八篇	陳群劉邵等撰	
晉	晉	新律	二十篇	賈充等撰	泰始四年正月成
		令	四十篇	賈充等撰	同年成
後魏	○後魏	新律	二十卷	崔浩等撰	太和五年成
齊	齊	律	二十篇	王植等撰	永明七年成
梁	梁	律	二十篇卅卷	蔡法度等撰	天監二年四月成
		令	三十篇卅卷	同撰	同年成

	科	廿篇卅卷		同年成
東魏	東魏麟趾格			興和三年十月行
西魏	西魏大統式	五卷	蘇綽等撰	大統十年七月頒
北齊	北齊律	十二篇十二卷	趙郡王叡等撰	河淸三年奏
	令	廿八篇五十卷	同撰	同年奏
後周	後周大律	廿五篇廿五卷	趙肅等撰	保定三年三月成
	○令		同撰	
陳	陳律	廿卷	范泉徐陵等撰	永定元年十月定
	令	卅卷	同撰	同年定
	科	卅卷	同撰	同年定
		以上○印は篇名を逸す		
隋	隋新律	十二卷	高熲等撰	開皇元年十月行
	新令	卅卷	同撰	二年七月行
	大業律	十八卷	牛弘等撰	大業二年成

大業令　卅卷　同　撰　同　年

令の篇目

晋以後令の篇目

晋令

(一)戸令　(二)學令　(三)貢士　(四)官品　(五)吏員　(六)俸廩
(七)服制　(八)祠令　(九)戸調　(十)佃令　(十一)復除　(十二)關市
(十三)捕亡　(十四)獄官　(十五)鞭杖　(十六)醫藥疾病　(十七)喪葬　(十八)雜上
(十九)雜中　(廿)雜下　(廿一)門下散騎中書　(廿二)尚書　(廿三)三台秘書
(廿四)王公侯　(廿五)軍吏員　(廿六)選吏　(廿七)選將　(廿八)選雜士　(廿九)宮衛
(卅)贖　(卅一)軍戰　(卅二)軍水戰　(卅三)(卅八)軍法　(卅九)(四十)雜法

右晋令四十篇宋齊は晋に同じ

梁令

(一)戸令　(二)學令　(三)貢士贈官　(四)官品　(五)吏員
(六)服制　(七)祠令　(八)戸調　(九)公田公用儀迎
(十)醫藥疾病　(十一)復除　(十二)關市　(十三)刼賊水火
(十四)捕亡　(十五)獄官　(十六)鞭杖　(十七)喪葬　(十八)雜上　(十九)雜中
(廿)雜下　(廿一)宮衛　(廿二)門下散騎中書　(廿三)尚書

(廿四)三台秘書　(廿五)王公侯　(廿六)選吏　(廿七)選將　(廿八)選雜士
(廿九)軍吏　(卅)軍賞

古梁令卅篇

魏令卅篇目を逸す

北齊廿八篇尚書廿八曹を以て目とす

隋開皇令

(一)官品上　(二)官品下　(三)諸省臺職員　(四)諸寺職員
(五)諸衛職員　(六)東宮職員　(七)行臺諸監職員
(八)諸州郡縣鎭戍職員　(九)命婦官品員　(十)祠令　(十一)戶令
(十二)學令　(十三)選擧　(十四)封爵俸廩　(十五)考課
(十六)宮衛軍防　(十七)衣服　(十八)鹵簿上　(十九)同下　(二十)儀制
(廿一)公式上　(廿二)公式下　(廿三)田令　(廿四)賦役
(廿五)倉庫廐牧　(廿六)關市　(廿七)假寧
(廿八)獄官　(廿九)喪葬　(三十)雜令

右開皇令凡卅

戰國魏より隋に至る律の篇目表

法經	[6]具法							[1]盜法	[2]賊法			[5]雜法
漢九章	具律				戸律	廐律	興律	盜律	賊律			雜律
曹魏	刑名				戸律		擅興	盜律	賊律		詐僞	雜律
晋廿篇	[1]刑名	[2]法例	[15]宮衛	[19]違制	[12]戸律	[17]廐牧	[13]興律	[3]盜律	[4]賊律		[5]詐僞	[11]雜律
宋廿篇	刑名	法例	宮衛	違制	戸律	廐牧	興律	盜律	賊律		詐僞	雜律
齊廿篇	刑名	法例	宮衛	違制	戸律	廐牧	興律	盜律	賊律		詐僞	雜律
梁廿篇	[1]刑名	[2]法例	[15]宮衛	[20]違制	[12]戸律	[18]廐牧	[13]擅興	[3]盜律	[4]賊犯		[5]詐僞	[11]雜律
後魏廾	刑名	法例	宮衛	違制	戸律	牧產	擅興	盜刼	賊犯	鬪律	詐僞	雜律
北齊十二	[1]名例		[2]禁衛	[5]違制	[3]婚戸	[11]廐牧	[4]擅興	[8]賊盜		[7]鬪訟	[6]詐僞	[12]雜律
後周廿五	[1]刑名	[2]法例	[9]宮衛	[15]違制	[6]戸律	[18]廐牧	[8]興繕	[12]刼盜	[13]賊犯	[11]鬪競	[20]詐僞	[19]雜犯
隋　唐	[1]名例律		[2]衛禁律	[3]職制律	[4]戸婚律	[5]廐庫律	[6]擅興律	[7]賊盜律		[8]鬪訟律	[9]詐僞律	[10]雜律

捕法[4]	囚法[3]												
捕律	囚律												
捕律	囚律	劫掠	毀亡	告劾	係訊	請賕	驚事	償贓					
捕律[8]	斷獄		毀亡[14]	告劾[7]	繫訊[9]	請賕[6]			水火[16]	諸侯[20]			關市[18]
捕律	斷獄		毀亡	告劾	繫訊	請賕			水火	諸侯			關市
捕律	斷獄		毀亡	告劾	繫訊				水火	諸侯			關市
討捕[8]	斷獄[10]		毀亡[14]	告劾[7]	繫訊[9]	請賕[6]			水火[16]				關市[19]
捕亡	斷獄		毀亡	告劾	繫訊	請賕			水火				關市
捕斷[9]			毀亡[10]										
逃捕[23]	斷獄[25]		毀亡[14]	告劾[22]	繫訊[24]	請求[21]			水火[7]	諸侯[17]	婚姻[5]	市廛[10]	關津[16]
捕亡律[11]	斷獄律[12]												

倉庫	17
祠享	3
朝會	4

數字は篇の次第を示す

第十節　訴訟法

秦の十家組合

訴訟法に關しては多く傳はらざるを以て詳にする事能はずと雖其大要を考察するに秦の時商君の法民をして什伍をなさしめ相收司連坐せしめたり即五家を以て保とし十家相連る一家罪あれば九家之を擧發し若事實を得ざれば相連坐するの法なりこれ周の隣里郷黨の制によれる者なり只單位を十家にとれる差あるのみされば若犯罪者あれば十家の中に於て之を裁判し判決し又自省せしめし者の如し犯罪者ありて實を得ざる時は十家は其責任を負て罰をうけたり漢の時郷に長あり三老となす外に嗇夫と游徼とあり三老は敎化を掌り嗇夫は訟をきゝ賦稅を徵收し游徼は盜賊を循禁すとあれば三老は專敎育事務を游徼は司法警察事務を而して嗇夫は裁判事務を處理せし事を知るべし

漢の三老嗇夫游徼

訴訟手續

郷の上には縣あり郡國あり更に州あり州の刺史の職掌中に郡國を周行して寃獄を斷治する事あり此點に於て刺史亦裁判事務に與れる者と云ふべし

皇帝
　廷尉
　　郡守
　　國相　縣令……郷（刑事）
　刺史
　　郡守
　　國相　縣令……郷（民事）

第十一節　刑法

秦の刑罰

秦六國を亡し專刑罰に任じ囚獄最多かりき當時身躰刑には黥刑あり劓刑あり刖刑あり死刑には頗殘刻なる者ありたり鑊烹の刑は罪人を鼎に入れて煮殺すの刑なり又囊撲刑あり罪人を囊中に入れて之を撲殺するなり又車裂刑あり漢

漢の刑罰

の初此等の刑罰を用ひしが孝惠高后の際刑罰省く所あり三族に及ぶの刑は當時之を除きたり文帝の時身躰刑を廢し代ふるに鞭笞を以てす鞭笞も亦一の身

文帝肉刑を廢す

躰刑なり然れ共往々度を過して人を殺す事あり是に於て屢其數を減ぜしめたり宣帝の時犯罪にあつる刑罰の往々相伴はざるあるの弊を知て新に廷尉平を

夷三族　死刑　宮刑　城旦舂　禁錮　完

置きて獄囚を掌らしむ元帝の時法令の繁を除き頗輕減する所あり成帝に至て又律令の煩多を憂ひて死刑を減じて改正する所頗多し今當代の刑名を左に記載す

夷三族　此刑は秦以來之あり一人罪を犯せば誅三族に及ぶ三族とは父族母族妻族なり素より罪の最重き者に科する刑罰也高祖の時猶之ありしが高后の時遂に之を除けり

腰斬　磔　棄死　何れも死刑なり

宮刑　即躰刑の一種なり前章既に説明したり漢の時文帝肉刑を廢すると共に之を用ふる事を禁ぜしかど其後屢之を用ひ以て後世に及べり

城旦舂　鬼薪白粲　何れも後世の徒刑なり

禁錮　禁錮なる刑罰は既に春秋の際にあり後漢の時罪ある者を赦して特に終身禁錮せし事あり晋の時免官を犯せば禁錮三年とあり

完　躰刑の一種にして又髡とも云毛髮を削剃する刑罰なり

耐　完の輕き刑なり

斷舌
刖刑
劓刑
墨刑
笞刑
鞭刑

斷舌　躰刑の一にして舌を斷るの刑罰なり高祖の時誹謗する者罵詛する者にあてたり

刖刑　文帝の時廢す此后宋明帝の時之を用ひたる例あり

劓刑　文帝の時廢す

墨刑　文帝の時廢す宋の時亦用ひられ梁武帝之を除く隋亦此刑罰あり晋には奴始て逃亡する者は墨黥を兩眼に加へ再亡すれば兩頰上に施し三亡すれば横に目の下に黥す皆長一寸五分とあり梁の初囚未斷せざる時は面に刻字を刻せし事あり

笞刑　又一の躰刑なり笞刑は戰國の時之あり漢文帝に至て躰刑に代へて之を用ふ三百五百の等あり往々人を殺すに至るを以て景帝の時改て二百三百とす其后更に減じて一百二百とす依て箠令を定む笞は箠長五尺其本太一寸竹にして末薄き事半寸皆節を除き罪人の臀部を打つ人をかへず

鞭刑　笞刑に類す漢に鞭刑なし魏明帝鞭督の令を定む梁武帝に至て天監元年九等の刑を制す中に鞭杖二百鞭杖一百鞭杖五十鞭杖三十鞭杖二十鞭杖十一の

差あり之より先宋には鞭杖一百鞭杖五十鞭杖四十鞭杖三十鞭杖二十鞭杖一十あり而して鞭に三種あり制鞭法鞭常鞭之なり北魏には鞭刑二百あり北齊には附加刑として鞭一百單獨の刑として百八十、六十、五十、四十の五等あり鞭は背をうつ五十毎に人を易ふ北周は鞭五等あり六十七十八十九十一百なり其他附加刑として徒一年に鞭六十徒二年に鞭七十徒三年に鞭八十徒四年に鞭九十徒五年に鞭一百其他流に各百を加ふ隋唐以來廢して用ひず

杖刑

杖刑　杖は梁の時八等の差を制す又杖督一百以下の附加刑あり杖は皆生荊を用ふ長六尺大杖法杖小杖の別あり北齊は附加刑として笞あり單獨の刑として杖卅廿十の三等あり北周に至て杖刑五十より一百に至る

督罰

此他督罰あり漢以來梁陳の際用ひらる鞭笞杖の類にして笞よりも輕し梁に杖督の刑あり魏明帝婦人の笞を科すべき者は督を科せしめたり鞭は生熟革を用ひ杖は荊を用ひ笞は竹を用ふ皆形體を露出して之に加ふるを以て特に此恩典を與へて皮膚肉躰を殘剝する事なからしめたり

牢獄

漢代に於ける牢獄は其種類頗多し就中主なる者は中都官獄廷尉詔獄上林詔獄

郡邸獄掖庭秘獄共工獄若盧詔獄都船獄都司空獄等なり又一時留置して獄名なき者は居室保室請室暴室水司空等とす凡天下獄廿六所ありと云ふ

司獄官

囚徒の監禁を掌る者は主として廷尉なり故に廷尉は司獄官に當り監獄の事務を處理する者と云べし廷尉に正左右監あり景帝中六年更に大理と名つく武帝建元四年復廷尉とす初高帝の時獄の疑はしき者にして官吏敢て決せす罪ある者久しく判決を得ず罪なき者久しく留置せられて決せざるか如き弊ありしを以て以來縣道の官獄の疑はしき者あれは所屬の二千石に判決を乞ひ二千石之に判決を與へて之に報じ若又決する事能はされは則廷尉に移し廷尉判決を與へ得ざる時は之を上奏する事となせり景帝以后最意を監獄の事に用ひたり後

囚禁

三年令を下して高年老長者は人の尊敬する所なり鰥寡孤獨の他に依るべきなき者は人の哀憐する所なり今より八十以上八才以下及孕む者の類は之を囚禁する事を寛容せしむ宣帝元康四年亦令して年八十以上の者人を誣告し若くは人を殺傷するにあらされは罪に坐する事なからしむ成帝に至て鴻嘉元年年七才に滿たさる者賊鬪人を殺し及殊死を犯す者は上請して死を減する事を得せ

しめたり

第四章　唐代の法制

第一節　官職の制度

第一款中央制度　唐の官制を概括すれは三省九寺一臺五監及十六衛となす其名稱及被管左表の如し

三省
- 尚書省
- 門下省
- 中書省

三省	尚書省					
尚書省	吏部……吏部	司封	司勳	考功	左司
	戸部……戸部	度支	金部	倉部	左司
	禮部……禮部	祠部	膳部	主客	左司
	兵部……兵部	職方	駕部	庫部	右司
	刑部……刑部	都官	比部	司門	右司
	工部……工部	屯田	虞部	水部	右司
門下省					
中書省					

- 九寺
  - 太常寺
    - 郊社署
    - 太廠署
    - 太樂署
    - 鼓吹署
    - 太醫署
    - 太卜署
    - 廩犧署
  - 光祿寺
    - 太官署
    - 珍羞署
    - 良醞署
    - 常醢署
  - 衛尉寺
    - 武庫署
    - 武器署
    - 守宮署
  - 宗正寺
    - 崇玄署
  - 太僕寺
    - 乘黃署
    - 典廐署
    - 典牧署
    - 車府署
    - 諸牧監
    - 沙花監
  - 大理寺
  - 鴻臚寺
    - 典客署
    - 司儀署
  - 司農寺
    - 上林署
    - 大倉署
    - 鉤盾署
    - 導官署
  - 大府寺
    - 諸市署
    - 平準署
    - 左藏署
    - 右藏署
    - 常午署
- 御史臺
- 五監
  - 國子監
  - 少府監
  - 軍器監
  - 將作監
- 十六衛
  - 左右衛
  - 左右驍衛
  - 左右武衛
  - 左右威衛
  - 左右領軍衛
  - 左右金吾衛
  - 左右監門衛
  - 左右千牛衛

都水監

六軍　左右龍武軍　左右神武軍　左右羽林軍

隋の時尙書門下內史秘書內侍を五省とし吏部民部禮部兵部刑部工部を六部とし六部に各尙書を置き六尙書の下に廿四司の屬官あり其他御史都水の二臺太常寺等十一寺左右衞等十二衞あり唐に至て上に三省あり尙書門下中書之なり三省の中尙書其主に居る尙書省は南にあり依て名つけて南省と云門下中書は北にあり依て北省と云門下は左にあり中書は右にあり是に由て又門下を左省と云中書を右省と云而して此三省各其掌る所を異にし中書は天子の命令を宣奏し門下は天子の命令を審査して覆奏し尙書は天子の命令を頒行す此故に國家の事務を處理するは一に尙書省よりす尙書省に政廳あり名けて都堂と云左右二司に區別す東に吏部戶部禮部の三あり、部每に屬官各四司あり之を左司となす西に兵部刑部工部の三部あり部每に屬官各四司あり之を右司となす國家の事務を六部に分て處理するなり三省の上に三師三公あり位尊しと雖國家の事務に干與せず三省六部の外に九寺一臺五監あり

三師三公

三師三公　後漢の時太尉司徒司空を以て三公となせしか魏晉皆之による但晉は太傅太保を加へて上公とす後魏に至て太師太傅太保を三師といひ三公舊の如し隋唐亦三師三公あり三師は天子訓導の官にして道德崇重の人を以て之にあつ人なければ置かず後世多くは贈官なりといへり三公は天子を助けて陰陽を理め邦國を平にする事を掌る

尚書省

尚書省　秦漢魏晉以來皆之あり然れ共魏以來中書重せられ尚書輕し隋唐に至て尚書實に諸官の首たり其左右兩司を分て六部を置く事既に言へり尚書省に左の職員あり

尚書令一人　　尚書左右僕射各一人

尚書左右丞各一人　省の事を管理し憲章を糺擧する事を掌る

左右司郎中各一人　十二司の事を付以て稽違擧正し符目を省署する事を掌る

左右司員外郎各一人　都事六人　主事六人

吏部

吏部　吏部に吏部司封司勳考功の四司あり吏部は天下の官吏の選敍勳封課に

戸部

關する事務を掌る當部に左の職員あり
尚書一人　侍郎二人
被管には
吏部　文官の班秩品命を掌る郎中二人員外郎二人主事四人あり
司封　邦の封爵を掌る郎中一人員外郎一人主事二人あり
司勳　邦國官人の勳納を掌る郎中一人員外郎二人主事四人あり
考功　內外文武官吏の考課を掌る郎中一人員外郎一人主事三人あり
戸部　戸部は天下の戸口井田の事務を掌る其屬に四あり戸部度支金部倉部こ
れなり左の職員あり
尚書一人　侍郎二人
戸部　州縣の戸口の事務を掌る郎中二員外郎二主事四あり
度支　國用租賦多少の數物產豐約の宜水陸道路の利を支度する事を掌る郎
中一員外郎一主事二あり
金部　庫藏出納の節金寶財貨の用權衡斗量の事務を掌る郎中一員外郎一主事二

あり

倉部　天下の庫儲出納租稅祿糧倉廩の事務を掌る郎中一員外郎一主事三あり

戶部は隋の時民部と云唐初之による太宗貞觀中太宗諱世民をさけて戶部と云

禮部　天下の禮儀祠祭燕饗貢擧に關する事務を掌る其屬四あり禮部祠部膳部主客之なり職員左の如し

尙書一人　侍郎一人

禮部　尙書侍郎を助けて儀制をあげ其名數を辨ずる事を掌る郎中、員外郎、主事二あり

祠部　祠祀享祭天文漏刻國忌廟諱卜筮醫藥道佛に關する事務を掌る郎中一員外郎一主事二あり

膳部　邦の牲豆酒膳其品數を辨ずる事を掌る郎中一員外郎一主事二あり

主客　二王の後及諸蕃朝聘の事を掌る郎中一員外郎一主事二あり

兵部　天下の軍衛武官の選叙に關する事務を掌る之より先魏に五兵尙書あり北周に大司馬卿あり隋に至て兵部尙書あり唐之に由る其屬四あり兵部職方駕

刑部

部庫部之なり當部に置く職員左の如し

尙書一人　侍郞二人

兵部　武官の勳祿品命を掌る郞中二員外郞一主事四人あり

職方　天下の地圖及城隍鎭戍烽候の數を掌る郞中一員外郞一主事二あり

駕部　邦國の輿輦車乘及天下の傳驛廐牧官私馬牛雜畜の簿籍幷に其出入闌逸の事務を掌る郞中一員外郞一主事二あり

庫部　邦國軍州戎器儀仗を掌る郞中一員外郞一主事二あり

刑部　天下の刑法及徒隷句覆關禁の事務を掌る隋之を置く唐之に因る其屬四あり刑部都官比部司門之なり當部に置く職員左の如し

尙書一人　侍郞一人

刑部　典憲を擧げ輕重を辨ずる事を掌る郞中二員外郞二主事四あり

都官　役隷を配し俘囚を簿錄し以て衣糧藥料を給し理を以て訴競し寃を雪ぐ事を掌る郞中一員外郞一主事二あり

比部　內外賦斂等逋欠の物を勾會する事を掌る郞中一員外郞一主事四あり

工部

門下省

司門　天下の諸門及關の出入往來の籍賦を掌る郎中一員外郎一主事二あり

工部　天下百工の屯田山澤の事務を掌る漢成帝の時民曹の一部なり北周に大司空卿あり五材九範の法を掌る隋に工部尙書あり唐之に因る其屬四あり工部屯田虞部水部之なり當部に置く職員左の如し

尙書一人　侍郎一人

工部　經營興造の事を掌る郎中一員外郎一主事三あり

屯田　屯田に關する事務を掌る郎中一員外郎一主事二あり

虞部　天下盧衡山澤の事務を掌る郎中一員外郎一主事二あり

水部　天下の川瀆陂池の事務を掌る郎中一員外郎一主事二あり

門下省　帝命を出納する事を掌る後漢に侍中寺あり晉に門下省と云以來之あり龍朔二年東臺と改め光宅の初又鸞台といひ開元元年黃門省と云五年舊に仍て門下省と云當省に置く職員左の如し

侍中二人　黃門侍郎二人　給事中四人　左右に供奉して省の事を分判する事を掌る　錄事四人

主事四人
左散騎常侍二人　侍奉規諷顧問應對に備はる事を掌る
左諫議太夫四人　侍從賛相規諫諷諫を掌る
左補闕二人　左拾遺二人　供奉諷諫扈從乘輿を掌る
起居郎二人　天子の動作法度を錄し記事の史を修むる事を掌る
典儀二人　賛唱の節版位の次に關する事務を掌る
城門郎四人　符寶郎四人
弘文館學士　圖籍を詳正し生徒を敎授する事を掌る
校書郎　典籍を校理し錯謬を刊正する事を掌る

中書省

中書省　軍國の事務を掌る天子を佐けて大政を執る者なり中書の號は漢の時之あり中書省の稱は魏晉より始まる梁陳亦然り後魏之を西台と云隋の時內史省と云又內書省とも云へり唐に中書省と云光宗元年鳳閣といひ開元元年紫微省といひしか五年舊に復して中書省といへり當省に置く職員左の如し
中書令二人　中書侍郎二人　中書舍人六人　主書四人　主事四人

右散騎常侍二人　右諫議大夫四人　右補闕二人
右拾遺二人　起居舍人二人　通事舍人十六人
集賢殿書院　古今の經籍を刊緝し以て邦國の大典を辨明し顧問應對に備ふる事を掌る玄宗開元十三年之を置く書院に左の諸員あり
學士　直學士　侍讀學士　校書四人　正字二人　修撰官　校理官　中使一人　孔目官一人　知書館八人
史館　國史を修する事を掌る修撰四人あり　匭使院　天下の寃滯を申へ以て萬人の情狀を達する事を掌る武后垂拱元年置く所なり知匭使一人あり

秘書省

秘書省　邦國經籍圖書に關する事務を掌る後漢桓帝初て秘書監一人を置く圖書古今文字の同異を考合する事を掌る魏武帝亦令を置く晋の時中書省に入る梁に秘書省あり隋唐之に因る龍朔二年蘭臺といひ后舊に復す當省に置く職員左の如し
秘書監一人　少監二人　丞一人　郞四人　四部(經史子集)の圖籍庫を分て以

て藏する事を掌る
校書郎八人　正字四人　主事一人
秘書省に二局あり著作局太史局と云
著作局　碑誌祝文祭文を修撰する事を掌る當局に左の職員あり
　著作郎二人　著作佐郎二人　校書郎二人　正字二人
太史局　天文を觀察し曆數を稽定する事を掌る
　太史令二人　丞二人　司曆二人　保章正二人　監候五人　靈台郎二人
　挈壼正二人　司辰十九人

殿中省

殿中省　乘輿服御に關する事務を掌る魏の時殿中監あり隋殿內省と名つく唐
に至て殿中省と云省に六局あり當省に置く職員左の如し
殿中監一人　少監二人　丞二人
尙食局　天子の常膳を供する事を掌る諸員あり
尙藥局　御藥を合和し及診候する事を掌る
尙衣局　天子の衣服を供する事を掌る

尙舍局　殿庭の張設其湯沐を供し灑掃する事を掌る
尙乘局　內外閑廐の馬の事を掌る
尙輦局　輿輦繖扇等の事を掌る
內侍省　內に在て侍奉し宮掖に出入し制令を宣傳する事を掌る漢の大長秋なり隋に內史侍省と云唐之による當省に左の職員あり
監二人　少監二人、內侍四人　內常侍六人
內給事八人　主事二人　內謁者監六人　內謁者十二人　內寺伯二人
又左の五局あり
掖庭局　宮禁女工の事を掌る
宮闈局　宮闈に侍奉し管鑰を出入する事を掌る
奚官局　奚隷二役宮官の品命を掌る
內僕局　中宮の車乘出入導引を掌る
內府局　中宮の藏寶貨給名數を納る事を掌る

內官

宮官　御史台　太常寺

宮官

右二者は共に宮中の女官妃嬪の官也今之を省く

御史臺　邦國刑憲典章に關する事務を掌り以て朝廷を肅正す漢に御史大夫あり後漢以來御史臺と云又蘭臺寺と云ひし時あり梁後魏北齊或は之を南臺と云隋唐御史臺と云唐の時又憲臺肅政臺等の號あり後舊による當臺に左の職員あり

御史大夫一人　御史中丞二人

侍御史　百寮を糾筆し獄訟を推鞫する事を掌る主簿一人　錄事二人あり

殿中侍御史六人　殿庭供奉の儀式を掌る

監察御史十人　百寮を分察し郡縣を巡按し刑獄を糾視し朝儀を肅整する事を掌る

侍御史は臺院に隷し殿中侍御史は殿院に監察御史は察院に各隸す臺院殿院察院之を三院といふ

太常寺　邦國の禮樂郊廟社稷に關する事務を掌る漢の時太常あり後漢之に因

る以來魏晋宋齊皆之あり後周に太宗伯あり隋又太常と云唐之に因る光宅
中司禮と改む後伯に復す當寺に左の職員あり
太常卿一人　少卿二人　丞二人　主簿二人　錄事二人
太常博士四人　太祝三人　奉禮郎二人　協律郎二人
屬官に左の八署あり
兩京郊社署　五郊社稷明堂の位祠祀祈禱の禮を掌る令丞あり
太廟署　開元中之を廢す
諸陵署　先帝の山陵率戶守衛の事を掌る令丞あり
太樂署　樂人を敎へ鐘律を調合し祭祀享燕を供する事を掌る令丞樂正あり
鼓吹署　鼓吹施用調習の節以て鹵簿の儀に備ふる事を掌る令丞樂正あり
太醫署　諸醫療の事を掌る令丞各二人醫監四人醫正八人博士一人助敎一人
(醫術を以て諸生を敎授する事を掌る)　鍼博士一人鍼助敎一人鍼師十人按
摩博士一人按摩師四人呪禁博士一人あり
太卜署　卜筮の事を掌る令丞あり又卜正卜博士あり

光祿寺

衛尉寺

廩犧署　犧牲粢盛の事を掌る令丞あり

光祿寺　邦國酒醴膳羞に關する事務を掌る漢に光祿勳の名稱あれ共光祿勳は武官也故に其職彼と異り北齊光祿寺卿少卿を置き諸の膳食帳幕の事を兼掌す隋唐之による唐の時或は司宰寺司膳の名稱ありしかど幾なくして舊に復す當寺に左の職員屬官あり

光祿卿一人　少卿二人　丞二人　主簿二人　錄事二人

大官署　供膳の事を掌る令丞監膳あり

珍羞署　庶羞を供する事を掌る令丞あり

良醞署　祭祀五祭三酒の事を掌る令丞あり

掌醢署　醯醢を供する事を掌る令丞あり

衛尉寺　邦國の器械文物に關する事務を掌る漢に衛尉あり南齊梁陳後魏皆之あり北齊衛尉寺と云ふ卿及少卿各一人あり軍器儀仗帳幕の事を掌る隋唐之による屬官に三署あり又左の職員あり

衛尉卿一人　少卿二人　丞二人　主簿二人　錄事一人

兩京武庫署　天下の兵仗器械を藏し其名數を辨じ以て國用に備ふる事を掌る令丞監事あり

武器署　外に在る戎器に關する事務を掌る令丞監事あり

守宮署　邦國供帳の具に關する事務を掌る令丞監事あり

宗正寺

宗正寺　天子の九族六親の屬籍を掌る漢平帝の時秦の宗正によりて宗正を置く魏亦之による後魏に宗正卿あり北齊亦然り後周に宗師中大夫あり隋は北齊の制により唐亦之による初司宗といひ后或は司屬といひしが又舊に仍て宗正寺と稱す屬官に崇玄署あり又左の職員を置く

宗正卿一人　少卿二人　丞二人　主簿二人　錄事二人

崇玄署　京都諸觀の名數道士の帳籍を掌る令丞あり

太僕寺

太僕寺　邦國廐牧車輿の事務を掌る漢に太僕あり魏晉初之あり隋唐之による唐或は改めて司馭となし又司僕となす神龍の初舊に復す其屬六あり當寺に置く職員左の如し

太僕卿一人　少卿二人　丞四人　主簿二人　錄事二人

乘黃署　天下の車輅に關する事務を掌る令丞あり

典廏署　馬牛を繋飼し雜畜を給養する事を掌る令丞主乘あり

典牧署　諸牧雜畜給納に關する事務を掌る令丞監事あり

車府署　王公以下の車輅に關する事務を掌る令丞あり

諸牧監　群牧孳課の事務を掌る監副監丞主簿あり

沙苑監　隴右諸牧の牛羊を牧養する事を掌る監副監丞主簿あり

大理寺

大理寺　邦國折獄詳刑の事務を掌る漢景帝の時大理あり後漢に廷尉卿あり歷代皆廷尉とす北齊大理寺といひ卿少卿各一人を置く隋北齊により唐亦之に因る或は詳刑司刑と名づけし事あり幾なくして舊に復ず當寺に置く職員次の如し

大理卿一人　少卿二人　大理正二人　丞六人　主簿二人

錄事二人　獄丞四人　司直六人　評事十二人

鴻臚寺

鴻臚寺　賓客及凶儀の事務を掌る漢に鴻臚あり後漢に大鴻臚あり魏及晉の初皆之あり北齊鴻臚寺と云卿少卿各一人あり外客朝及吉凶吊祭を掌れり後周に

蕃部中大夫あり賓部中大夫あり隋は北齊により唐亦之による一時司文司賓と名づけし事あり屬に二署あり左の職員を置く
鴻臚寺卿一人　少卿二人　丞三人　主簿一人　錄事二人
典客署　二王の后介公酅公の版籍及四夷の歸化在蕃の名數を掌る令丞掌客あり
司儀署　凶禮の儀式及喪葬の具を掌る令丞あり

司農寺

司農寺　邦國の倉儲委積の事務を掌る漢に大司農あり魏に司農あり晉初之に因る宋齊皆之あり梁に司農卿と云ひ後魏に大司農と云北齊初て司農寺と云卿少卿各一人あり倉市薪米園池果實を掌る後周司農上士一人あり隋は北齊により唐亦之による當寺に屬官四あり又左の職員を置く
司農寺卿一人　少卿二人　丞六人　主簿二人　錄事二人
上林署　花囿園池の事務を掌る令丞監事あり
大倉署　九穀稟藏の事務を掌る令丞監事あり
鈎盾署　邦國の薪芻を供する事を掌る令丞監事あり

大府寺

國子監

導官署　供御米麥を導擇する事を掌る令丞監事あり

大府寺　邦國財貨に關する事務を掌る歷代多く置かず司農少府の中に其職あり當府寺に五署の屬あり又左の職員を置く

大府寺卿一人　少卿二人　丞四人　主簿二人　錄事二人

兩京諸市署　白族交易の事を掌る

平準署　邦國平準の事務を掌る令丞監事あり

左藏署　邦國庫藏の事務を掌る令丞監事あり

右藏署　邦國寶貨の事務を掌る令丞監事あり

常平署　倉儲を平糴する事を掌る令丞監事あり

以上太常寺より大府寺に至る之を九寺と名づく

國子監　邦國の儒學訓導の事務を掌る漢の時博士祭酒あり魏之に因る晋武帝國子學を立て國子祭酒一人を置く宋の時學を置かず惟助教一人あり其後魏明帝の時祭酒あり齊梁國師と號す陳後魏國子祭酒と云北齊は國子寺と名づけ祭酒一人あり隋開皇十三年寺を改めて學と云煬帝又改めて國子監となす唐之に

少府監

因る龍朔二年司成館と改め光宅元年又成均といひしが神龍元年舊に復して國子監と云其屬六あり又左の職員を置く

國子祭酒一人　司業二人　丞一人　主簿一人　錄事一人

國子學　文武官三品以上及國公の子孫從二品已上曾孫の生となる者を敎ゆる事を掌る博士五人助敎二人五經博士各二人あり後助敎五人となれり又直講四人を加ふ

大學　文武官の五品以上及郡縣の公子孫從三品曾孫の生となる者を敎ふる事を掌る博士三人助敎三人あり後加へて博士六人助敎六人とす

四門學　文武官の七品以上及侯伯子男の子の生となる者を敎ふる事を掌る博士三人助敎三人あり後加へて博士六人助敎六人とす

律學　書學　算學

武文官八品已下及庶人の子の生となる者を敎ふる事を掌る博士三人助敎一人書學博士二人算學博士二人あり各助敎一人あり

少府監　百工技巧に關する事務を掌る漢に少府卿あり宋梁陳後魏皆之あり隋

煬帝大業五年少府監とす唐武德初軍器監を置き少府監を廢す龍朔二年内府監とし光宅元年尙方監と改め後又少府監と云屬官六あり當監に置く職員左の如し

少府監一人　少監二人　丞四人　主簿二人　錄事二人

中尙署　郊祀の圭璧及天子の器玩后妃服飾彫文綵錯の制を供する事を掌る令丞監作あり

左尙署　天子の五輅翟扇蓋徹等の事務を掌る令丞監作あり

右尙署　十二閑馬の鞍轡を供する事を掌る令丞監作あり

織染署　天子皇太子及群臣の冠冕其制度を辨ずる事を掌る令丞監作あり

掌冶署　銅鐵の器物を鎔鑄する事を掌る令丞監作あり

諸冶監　兵農の器を鑄軍士屯田居民に給する事を掌る監丞監作あり

北都軍器監　開元十六年置く所也甲弩の屬を造くる事を掌る左の職員あり

監一人　少監一人　丞二人　主簿二人　錄事一人

甲坊署　令丞監作あり

北都軍器監

弩坊署　令丞監作あり
諸鑄監　監副監丞監事あり
互市監　監丞あり

將作監　土木工匠に關する事務を掌る漢に將作大匠あり魏晋之に因る宋齊常に置かず梁は大匠卿と改む陳之に因る北齊に將作寺あり後周に匠師中大夫あり隋は北齊による開皇二十年寺を改めて監とす唐之に因る龍朔二年膳工監とし光宅元年營繕監とす後舊に復す屬官五あり又左の職員を置く
將作大匠一人　少匠二人　丞四人　主簿二人　錄事二人
左校署　營構梓匠の事を掌る
右校署　版築塗泥舟艭の事を掌る
中校署　舟車兵仗廐牧雜作器用を供する事を掌る
甄官署　琢石陶玉を供する事を掌る
百工監　材木を採伐する事を掌る

都水監　川澤津梁に關する事務を掌る漢に都水あり後世或は水衡都尉といひ

又都水使者といひたり屬官二あり當監に左の職員を置く

都水使者二人　丞二人　主簿一人

舟檝署　公私の舟船及運漕の事を掌る

河渠署　川澤魚鹽の事を掌る

以上國子監より都水監に至る是を五監と稱す

武官には六軍十六衞あり

十六衞

十六衞の名稱及將軍以下の官名左の如し

左右衞

左右衞　宮庭警衞の法令を統領する事を掌る

上將軍各一人　大將軍各一人　將軍各二人　長史各一人

錄事參軍事各一人　倉曹參軍事各二人　兵曹參軍事各二人

騎曹參軍事各一人　冑曹參軍事各一人　司階各二人

中候各三人　司戈各五人　執戟各五人

左右衞の下に親府勳府翊府の五府あり又天下の折衝府も之に屬す五府とは則親府勳一府勳二府翊一府翊二府是なり何れも左右中郎將各一人左右郎將兵曹

左右驍衛
左右武衛
左右威衛
左右領軍衛
左右金吾衛
左右監門衛
左右千手衛

參軍事各一人校尉各五人旅帥隊正副隊正あり皆宿衛の武官なり

左右驍衛

上將軍各一人大將軍各一人將軍各二人

左右武衛

上將軍各一人　大將軍各一人　將軍各二人

左右威衛

上將軍各一人　大將軍各一人　將軍各二人

左右領軍衛

上將軍各一人　大將軍各一人　將軍各二人

左右金吾衛　宮中及京城晝夜巡警し非違を執禦する事を掌る

上將軍各一人　大將軍各一人　將軍各二人

左右監門衛　諸門の禁衛門籍の法を掌る

上將軍各一人　大將軍各一人　將軍各三人

左右千牛衛　宮殿の侍衛及供御の儀仗を掌る

上將軍各一人　大將軍各一人　將軍各一人

六軍

以上十六衛となす又六軍あり

左右羽林軍

左右羽林軍衛　北衙禁兵の法令を統領する事を掌る羽林は漢の時既に之あり魏の時亦然り唐亦之あり

左右神武軍

左右神武軍　左右龍武庫　大將軍各一人

左右龍武軍

以上之を六軍と云此後左右神策軍左右威武軍を置き凡て十軍となす

以上は中央政府に於ける文武の官員なり此他に東宮官の類ありと雖國家の事務に直接關係する所にあらざるを以て今掲げず而して猶翰林院學士の一官あれば併せて下に列す

翰林院學士

翰林院學士は本文學を以て顧問せらる出入侍從す因て謀議に參する事を得たり唐の時天子の傍常に文詞經學の士をはなさず太宗の時より各儒學士時に召すと雖未名號あらず乾封以後時人北門學士と名づけし事あり玄宗の初翰林待詔を置く四方の表疏批答應和文章を掌る後文學の士を選で翰林供奉と稱し集賢院學士と制詔書勅を分掌せり開元廿六年に至て改て學士とし別

官制の三大部
一文官
二、武官
三、糺察官

に學士院を置く專內命を掌る其後選用益重くして禮遇益親し內相と號するに至れり憲宗の時又學士承旨を置く唐の學士弘文集賢の二院は中書門下に分隷すれ共獨翰林學士は屬する所なし

近世の學者は國家活動の形式を分て三とし立法行政行爲及裁判と名づけ各獨立の機關を設けて事務を處理せしむ支那に於ては此區劃判然せず立法は主として君主の掌る所なりと雖行政行爲と裁判とは往々混同して行政官にして裁判の事務を掌る者あり此故に此三分主義を以て支那の官制を分つ事能はずと雖支那に於ては又特別に自國の三分主義を以て官制を大別したり所謂文武糺察の三官之也文官は則今行政兼司法官にして武官は則軍事を掌り糺正官は文官を監督して其非法行爲を彈劾せり唐の官制亦此三分主義の上に立てり尙書省の屬官たる六部及九寺は文官にして六軍十六衛は武官也而て御史臺は則糺察官なり五監は則文官に屬す例へば國子監は當然禮部に合するを得べく軍器監は兵部に幷せ得べきが如し此故に唐の官制一見複雜なるが如しと雖之を總括すれば僅に此三官を出でざるなり然して此等の職官を今の職務に配當すれ

ば實に左表の如くなるべし

- 立法府……………中書省及門下省
- 行政官
  - 內務行政
    - 敎育行政……國子監・秘書省
    - 宗敎行政……宗正寺（崇玄署）
    - 經濟行政……戶部・大府寺（右藏署）・鑄錢官
    - 森林行政……工部（虞部）・將作監
    - 水路行政……工部・都水監
    - 牧畜行政……太僕寺（典廐署・典牧署・諸牧監）
    - 營業行政……大府寺（平準署）
    - 救恤行政……大府寺（常平署）
  - 軍事行政……兵部・衞尉寺・軍器監
  - 財務行政……戶部・司農寺

司法官……刑部、大理寺、御史臺

大府寺、少府監

唐の地方制度

第二欵地方制度　唐の地方制度は最下級の區劃を縣と名づけ縣の上に州若くは郡あり州郡の上に道あり道を以て最高地方區劃となす道に巡察使を置く其後屢改名あり州には則刺史あり郡には則太守あり縣には令を置きて各一區劃內の事務を處理せしむ

道

道　貞觀の初天下を分て十道とす關內道河東道河北道山南道隴右道淮南道江南道劔南道嶺南道之なり高宗の神龍二年五品巳上の者廿人を以て十道の巡察使となす以て州縣を按擧す景雲二年十道の按察使を置く每道に各一人なり開元二年改めて十道按察採訪處置使と云十五道に分つ天寶の末又黜陟使を兼ぬ乾元元年改て觀察處置使と云緣邊の地には節度使あり

節度使

節度の名は永徽の初旣に之あり景雲に至て初て節度の職あり開元の際天下の節度使凡八あり關內朔方節度使河東節度使河北幽州節度使河西節度使隴右節

度使劍南節度使磧西節度使嶺南節度使之なり天寶の時緣邊禦戎の地に八節度使を置き使の命を受くるの日之に旌節を給ひ軍事を專制する事を得せしむ使行けば節を立て六纛をたつ其屬官に副使一人行軍司馬一人掌書記一人あり抑節度の名義につき三說あり一に曰節度とは旌節を受くるによりて名づく二に曰節度とは軍中糧運をなす古の義に出づ三に曰符節を受くるによりて名づくと

州刺史

州郡　隋開皇三年天下諸郡をやめて州となし以て縣を統ぶ大業中又改めて郡と云唐武德元年郡を改めて州と云刺史を置く開元中天下の州府を定む近畿の州四之を四輔と云他の六州を六雄とし他の十州を十望となし又他の十州を十緊となす凡天下の州を上中下の三等に分ち各刺史を置く上州は四萬戶以上中州は三萬戶以上下州は三萬戶以下とす上州に刺史一人別駕一人等を置く其他中下府各官あり六典載する所左の如し

上州　刺史一人　別駕一　長史一　司馬一　錄事參軍事一　錄事二　史三　司功參軍事一　佐三　史六　司倉參軍事一　佐三　史六　司戶參軍事二　佐二　史七　帳史一司兵參軍事一

佐三　史六　司法參軍事二　佐四　史八　司士參軍事一　佐三　史六　參軍事四　執刀十五
典獄十四　問事八　白直廿　市令一　丞一　佐一　史二　倉督二　史四　經學博士一　助教二
醫學博士一　助教一

中州　刺史一　別駕一　長史一　司馬一　錄事參軍事一　錄事一　以下官名上州に同じ
只員數に減少あるのみ司士參軍事佐史を欠きて別に帥二人あり

下州　刺史一　別駕一　司馬一　錄事參軍事一　錄事一　史二　司倉參軍事一　佐二　史四
司戶參軍事一　佐三　史五　帳史一　司法參軍事一　佐二　史四　參軍事二　執刀十　典
獄八　問事四　白直十六　市令一　佐一　史一　帥二　倉督一　史二　經學博士一　助教一　醫
學博士一

凡天下の州府三百十五ありと云刺史の名は漢の時之あり後漢之による靈帝の
時改めて牧と云後魏亦州に刺史あり后又牧と云齊之による北齊州を制して上
中下とす毎等また上中下の差あり凡九等とす隋は雍州に牧を置き余州並に刺
史を置く又北齊の九等の制あり隋刺史の名存して職廢る唐亦州に刺史以下を
置く所上の如し

縣
赤縣
畿縣

縣　縣は州の下にある地方區劃なり古は縣大にして郡小なりしが戰國の時郡大にして縣小となれり下て晉の時大縣令あり後魏亦縣に三令長を置く孝文の始縣令あり唐亦縣令あり縣の事務を處理す縣に上中下三等あり武德の初戶五千以上を上縣とし二千以上を中縣とし一千以上を下縣とす開元年中六千戶以上を上縣とし三千戶以上を中縣とし滿たざるを中下縣とし千戶以下を下縣とす但例外あり赤畿望縣の如きは戶數を限らず並に上縣とし京を去る五百里內並に緣邊の州縣は五千戶以上並上縣となす二千巳上を中縣とし一千巳上を中下縣とし以下を下縣となせり

赤縣とは長安河南洛陽奉先太原晉陽の六縣をいひ三都のある所なり畿縣とは京北河商大原の三縣をいひ三都部內の縣也此等の縣官は他の縣官に比して位階高し

萬年長安河南洛陽奉先太原青陽の諸縣

令一人　丞二　主簿二　錄事二　佐二　史二　尉六　司功佐三　史六　司倉佐四　史八　司戶佐五　史十　司兵佐四　史六　司法佐五　史十　司士佐四　史八　典獄十四　問事八　白直十八

博士一 助教一

京北河南太原諸縣

令一人 丞一 主簿一 尉二 錄事二 史三 司功佐三 史五 司倉佐四 史七 司戶佐四 史七 帳史一 司法佐四 史八 司士佐四 史八 典獄十 問事四 白直十 市令一 佐一 史一 帥一 經學博士一 助教一

上縣

令一人 丞一 主簿一 尉二 錄事二 史三 司戶佐四 史七 司法佐四 史八 典獄十 問事四 白直十 市令一 佐一 史一 帥二 倉督二 博士一 助教一

中縣

令一人 丞一 主簿一 尉一 錄事一 司戶佐三 史五 司法佐三 史六 典獄八 問事四 白直八 市令一 佐一 史一 帥二 倉督一 博士一 助教一

中下縣

令一人 丞一 主簿一 尉一 錄事一 司戶佐二 史四 帳史一 司法佐二 史四 典獄六 問事四 白直八 市令一 佐一 史一 帥一 博士一 助教一

下縣

令一人　丞一　主簿一　尉一　錄事一　司戸佐一　史四　帳史一　司法佐二　史四　典獄六
問事四　白直八　市令一　史一　帥二　博士一　助敎一

京兆河南大原府

京兆河南大原府には牧一人　尹一　少尹二　司錄參軍事二　錄事四　府史三　功曹參軍事二
府六　史十二　倉曹參軍事一　府八　史十六　戸曹參軍事二　府十一　史廿二　帳史一　兵曹參軍
事二　府九　史十八　法曹參軍事二　府九　史十八　士曹參軍事二　府七　史十四　參軍事六　執
刀十五　典獄十八　門事十二　白直廿四　經學博士一　助敎二　醫學博士一　助敎一あり

都督

都督　天下州縣の外邊要に都護あり都督あり都督の名後漢之あり唐の初總管
あり長を長史と云武德七年總管を改めて都督と云諸州の兵馬甲械城隍鎭戍等
を督し府事を總判する事を掌る都督府に大中下の別あり

大都督府五　潞揚益荊幽とす
都督一人　長史一　司馬二　錄事參軍事二　錄事二　史四　功曹參軍事一　府四　史六
倉曹參軍事一　府四　史八　戸曹參軍事一　府五　史十　帳史一　兵曹參軍事二　府四
史八　法曹參軍事一　府四　史八　士曹參軍事一　府四　史八　參軍事五　執刀十五　典獄十六

地方官の職掌

問事十 白直廿二 市令一 丞一 佐一 史二 帥三 倉督二 史四 經學博士一 助敎二 醫學博士一 助敎一

中都督府十五 凉秦靈延代兗梁安越洪潭桂廣戎福官制大都督府と異る事なし只員數を減ずると別駕一人を加へたるの差あるのみ

下都督府二十 夏原慶豐勝營松洮鄯西雅瀘茂巂姚夔黔辰容邕官制大都督府と大差なし別駕一人を加へ士曹參軍事を欠き其他全躰に於て減員あるの差あり

以上 府州縣都督官の職務を列擧すれば

京兆河南太原牧、都督、刺史、

邦畿を淸肅し官吏を考覆し德化を宣布し齊人を撫和し農桑を勸課し五敎を敎敷し每歲一たび屬縣を巡り風俗を觀百姓を問ひ囚徒を錄し鰥寡を恤み丁口を閱し務て百姓の疾苦を知り內篤學異能有て鄉閭に聞ゆる者は擧げて之を進め考悌ならず禮に悖り常を亂りて法に率はざる者あれば糺して、之を繩する事を掌る

尹、少尹、別駕、長史、司馬、

府州の事を貳け以て衆務を紀綱し列曹を通判し歳終には更に入て奏計する事を掌る

司錄、錄事參軍、

付事勾督省署抄目に關する事務非違を糺正し符印を監守し若列曹の事異同あらば得て以て聞奏する事を掌る

功曹、司功參軍、

官吏考課假使選擧祭祀禎祥道佛學校表疏書啓醫藥陳設に關する事務を掌る

倉曹、司倉參軍、

公廨度量庖厨倉庫租賦徵收田園市肆に關する事務を掌る

戸曹、司戸參軍、

戸籍計帳道路逆路田疇六畜過所蠲符の事を掌る

兵曹、司兵參軍、

武官の選擧兵甲器仗門戸管鑰烽候傳驛の事を掌る
法曹、司法參軍、
律令格式鞫獄定刑盜賊を督捕し姦非を糺逖する事を掌る
士曹、司士參軍、
津梁舟車舍宅百工衆藝に關する事務を掌る
參軍事　出使檢校及導引の事を掌る
市令丞　市廛交易禁斥非違の事を掌る
經學博士　五經を以て諸生を敎授する事を掌る
醫學博士　百藥を以て平人の疾ある者を救療する事を掌る
京畿及天下諸縣令
風化を導揚し黎氓を撫字し四人の業を敦くし五士の祠を崇り鰥寡を養ひ孤窮を恤み寃屈を審察し獄訟を躬親し百姓の疾苦を知る事を掌る
主簿
付事勾稽省署抄目の事及非違を糺正し印を監し紙筆雜用を給する事を掌

る

錄事　受事發辰稽失を勾檢する事を掌る

縣尉　庶務を親理し衆曹を分判する事を掌る

博士　經術を以て諸生を敎授する事を掌る

都護　都護も大上の二種あり

大都護府

大都護一人　副大都護一　副都護二　長史一　司馬一　錄事參軍事一　錄事二　史二　功曹參軍事一　府二　史二　倉曹參軍事一　府二　史二　戶曹參軍事一　府三　史三　帳史一　兵曹參軍事一　府二　史四　法曹參軍事一　府三　史四　參軍事三

上都護府

都護一人　副都護二　長史一　司馬一　錄事參軍事一　錄事一　功曹參軍事一　府二　史二　倉曹參軍事一　府二　史二　戶曹參軍事一　府三　史三　帳史一　兵曹參軍事一　府三　史四　參軍事三

都護は諸蕃を撫慰し外寇を安んじ敵情を察し之を征討する事を掌れり

鎭	戍	廟	關

鎭　鎭にも上中下の三等あり

上鎭　將一人 鎭副一 錄事一 史一 倉曹參軍事一 佐一 史二 兵曹參軍事一 佐二 史二 倉督一 史二

中鎭　將一人 鎭副一 錄事一 兵倉參軍事一 佐三 史四 倉督一 史二

下鎭　將一人 鎭副一 錄事一 兵曹參軍事一 佐一 史二 倉督一 史一

戍　戍も亦上中下三等あり

上戍　主一人 戍副一 佐一 史一 中戍 主一人 史二 下戍 主一人 史一

鎭將は鎭に關する事務を處理し兵曹は防人の名籍戎器土木等の事務を掌れり

五嶽四瀆に廟あり廟令祝史齋郎を置きて祭祀を掌る

關　上中下の三等あり

上關　令一人 丞二 錄事一 府二 史四 典事六 津吏八

中關　令一人 丞一 錄事一 府一 史二 典事四 津吏六

下關　令一人 史二 典事二 津吏四

關令は末遊を禁じ奸慝を伺ひ行人車馬の出入に關する事務を掌り津吏は橋船

の事務を掌れり

以上　列記せし各種の地方官の外に臨時に派遣し若くは設置する官職亦少なからず其大要を摘出すれば

招討使　貞觀の初之を置きし事あり兵を用ふる際に從て之を置き兵やめば亦やむ後節度の之を兼ねたる實例ありき

宣慰使　元和の際淄青兗豫等の諸州に宣撫使を置く後又宣慰使を置けり藩方平ならざれば重臣を遣して宣慰安するによりて名づく

安撫使　宋武帝普通六年に慰撫使あり之に始まる隋仁壽四年又河北道安撫使あり唐に至て貞觀の初大使十三人を遣して天下の諸州水旱を巡省せしめし事あり以來巡察安撫存撫等の名を以て見はる

經略使　唐貞觀二年邊州に經略使を置く以來節度使時に之を兼ぬ儀鳳二年河源郡經略大使あり以來屢見ゆ

防禦使　唐武后の聖曆元年初て之を置く以來屢見ゆ

轉運使　先天二年始て水陸發運使あり使名之より始まる開元廿一年江南淮南

勸農使
團練使
階級制度
貴族

の轉運使あり又副使あり天寶中勾當轉運使諸色轉運使諸道轉運使の名あり

勸農使　唐の時覆田勸農使なる者あり農桑を勸課せんが爲に地方に派遣せらる

團練使　肅宗の時之あり

第二節　身分の階級

唐の時身分の階級を分て三となす官職によるの貴族良民及賤民之なり

官職による貴族に次の階級あり

從一品　開府儀同三司と云
正二品　特進と云
從二品　光祿大夫と云
正三品　金紫光祿大夫と云
從三品銀青光祿大夫と云
正四品上正議大夫と云
正四品下通議大夫と云
從四品上太中大夫と云
從四品下中大夫と云
正五品上中散大夫と云
正五品下朝議大夫と云
從五品上朝請大夫と云
從五品下朝散大夫と云
正六品上朝議郎と云

正六品下承議郎と云
從六品上奉議郎と云
從六品下通直郎と云
正七品上朝請郎と云
正七品下宣德郎と云
從七品上朝散郎と云
從七品下宣議郎と云
正八品上給事郎と云
正八品下徵事郎と云
從八品上承奉郎と云
從八品下承務郎と云
正九品上儒林郎と云
正九品下登仕郎と云
從九品上文林郎と云
從九品下將仕郎と云
以上廿九階は文散階なり文散階に對して武散階あり
從一品　驃騎大將軍
正二品　輔國大將軍
從二品　鎮國大將軍
正三品上冠軍大將軍　懷化大將軍
正三品下懷化將軍
從三品上雲麾將軍歸德大將軍
從三品下歸德將軍
正四品上忠武將軍
正四品下壯武將軍
懷化中郎將

從四品上宣威將軍
從四品下明威將軍歸德中郎將
正五品上定遠將軍
正五品下寧遠將軍懷化郎將
從五品上游騎將軍
從五品下游擊將軍歸德郎將
正六品上昭武校尉
正六品下昭武副尉懷化司階
從六品上振威校尉
從六品下振威副尉歸德司階
正七品上致果校尉
正七品下致果副尉懷化中候
從七品上翊麾校尉
從七品下翊麾副尉歸德中候
正八品上宣節校尉
正八品下宣節副尉懷化司戈
從八品上禦侮校尉
從八品下禦侮副尉歸德司戈
正九品上仁勇校尉
正九品下仁勇副尉懷化執戟長上
從九品上陪戎校尉
從九品下陪戎副尉歸德執戟長上

良民

良民は漢制と同じく之を農工商の三に分てり力を耕桑に肆にするを農といひ工作貿易するを工といひ屠沽興販するを商と云と又工商の家は士に預る事を

賤民

土地の制度

口分田

得ざる規定あり

賤民に種々あり雜戶あり番戶あり奴婢あり奴婢を最下級となす奴婢一たび免せられて番戶となり番戶免ぜられて雜戶となり雜戶免ぜられて初て良民となるの順序なり當時奴婢となるの順序は多くは犯罪の連坐に依てなり德宗の時邕府歲貢の奴婢をやめし事あり當時邕府より歲に奴婢を貢せしが如し又韓退之袁州の刺史たりし時奴隸七百餘人を解放せり此等の奴隸は皆負債の爲に沒せし者なりといへり

第三節　當代に於ける經濟の狀況

第一欵　當時の土地制　土地に各種の名稱あり一に口分田二に永業田三に公廨田四に職分田五に營田六に屯田七に私田等之なり

口分田　唐は均田の法を行ひ天下の人悉田を受く皆定數あり丁男年十八以上は人每に一頃(百畝)を與ふ此中八十畝を以て口分田となし廿畝を以て永業田となす老者篤疾廢疾者は四十畝寡妻妾は三十畝道士は卅畝女冠は廿畝僧尼は廿畝官戶は百姓口分田の半を各授けたり而して此等に授くるに法あり每年十月

里正預め簿を造り縣令受くべき人を集めて之に授け十二月に至る其授くる時に當り貧者及家に課丁ある者を先にし富者及不課家を後にす若縣内の田を授け畢りて猶受くべき人を餘す時は其隣縣の土地を授け若不足ある時は寛郷の田を授く當時寛郷より狹郷に移る事は頗困難なりと雖狹郷より寛郷に移る事は寧國家の奬勵せし所なり此故に狹郷に對しては各種の束縛あるに反して寛郷に對しては各種の特典を與へたり例へば寛郷に移る者には狹郷の田を倍して授け猶口分世業を併せて賣る事を許されたり又降戸奴婢の放たれ良民となる者には多く寛郷の田を給したり工商は寛郷に於ては農民の半を受くるを得たりと雖も狹郷にありては受くる事能はざりき口分田は其人の死亡と共に官に沒入す此故に口分田の所有權は各個人あらずして國家にあり從て之を賣買し得ざるは當然なりと雖早くより賣買する事行はれしと見えて永徽中既に世業口分田を賣買する事を禁ずるの令出でしも其後豪富の輩愈兼幷を加へしかば更に令して買ふ者は地を還して之を罰せし事あり然れ共行はれず開元の際已に兼幷せる者多きを見ば分田の制亦正確に行はれざりしが如し此故に後の

田制空文

學者多く當時の分田の制を論じて唐の時丁口滋衆く官閑なく田復給授せず故に田制空文となすいへるも過言にあらず

永業田

永業田　永業田は皆廿畝を給する規定なり皆植うるに楡棗桑等地に宜しき木を以てす永業田は一家の所有地に屬し其人死するも國家に沒入せずして其家族に屬す永業田は之を賣却する事を許されざりしも特別の事情ある場合に之を許可したり即已むなくして鄕を徙す場合及寛鄕に移る場合及貧にして葬を營む事を得ざる場合の如し

永業田は親王以下亦之を給す親王は百頃職事官一品は六十畝郡王職事官從一品は五十頃國公職事官從二品は三十五頃縣公職事官三品は廿五頃の類なり

公廨田

公廨田　公廨田は皆官司の所有に屬する田地にして其初は國家の給する所に係る官により定數あり

司農寺	廿六頃	殿中省	廿五頃	少府監	廿二頃
太常寺	廿　頃	京兆河南各	十七頃	大府寺	十六頃
吏戶部　各	十五頃	兵部內侍省各	十四頃	中書省	十三頃

職分田

將作監　　十三項　　刑部大理　各十二頃　　尙書門下左春坊各十頃
工部光祿寺太僕寺秘書省各九頃　　禮部鴻臚都水詹事府右八頃
御史臺國子監　　各七頃　　左右衛家令寺　　各六頃
衛尉寺左右十二衛右春坊各五頃　　衛率寺太史局　　各四頃
宗正寺千牛衛等　　各三頃　　內坊內率府　　各二頃
皆在京の諸司なり公廨田よりは稅錢を收めて百官の俸にあつ其在外の諸州亦
公廨田あり大都督府は四十頃中都督府は卅五頃下都督府上州各三十頃の如し
但其數の如きは常に加減あり
按ずるに初京司及州縣皆公廨田あり公私の費に供せしが後用度不足を以て
京官只俸祿ありしのみ諸司公廨本錢を置き利息を取て用にあつ貞觀十二年
之をやめしが十五年に至て復之を置き諸司の令史を以て之を主らしむ捉錢
令史と號す五萬錢を以て月に息錢四千を入ると云後存廢一ならず
職分田又職田とも云隋文帝開皇十四年初て公卿以下に職田を給ひし事あり當
時諸種の官署皆公廨田より錢を收めて其經費にあてたり中には之を出擧して

營田屯田

利を占むる者あり是に於て官の面目を失はん事を恐れて之を嚴禁し改て官職によりて職田を給せり一品は五頃以下五品に三頃其下五十畝を減して差をなせり唐の時武德元年文武官に俸祿を賜ふ隋制より大に減せり一品七百石從九品三十石皆歲俸なり職分田一品十二頃二品十頃三品九頃四品七頃五品六頃六品四頃七品三頃五十畝八品二頃五十畝九品二頃共に百里內の地を給したり諸州都督都護親王府官は二品十二頃三品十頃四品八頃五品七頃六品五頃七品四頃八品三頃九品二頃五十畝なり其鎭戍關津岳瀆の官は五品五頃六品三頃五十畝七品三頃八品二頃九品一頃五十畝なり其他三衛中郎將上府折衝都尉は六頃隊正副は八十畝なり貞觀十一年職田を置く弊多きを以て之をやめ皆逃還の民に給し別に畝每に粟二斗を代與す名けて地子と云其後京官の職田を復せり開元十年また之を收め畝每に倉粟二斗を給す其後興廢常ならず

營田屯田　營田と屯田とは其類を同くす隋の時屯田營田あり之より先北齊の時亦緣邊城守の地には屯田を營みて都使子使を置き之を總べしめし事あり唐に太京屯田あり代州屯田あり朔戶營田あり鹽州屯田あり其他軍府營田東都營

田甘劦屯田桂劦屯田鄭滑營田北庭屯田義昌營田の類枚擧に暇あらず當時屯田と云も必しも兵を屯して耕するにあらず民をして耕さしむるを多とす

私田　私田は一私人の所有に屬する土地なり當時之を名つけて莊とも莊田ともいへり宅地は一定の土地を限りて人民に與へたり隋の時は率ね三口にして一畝の地を給せり唐の時亦然り良口三人以上は一畝を給ひ賤口は五口に一畝を給ふ但これに例外あり京城及州縣郭下の園宅は必しも然らず

莊田又莊園は當時頗多かりしが如く大歷年中諸道の將士多く莊田を貯へ建中年間には諸道劦府長吏等其任所に百姓の莊園舍宅を買ひし事あり又崔群なる人は其莊三十所を有せりと云當時莊園の數少なからざりしを知るべし此等の私田は其所有權の所有主にある事は云迄もなし從て賣買する事は其自由なり只定則の租稅を國家に收むるのみ

第二欵貨幣の制度　商業に關しては各種の規定あり賣買に關する法規は下章に說述すべきを以て今論せす凡商賈の市にある者は皆肆每に標題を立て秤斗を以て正直に商ひ物の精粗を分て賣買せしむ弓矢長刀の類は官の令する形に

従ひ製造者の姓名を記して後之を鬻かしむ諸の器具亦然り若詐僞する者あらば器物を官に沒收するを法とす市は日午を以て始まる其開くや皷をうつ事三百日入る前に散す其散するや鉦三百をうつ貞觀元年五品以上の人の市に入る事を禁し開元二年諸の錦綾羅繡紬絹絲氂牛尾眞珠金鉄を以て諸蕃と交易する事を禁ぜり其諸市の建設廢止は時に沿革あり煩を厭て省略す

貨幣

交換の媒介となれる貨幣は隋文帝開皇九年五銖錢を鑄たり十年晋王廣に五鑪を設けて錢を鑄る事を許したり此他諸王に錢を鑄る事を許せしを以て見れは時に限りて私鑄を許せし者と見ゆ唐の初民間に行れし錢は綫環錢と名づくる

綫環錢

開元通寶

輕き錢なりき武德四年七月開元通寶を鑄る徑八分重二銖四參といへり其後乾封元年四月乾封泉寶錢を鑄たり一を以て舊錢十にあつ次て又開元錢を行ふ當時私鑄する者多く犯者日に蕃かりき武后の時最甚しく開元に至て惡錢を禁じ先の二銖四參錢を行ふべき事を令せり廿六年宣潤等の州に初て監を置き鑄錢の事に與からしめしかど錢質漸惡く盜鑄愈起る當時兩京錢鵝眼古文綫環の別ありと云へり以來鑄錢には乾元重寶錢(元年七月鑄する所)重輪乾元錢(同二年九

乾封錢

開元錢

乾元錢

月鑄る所)あり此他代宗の時劉晏廣く錢を鑄て京師に送り德宗の時又私に大錢を鑄る者あり武宗の時天下の錢悉其鑄造する所の州を以て名つく京師の鑄錢を京錢と云ふが如し此の如く鑄錢屢行はれたりと雖主として用ひたる者は開通元寶のみ

京錢

畜錢の禁

貨幣に關して各種の令出づ憲宗の時錢少きを以て銅器を用ふる事を禁ぜし事あり同帝の時民の畜錢を禁ずる令あり文武官僚より下士庶商旅寺觀坊市に至る迄私に畜ふる事五千貫にすぐるを得ずとこれ良貨の藏れて惡貨の通行せん事を恐れてなり當時惡錢の多く流通せし事は歷史上に見ゆ

鑄錢官

鑄錢の官には鑄錢監あり凡七人皆少府に屬す會昌中增して八監とす監一人副監二人丞一人づゝなり皆所在の州府都督刺吏を以て掌らしむ又道每に鑄錢坊を置く事あり時に又鑄錢使を發せし事あり各時代に於ける鑪の數鑄錢の數今猶傳はれるを以て知り得べし其金銀銅鐵錫を出す地名の如き其冶數の如き同しく史書に詳なり

飛錢

唐の時飛錢と名づくる者あり井澤長秀は之にカハセの和訓を與へたり元和の

便換

頃商賈京師に至り諸國の進奏院及諸軍の諸使に錢を入れ輕裝して四方にゆき券を合せて之を取れり進奏院は此後宋の時にもあり六曹寺監百司の符牒を受けて諸路に分つ事を掌るとあれば商賈の金を入れて其符契を得て諸道に下て之を受くる便利なる地位にありと云べし後世叉便換の法あり同くカハセと訓ぜり

第四節　財政

唐の收入

唐の時國家收入の主たる者は凡左の七種とす

(一)田租　(二)調　(三)庸　(四)雜稅　(五)搉茶　(六)鹽鐵　(七)商業稅

租は口分田より出て調は各戶より徵收し庸は各人より徵收す各種の財源中の最なる者なり而して此等各種の財源の外に國家は各人に課するに勞力を以てしたり所謂役と雜徭となり但役に從ふ者は庸を課せす庸を出す者は役を課せざるを法とす田は各人に分與せし事旣に土地の條に於て畧說したり此故に租調庸の徵收法を知らんが爲には先當時の戶籍法を知るを要す今先唐代に於ける戶籍法を述べて以て財政に及さんとす

戶籍法

丁老の制

戸の等級

丁老の制　晉の時男女年十六より六十迄を正丁とし十五より下十三及六十一より六十五迄を次丁とし十二以下及六十六以上を小老といへり宋齊以下之に因る北齊の武成帝の時始て丁中老少の法を立つ十八以上六十五迄を丁とす十六已上十七迄を中とす六十六以上を老とす十五以下を少とす隋唐之によりて損益せり隋文帝の時令を下して男女三才以下を黄とし十才以下を小とし十七才以下を中とし十八才以上を丁とし六十八以上を老としたり唐の時武德六年三月始生を黄とし四才より小とし十六才より中とし廿一才より丁とし六十才以上を老となす神龍元年五月廿二以上を丁とし五十九にして役を免す天寶三年十八以上を中とし廿三以上を丁とす廣德元年七月又令して男子廿五才を丁とし五十五才以上を老とすと此の如く沿革常ならず開元の際は武德の制に同じく男女始生を黄とし四才より小とし十六才より中とし廿才より丁に六十才以上を老となせり

戸の等級　此等の丁中老小を以て組織せる一戸には又等級あり武德六年三月天下の戸其貲產を計て定て三等とす九年三月三等未差別を盡くす能はざるを

附籍除籍

手實計帳省籍

鄉帳

以て改めて九等とす永徽五年二月天下二年に一たび戸籍を定めたり高后の萬歲通天元年令して天下百姓別籍するも其等級は本戸の等級と同しくして降下せしむるを許さず開元の時諸國蕃戎の內附する者も亦別て九等とし一等より四等迄を上戸とし五等より七等迄を次戸とし八等已下を下等となせり此後代宗の大歷四年に至り正月令して王公以下悉九等の戸に稅錢を課したり九等の戸は上上戸上中戸上下戸中上戸中中戸中下戸下上戸下中戸下下戸これなり

附籍除籍　武德六年毎年に一たび帳を造り三年に一たび籍を作り州縣には五比を留め尙書省には三比を留めしめたり其後景龍二年に至り諸籍の京に送くるべき者は皆州の調庸の車に載せて入らしむ而して諸の州縣の手實計帳は五比を留め省籍は九比を留めしめたり此によりて考ふれは州縣には手實と計帳とあり尙書省には籍を備へたるが如し當時里に手實あり歲終に民の年と地の闊陿とを記して鄉帳を造り鄉帳を集めて縣に致し縣を集めて州に致し州を集めて戸部に致す計帳は翌年の課役の數を記したり開元十八年令して諸の戸籍は三年に一たび造り正月上旬より縣の官吏手實計帳の成否を尋ね之を集めて

州に致せり皆鄕毎に別卷とし三通を寫し其綴目には皆某州某縣某年籍と書し州名の所には州印を捺し縣名の所には縣印を捺し三月卅日迄に納め畢る一通は尙書省に殘し一通は州一通は縣に殘せり其製冊の費用は皆鄕內の口戶別に一錢を出さしめて之にあつ何れも九等の差を記し新に附する者は舊戶の後に列せしむ當時又州縣の籍は常に五比を留め省籍は九比を留めしめたり三年に一籍を定制とするを以て十五年及二十七年間の籍を殘せるなり計帳は翌年の課役の豫算を記せる者なれば每年之を編成したり

除籍の場合は絕戶逃戶の如き場合之也又籍沒の場合も之あり

戶の編成

戶の編成　當時百戶を里とし五里を鄕となせり兩京及州縣の郭內は之を坊に分ち郊外は村里及村坊に分てり皆正ありて督察を掌れり里正は兼て農桑を勸め賦役を徵したり里の中更に四家を隣とし五家を保とし保に長を置きて組合內の事務を處理せり蓋一種の自治制と云べし

唐代の戶籍法大略右の如し今左に財政の一班を記述すべし

收入の種類

收入の主なる者は

田租　田租　租は口分田に課する税なり既に述べたるが如く當時丁は皆田百畝を受け内八十畝を以て口分田となし二十畝を以て永業田となせり租は則八十畝の田より徵收す凡粟二石なり天寶元年一家の中十丁以上ある者は二丁の租を免し五丁已上ある者は一丁の租を免せり

調　調　調は鄕土產する所に從て每戶より絹絁各二丈布は五分の一を加ふ綾絹絁を入る者は綿三兩布を入る者は麻二斤を添ふ

庸　庸　庸は役の代として日に絹三尺布は五分の一を加へて徵收す當時歲に役二十日閏に二日を加へたり

租調庸の免除　凡租調庸の定額は右の如しと雖時により場合によりて定額を徵收せざる事あり或は定額に減して之を徵收し若くは全く免除する事あり例へば水旱虫霜の如き災害あれば田の十分の四已上の損害を受けたる者は其租を免し六已上なる時は租調並に免じ七已上なれば租調役悉く免ぜり又孝子孫順義夫節婦の志行鄕閭に聞ゆる者は州縣は省に申し奏聞して其門閭に表し同籍悉課役を免ぜり若又太皇太后皇太后緦麻以上の親內命婦一品以上の親郡王及五品以上の祖

父兄弟職事勳官三品已上封ある者及縣男父子國子太學四門學生俊士の如き輩は等しく課役を免ぜり

凡租調庸徵收の方法は定期に從て州縣長吏をして徵收せしめ徵收し畢らば其總數と徵官名品とを記して省に申す若期限を誤り檢査誠ならざる者は各罰あり其徵收すべき期限は時に變更あり而して租調庸の物の如きも時によりて其品を異にす開元十六年には楊州の租調は錢を以て嶺南は米を以てし安南は絲を以てし益州は羅紬綾絹を以てす天寶廿五年には關內諸州は庸調資課並に時價に準して粟を變して米にとり京師に送くるが如き其一例なり其租稅は京師に送り司農寺に入る司農寺之を受くるや皆輸場に於てす倉官租綱に對し吏人籌を執て函を數へ函の大なる者は五斛小なる者は三斛とし太倉署の廩藏中に納む其瘦斛の數と其年月日と粟を受領する官吏姓名とを記し牌を立つ京官の祿は京倉を開きて之より給す凡三度に分ち上旬には中書門下御史台尙書等中旬には十八衛諸王府率更等下旬には諸公王府東宮十率府等に給す其庸調及折租等は太府寺に送り左藏右藏に分ち收む皆題するに州縣年日を以てし粗良を

分ち新舊を辨す藏院の中は人の火を燃し又故なく入る事を禁ぜり院内常に四方伩を付して之を防守し夜は柝をうちて巡警す而して左右藏庫の帳は人をして見せしめず若出し給する時は先木契を勘へ然る後其名數と請求人の姓名とを錄して之に給す

役　役は丁は歲毎に廿日を定とす若役せずして庸を收めん事を願ふ者は許せり國家工事あり役定日を越て更に役する時は租調を免ずる法あり即定日を越ゆる十五日なれば調を免し更に加へて三十日に至れば租調共に免す役を免する場合は既に略說したり

雜徭　役の外に雜徭あり又各種の使役を課す道路の修繕工作營造運搬等の雜役に從はしむ

凡徭役を免除する爲には𨥥符を給ふ流外若くは九品の京官を以て𨥥使として派遣せし事玄宗の時に之あり

榷茶　唐以來世人茶を用ふる事多し周より春秋以後皆茶あり未茶と書せず趙贊に至て茶を改めて茶とすとあれば其由て用ひ來れるや久し唐德宗建中元年

稅茶の始

趙贊の議を容れて天下の茶竹木漆に皆什一の稅を課せり茶に稅する事是に始まれり次て貞元九年復茶に稅す是より先茶に稅する事中絶せり是に於て之を復す以來定制となれり國家茶の收入每年四十餘萬貫を得たりと云穆宗の時國庫空虛にして天子工事を起す事能はず是に於て茶稅を增して率百錢に五十とす當時茶稅の重きを難して建白せる者あり其一に曰榷茶は兵を足さんが爲にして起れり今天下太平にして厚く稅し以て民を苦しましむるは不可なり二に曰茶は諸人の普く用ふる所なり今重く稅せば價漸貴からんこれ貧者を困しむるなり三に曰價貴ければ從て賣る者少なからんこれ民に不便を與ふるなりと

茶の流行

當時茶を用ふる事最甚し茶經を著はせし陸羽も此際の人なりと云ふ之よりして以後茶を尙ぶの風をなし或は相會して茶の良否を辨ずる者は爲に湯社を設け或は其良否を批評せん爲に茗戰を行へり貞元以降茶稅輕重明かにすべからず武宗の時江淮の茶稅を增せし事あり此時茶商過ぐる所の州縣課するに重稅を以てし或は舟車を掠奪して雨中に露積する者あり諸道邸を置きて稅を收む名づけて榻地錢と云此時に當り私に茶を鬻ぐ者あり大中の頃正稅を收むる茶

湯社

茗戰

榻地錢

陳首帖子

商等多く私販の茶人に利を奪はる此故に茶を出す山口及各地の界內に官吏を派遣し其採收の量を計りて半稅を課し之に陳首帖子を與へて後販賣せしむ地方官に令して吏に課稅する事なからしむ帖子を有せざる者は私犯と認めて之を罰す其稅貞元の古に倍すと云

鹽鐵

鹽鐵　隋より以前は鹽池鹽井皆人民の採取を禁じて官獨之を採集せしが隋開皇三年此禁を除きたり唐の時天寶至德の間鹽每斗十錢と云肅宗即位の時天下の用度足らず是に於て吳鹽蜀麻皆稅あり乾元元年初て鹽法を變ず山海井竈利に近き地に付て鹽院を置き游民の鹽を業とする者を亭戶とし雜徭を免ず盜て鬻ぐ者は罪あり當時多く鹽を專賣す斗の時價百錢と云此後稅賦以て國の經費にあつるに足らざるを以て劉晏遂に鹽法を上る舊監に因て吏亭戶を置き商人に鬻ぎて諸方に販賣せしむ鹽の出づる遠き所は常平鹽を置き商人の來て賣らざる時は價を減じて之を賣る官利を收め民亦賤く之を購ふ事を得たり是に於て歲に錢百餘萬緡を收む然るに諸道商人の船車過ぐる所必稅を加へしにより劉晏奏して之を禁ぜしむ之より國家の收入漸加はり大曆の末に當ては凡六百

餘萬緡天下の賦鹽利半にありと云當時國家の財源は實に鹽の專賣其主要を占めたりと云べし貞元以後利多きを以て私に鬻く者絕ず常に巡捕の卒を遣して之を監せしむ鹽の價愈高く貧者之に苦しめり甚しきは穀數斗を以て鹽一升にかへたりと云此時江淮の鹽價は每斗に三百一十其後六十を加へしが幾なくして減じて每斗錢二百五十とす河中兩池の鹽は斗に錢三百之より鹽利又加はり兩江の鹽利のみ猶歲に百五十餘萬緡を收むと云貞元中兩池の鹽一石を盜鬻したる者は死罪にあてしが元和に至て死を減じて流となす後又死刑に復す一斗以上は背を杖し其車驢を沒す捕ふる者は賞千錢を與へたり其後屢令して河北の榷鹽を止めし事あり鹽鐵に關しては鹽鐵使なる者を派遣して其事務を處理せしめし事あり乾元元年より天祐元年に至る間使たる者凡四十二人あり或は榷鹽使なる者あり長慶の頃榷鹽院の設あり

榷酤　當時又酒戶に稅を課せり代宗廣德三年天下の州に命じて月每に納めしむ建中三年官の專賣とせり其收入は以て軍費にあつ其後沿革あり

商業稅　商賈に稅して國家收入の一部となす事は當時屢行はれたり肅宗の時

率貸

江淮蜀漢の富商右族訾畜を税し十に二を收めたり之を率貸と名づく諸道亦商賈に税せり德宗の建中元年又諸道要津都會の所に官吏を派遣し商人の財貨を檢査して錢に計り毎貫に廿文を税せり又交易する者には同く二十を課せり其後更に加へて千錢に五十となす

兩税法

德宗の時に當り兩税の法を定む初租調庸の法人丁を以て本となせしが開元より後天下の戸籍久しく更め造らず丁口或は死亡し或は移轉し田畝均しからず貧富差あり而して國家の經費頗加はり財政大に紊亂す從て租調庸の法亦行はれず代宗の頃より始て畝によりて税を定め收むるに夏秋の二季を以てせしが德宗建中元年二月に至て楊炎の議を採用し遂に兩税法を制定せり其法田租を夏秋二期に分て收めしむ夏輸は六月をすぐる事勿れ秋輸は十一月を過る事勿

兩税使

れと兩税使を置て之をすぶ戸に主客なく居る者は皆簿に加へ人に丁中の別なく皆貧富を以て差等を作り商賈の税は卅の一とす舊戸二百八十萬五千なりしが使者按比し主戸三百萬客戸三十萬を得たり當時歳に歛錢二千五十餘萬緡米四百萬斛を以て外に供し錢九百五十餘萬緡米一千六百餘萬斛を以て京師に供

す建中兩稅を定めてより物安く錢貴し民之を憂ふ元和十五年八月兩稅の收皆易ふるに布帛絲纊を以てし租、庸の課錢を計らずして皆布帛を收む

青苗錢

又青苗錢なる者あり大歷元年令して天下の租一畝毎に稅錢十五國用急なるを以て秋に及ばずして之を稅せり時に苗未青し故に名づけて青苗錢と云ふ是より先代宗廣德二年七月又青苗錢あり以て百官の俸に給すこれ青苗錢の初なり大歷の時毎畝に稅三十文天下の青苗錢共に四百九十萬緡と云宋の時又青苗錢あり然れ共唐の青苗錢とは名同じくして其實異り宋の青苗錢は則唐の雜稅錢なり

雜稅錢

唐の雜稅錢は長安萬年二縣官本錢を置き各戸に配納し其利息を併せて之を徵收し以て雜用に供せりこれ即宋の青苗錢の起原なり又大歷中地頭錢なる者あり毎畝に二十を收めしむ

地頭錢

收入と經費と

唐の時國家の收入と經費とを記述せる者今に傳はれり時代により多少增減あり今其一二の例を掲ぐ

天寶中天下計帳戸約八百九十餘萬あり租稅庸調を計るに毎歲錢粟絹綿布約

五千二百二十餘萬緡度支の歳計粟は二千五百餘萬石布綿絹は二千七百餘萬錢二百餘萬と云ふ而して經費は開元より天寶の間最多し糴米三百四十萬給衣は五百二十萬別支計二百十萬餽軍百九十萬石大凡二千二百六十萬而して錫賚與らずと云

第五節　救恤行政

隋より以後救恤に關する國家の事業の主なる者は常平倉にして地方團躰の事業としては義倉又社倉あり

義倉

義倉とは各私人が貧富の差等に從て毎年一定の收入の一部を一定の場所に蓄積し以て他日凶荒に備ふる方法なり蓄積の倉を名づけ義倉と稱す義倉とは人と共にするによりて名づくる名稱也此故に義倉は地方團躰の事業にして國家は只之を監督するにすぎざるなり隋文帝開皇五年の創設にして當時毎秋家毎に貧富の差に從て粟麥一石以下を出して社に納れ社司をして事務を處理せしめたり之よりして社毎に義倉を立て收穫に從て其幾分を之に收めたり義倉と

社倉

社倉とは共に異る所なし只社に設くるによりて特に名づけて社倉と云のみ要

常平倉

するに社倉も亦義倉の一なり隋開皇十六年秦疊等の州に社倉を置けり煬帝の時國家の經費頗多額にして爲に國庫窮乏を告げしかば社倉の穀を取て之に費したる事あり唐に至て武德の初州縣に義倉を置き凶年には倉を開きて之を賑救せり貞觀中更に其範圍を廣めて上は王公より皆秋の收穫を以て其幾分を蓄積し義倉を立て歲凶なれば之を開きて窮民に給與したり以來義倉を開きて窮民に支給せし實例多し或時は義倉を變じて常平倉となせし事もあり天寶中天下義倉の米六千三百萬石常平倉の米四百六十萬石ありと云へり

常平倉も漢以來の制を受けて隋には開皇三年陜州に之を置き京師には特に常平監を設けて常平倉に關する事務を處理せしむ唐亦之に因り武德の初常平監を置きしが後之を廢す貞觀十三年洛相幽徐等の諸州に常平倉を置き粟は九年分を藏し米は五年分を藏せしめ濕地には粟五年分米三年分を藏せしめたり永徽六年京の東西二司に常平倉を置き常平司官を置けり開元中關內隴右河北河南の五道其他荊揚等の諸州に常平倉を設けたり廣德以後は特に錢を以て常平倉に備へしめし事あり或は或種の稅を以て常平倉に入れて專救恤事業の費に

常平署

備へたり錢貨を以て貯ふる之を常平本錢といへり常平本錢は玄宗の時は客戸より徵集し德宗は茶漆より憲宗は地稅に徵したり

唐の時常平の事務を處理する者は太府の屬官に常平署あり又丞あり

義倉と常平倉と異る所は義倉は地方團躰が自救恤事業に當り平素蓄積する所を出して其費用に供するに對して常平倉は國家の事業に係り其蓄積する所を以て人民に貸與し若くは價を減じて之に賣却するなり例へば元和六年歲凶なりしを以て常平倉の粟は四萬石を百姓に貸與せしが如き長慶中之を糶して貧民に惠みし如き實例甚多し

第六節　交通行政

道路

第一欵道路　唐の時道路には必官槐官柳を植ゑしめ其兩京の道路には並に果樹の類を植ゑしめたり開元中令して京師の二都の街衢坊市を修築せしめ漫りに窯を設けて塼瓦をやくが如き或は街巷に坑を穿つて土を取るが如き行爲を禁じたり廣德元年令して諸軍諸府道路に營種して道路を狹隘ならしめ以て交通に不便を與ふるが如き行爲を禁ぜり又街路橋梁の修葺を要すべき者は官司

植樹

道路の修繕

に命じて之を行はしむ貞元中京城内の莊宅諸衛の坊墻破壞せる者あらば兩稅錢を取て工匠を雇ひて修築せしむ此他道路の修繕種樹に關する命令は多く發布せられたり

驛

第二欵驛　驛は卅里每に之を置きたり然れ共土地の嶮岨なる所は必しも定制によらず驛には驛長一人を置き驛に關する事務を處理せり又驛每に驛馬を置きて公用に供す都亭には凡七十五疋諸道の一等驛には六十疋二等驛には四十五疋三等驛には卅疋を設けたり之より下四等驛には十八疋五等驛には十二疋六等驛には八疋の定なり驛馬は皆公用に供し之に乘ぜんと欲する者は京師に在ては門下省に於て地方に在ては諸軍州に於て各劵を得然して後乘ずる事を得たり其行程大凡日に十驛の比なりと雖赦書を天下に頒布するが如き急速を貴ぶ事件は日に五百里の規定なれば凡十五驛以上を經過する比例なり天下の陸驛凡一千二百九十七所水陸を兼ねたる者凡八十六箇所ありと云

關

第三欵關　關は中外を界し通路の衝に當て嶮により固をなし出入を警察して暴を防ぎ邪を正さんが爲に地方に設くる所に係り開元の際は凡廿六所ありと

過所

云へり關は更に上中下の三等に分ち上關に令一人丞一人を置き凡六所あり中關に令一人丞一人を置き凡十三所あり下關に令一人あり上中關以外の關皆之に屬す關を通過せんには過所を要す過所は即通過免狀にして京は省に於て地方は州に於て之を給す過所を有せずして私に關を通過する者を私度といふ關によらずして他所よりするを越度と云私度越度共に罪あり又名を僞て過所を受け或は之を以て人に與ふるが如き者亦罪あり

水驛

第四款水驛　水驛は凡二百六十所あり水驛の最繁忙なる所には每驛に舟四隻以下三隻二隻を備ふ船一隻每に丁三人を給す水行の程は舟の重き者は河を泝る日に卅里江は四十里餘水は四十五里空舟は河を泝る四十里江は五十里餘外は六十里とす下る者は輕重の別なく日に河は百五十里江は一百里餘水は七十里を定とす水驛による者も亦過所を受けざるべからず津に都尉あり舟梁の事を掌る

上津　尉一人　府一人　史二人　津長四人

下津　尉一人　府一人　史二人　津長二人

漕運

永徽中津尉を廢し上關に津吏八人を置き永泰中中關に津吏六人下關に四人を置く津なければ置かず

第五欵漕運　唐は長安に都し粟を關中に仰ぐと雖土地陜くして其出す所を以て京師に給するに足らざるを以て常に東南の粟を漕運したり初隋の時蒲陜等十三州に募運米丁を置き衛州に黎陽倉を置き陜州に常平倉を置き華州に廣通倉を置き關東汾晋の粟を京師に給せし事あり唐に至て水陸の漕運歳に廿萬石に過ず漕運の事頗簡なりしが高宗以來漸增加せり初江淮の漕米は東郡に至て含嘉倉に輸し之より陸運により景雲中北路八遞を分ち民の車牛を雇て之に載せしが開元中八遞に車八百乘を備へて其用にあつ當時江南の漕運は東郡に至て含嘉倉に輸し之より陸運により陜郡太原倉に至り次で永豐倉に最終に京太倉に至るの順序なり八遞塲は則含嘉倉より太原倉に至るの間なり天寶中に至て毎歳の漕運二百五十萬石毎遞に車千八百乘を用ふ開元の時は一時北運ありき江淮よりする者皆河陰倉に輸し河陰より西太原倉に入れ太原倉より渭を泝て關中に至る後之を廢す肅宗の時淮運一時沮喪す劉晏勉めて京師に輸送せ

しむ代宗の時劉晏轉運使となり專漕事に與からしむ晏歳運を掌て財穀の事に關する凡卅年漕事に與て功あり元和十一年始て淮潁水運を設く

轉運使

漕事を掌る者を水運使と云ふ或は又海運使の名稱あり又水陸運使あり此他轉運使あり開元より天祐に至るの間轉運使たる者凡四十八人あり

第七節　敎育行政

隋の學制

隋高祖仁壽元年國子學只學生七十人を留めて太學州縣學並に之を廢す或ひは曰國子四門及州縣學を廢して惟太學博士二人學生七十二人を置くと同七月國子を改めて太學と云煬帝復庠序國子郡縣の學を置く開皇の初より盛なり唐に至て武德元年國子太學四門を置く生員合せて三百餘人又郡縣學あり即國子學には三品以上の子弟若くは孫を以て之にあつ生員七十二太學は五品以上の子

唐の學制

をとり生員百四十四門は七品已上を取る生員百廿あり郡縣にも三等の學あり上郡の學は生員六十人中下郡の學は各十員を以て差とす上縣の學は四十人中下縣學亦各十員を以て差とす又宗室功臣子孫の爲に秘書外省に小學を爲る貞觀六年孔子を以て先聖とし顏子を以て先師とす當時學舍千二百區生徒三千餘

六學

あり國子學三百人太學生六百人四門學生千三百人并に書算二學を置き皆博士ありしむ是に於て新羅高昌百濟吐蕃高麗等の王も皆其子孫を遣して學ばしむ

凡唐の學校上に六學あり國子監に隷す六學とは國子學太學四門學律學書學算學之也又廣文館を加へて七學ともいへり又二館あり弘文館崇文館之なり此他醫學あり崇玄學あり秘書外省に小學あり地方には則州縣學あり

六學　六學の生員は國子學生三百人太學生五百人四門學生千三百人書學生三十人律學生五十人算學生三十人とす憲宗元和二年又生員を定む國子學生八十人太學生七十人四門學生三百人律學生廿人書算學生各十人とす凡學生學にある者は各長幼を以て序を爲す其入學の際は皆束修の禮を行ふ國子太學は各絹三疋四門學は絹二疋俊士及律算書學は各絹一匹皆酒舗あり其束修三分は博士に入れ二分は助敎に入る若入學して師敎に從はざる者あらば退學せしむ九年學にありて成らざる者も亦同じ(律學は六年)

六學生每歲業成て監に上る者あらば丞司業祭酒之を試み明經帖經策經義を口試し進士帖一中經雜文策時務徵事を試み其明法明書算は亦各其習ふ所の業を

試み第に登る者は祭酒より尙書禮部に上る

國子學　國子學生たる事を得る者は文武三品以上の子孫從二品以上の曾孫及勳官二品公京官四品常三品勳封の子を以て之にあつ學生を敎ゆる者は則博士五人あり經を五分して以て業となす周禮儀禮禮記毛詩春秋左傳各六十人暇あれば隸書國語說文字林三蒼爾雅を習ふ餘經は兼習し孝經論語をも加ふ而して此等諸經學習の年限は尙書春秋公羊穀梁は各一年半周易毛詩周禮儀禮は各二年禮記左氏傳は各三年なり每旬前一日其習ふ所を試む每歲其生の能く兩經已上に通じて出仕を求むる者あれば監に上る學生は正業の外吉凶二禮を習ひ公私事あれば則相儀する事を習ふ博士の外助敎五人博士を助けて經を分て敎授する事を掌り直講四人ありて同く博士助敎を助けて經術を以て講授する事を掌る

太學　文武官五品已上及郡縣公子孫從三品曾孫を以て生員とす博士は經を五分して敎ゆ每經百人其他國子に於けるが如し當學に博士六人助敎六人あり

四門學　生員千三百人の中五百人は勳官三品以上無封四品以上有封及文武

七品以上の子を以て之にあて八百人は庶人の俊異なる者をあげて之にあつ開元七年勅して一經に通して文辭史學ある者は四門學に入れて俊士たらしむ此他の規定は國子に同じ四門は後魏太和廿年に始まる隋は國子に隷せしむ當學に博士六人助敎六人直講四人あり

書學　文武官八品以下の子及庶人の其學に通ずる者を以て之が生にあつ石經説文字林を以て專業とす石經三躰は三歳を限り説文は三歳字林は一歳を限る凡書學は先口試し後説文字林二十條を試み十八に通するを第とす博士二人助敎一人あり諸生に敎ゆるに石經説文字林を以てし顓業となし兼て餘書を敎ゆる事を掌る武德の初書學を廢せしが貞觀二年之を置けり隋の時は書學博士一人ありき

律學　生たる者書學に於けるが如し律令を以て專業とす格式法例亦之を兼習す凡明法は律七條例三條を試み全通を甲第とし八に通ずるを乙第とす太宗律學進士を增し經史一部を加讀せしむ高宗龍朔三年律學を以て詳刑に隷す隋の律學は大理寺に隷す武德の初國子監に隷す尋て廢す貞觀六年之を置き顯慶

三年復廢せしが龍朔二年舊に復す博士三人助敎一人あり

算學　生員前の如し算學は孫子五曹は一年を限り九章海島は三年を限り張丘建夏侯陽各三歲周髀五經算各一年綴術は四年緝古は三年記遺三等數之を兼習す凡算學は太義本條を錄して問答をなし數を明にし術理を詳にして后及第とす算學は唐の初之を廢す顯慶元年復し二年また廢せしが龍朔二年舊の如く之を置けり博士二人助敎一人あり

按ずるに唐の時九經あり之を大中小の三經に分つ皆篇帙の多少を以て次第するなり

禮記　左傳……大經　毛詩周禮　儀禮……中經　易尙書公羊穀梁………小經

九經と云是に始まれり漢の時六經あり然れ共樂は備らず武帝五經博士を立つ易尙書詩禮春秋之也其后七經あり論語孝經を加ふる也是に至て九經あり

廣文館

廣文館　廣文館は天寶九年七月置く所に係る博士四人助敎二人あり學生六十人皆國子學生業進士を領す

弘文館
崇文館
小學
崇玄學
道德博士
醫學
醫學博士

弘文館　弘文館は門下に隷す生員卅人あり太宗即位して益儒術を貴ふ乃門下別に弘文館を置けり

崇文館　亦同十三年置く所東宮に隷す生員凡廿人あり

以上七學二館の外に小學あり小學は高祖の時既に之あり宗室の子孫及功臣の子弟を敎ゆ崇玄學は開元廿九年置く所に係り老子莊子文子列子を學ばしむ其生員は京師百人とし州に常員なし各種の規定は太學國子學等と異る所なし初開元七年天子道德經を注して成る擧人には老子を加試す天寶十二年道學老子をやめて周易を加へたり或は曰崇玄學は開元二十五年立つる所天寶元年兩京博士助敎各一員學生百人を置く二年崇玄學を改めて崇玄館と云ふ博士を學士といひ助敎を直學士と云ふ后又崇玄學を改めて通道學と云博士を道德博士といひしも幾なくして廢せらる

醫學は太醫局に博士一人を置く貞觀三年醫藥博士及學生を置きしが開元元年に至て醫藥博士を改めて醫學博士とし助敎を置く永泰元年醫學博士三都學生三十人を置けり地方の醫學は貞觀三年九月諸州に醫學を置きしが其后都督府

太醫署

上中州に各助敎を置き都督上州には廿人中下州には十人の生員を置けり
當時太醫署には博士一人助敎一人鍼博士一人按摩博士一人咒禁博士一人あり醫博士は醫術を以て諸生に敎授する事を掌る本草甲乙經を習ひ分て業となす五科あり一に體療といひ專内科に屬し二に瘡腫といひ專外科に屬し三に小少といひ專小兒科に屬し四に耳目口齒とし專耳鼻咽喉科に屬し而して更に五に角法あり諸醫生凡二十人中十一人は體療を學び三人は瘡腫を學び三人は少小を學び二人は耳目口齒を學び一人は角法を學べり而して其修學の年限は體療は七年小少及瘡腫は五年耳目口齒及角法は二年となす其官に採用する者は各醫經方術策十道本草二道脈經二道素問十道張仲景傷寒論二道諸雜經方義二道を試み七分以上に通ずるものを第とす
鍼博士は鍼生を敎へ經脈孔穴を以て浮沈澁滑の候を識らしむる事を掌る又九鍼を以て補瀉の法とす一に鑱鍼と云鍼の長一寸六分其頭を大にし其末を銳し深く入るを得ざらしむ主として熱の皮膚にあるを取る爲に用ふ二に圓鍼と云長一寸六分分間氣を療する事に用ふ三に鍉鍼と云長二寸半邪氣の發

散に用ふ四に鋒鍼と云長一寸六分刄は三隅圭として癰を決し血を出すに用ふ五に鈹鍼と云其末劒鋒の如くなれるによりて名づく廣二分半長四寸癰膿を決するに用ふ六に圓利鍼長一寸六分四支の癰痺を取るに用ふ七に豪鍼長一寸六分寒熱の痺胳にあるを取るに用ふ八に長鍼長七寸深邪遠痺を取るに用ふ九に大鍼と云長四寸大氣の關節を出さる者を除くに用ふ

按摩博士は按摩生を敎へ消息導引の法を以て人の八疾を醫する事を掌れり八疾とは一に風二に寒三に暑四に濕五に飢六に飽七に勞八に逸之なり

呪禁博士は呪禁生を敎へ呪禁を以て邪魅の厲をなす者を祓除する事を掌る

當時學に於て用ひし醫書及科擧に用ひし醫書なる甲乙經脉經本草の著者を考ふるに甲乙經は西晋皇甫謐の撰する所なり謐字を士安といひ玄晏先生と號せり初孝經論語を學びしが後醫を學で妙を盡せりと云脉經は西晋の王叔和の撰也本草は傳へて神農の作と云魏華陀に至て本草經を作る蓋神農本經三卷藥種凡三百六十五ありしを口相傳へて後世に至るといへり漢の時已に本草の名あり華陀に至て本草經といへるなり以來梁の陶弘景集註本草七卷

州縣學

を作り後唐の時唐本草廿一卷を撰す此書は高宗顯慶中の作にして蘇恭等の撰する所なり令義解に所謂新修本草とは之なり素問は黄帝內經十八卷の中素問九卷靈樞九卷といへる者之なり此他唐の時又鍼經あり漢以來之あり皇甫士安王叔和の書中亦素問鍼經と列す此書支那に逸する事久しかりしが後之を得たり令義解に黄帝針經あり之なり

州縣學　皆地方學とす

州學(上)	經學博士一人	助教二人	醫學博士一人	助教一人
州學(中)	經學博士一人	助教一人	醫學博士一人	助教一人
州學(下)	經學博士一人	助教一人	醫學博士一人	
大都督府學	經學博士一人	助教二人	醫學博士一人	助教一人
中都督府學	經學博士一人	助教二人	醫學博士一人	助教一人
下都督府學	經學博士一人	助教一人	醫學博士一人	
府學	經學博士一人	助教二人	醫學博士一人	助教一人
縣學	博士一人	助教一人		

經學博士　經書を以て諸生を敎授する事を掌る

醫學博士　百藥を以て平人の疾ある者を救療し又醫學生を敎ゆる事を掌る

此他鄕里にも學校あり

學生の數　學生の數は三都八十人大中都督府上州は六十人下都督府中州は五十人下州は四十人三都の縣は五十人より小きは四十人諸州上縣は四十人中縣は廿五人下縣は廿人なり醫學生は三都廿人都督府上州は廿人中下州は十人なり

第八節　宗敎行政

佛敎の傳來　唐代に於ける宗敎の主なる者は佛敎と道敎となり佛敎は後漢明帝の時に傳來す明帝鴻臚寺に於て之を禮す鴻臚寺は素外蕃の使者を禮する所なりしかば是に於て又別に洛陽の西雍門の外を撰て精舍を營ましむ名づけて白馬寺と云精

白馬寺　舍を稱して寺と云事之に始まる寺はもと官司の稱なり以來其本義を失して恰精舍の稱號となれり漢永平より晉永嘉に至る迄洛陽に存する者四十二寺あり後魏洛に都するに及びて盛に佛敎を信じ臣下豪民等多く寺宇を營て凡一千餘所に至れり後趙鄴に都して寺八百餘區を造れりと云隋大業中寺號を改めて道

場といひしが唐に至て復寺といへり

僧官

僧官　唐の時道敎多く行はれ佛敎常に其下位にありき此故に其班次の如き亦道敎を先とし佛敎之に次ぐ諸寺僅に三綱あり文宗の開成中に至り左右街の僧錄を立つ次で又首座を立てしが後改めて副僧錄とす諸寺の三綱とは上座寺主都維那之なり共に寺務を處理す上座は多く年德をとり寺務を總理す寺主は東晉以來之あり隋唐亦之による都維那は魏以來之あり

按ずるに唐より以前僧官に種々あり姚秦の際には僧正悅衆あり僧正とは自正して人を正しよく政令を敷くによりて名づくと東晉以來此職なし宋に僧正あり順宗以后亦之あり梁武帝普通六年には大僧正あり當時天下諸侯皆僧正を置く梁大字を加へて之に分てり州毎に一人を置く皆德行才能の者を撰で之にあつ又尼僧正あり宋の時之あり悅衆とは事をとりて衆を悅ばすによりて名づく此他に宋以來法主あり齊永明中僧主あり以來屢見ゆ魏の時又僧統あり隋に大統あり又國僧都あり沙門都統は魏孝文帝の置く所なり齊には之を昭玄統及沙門都と云都統共に總轄の名なりと雖都は統に一等降れり統

若正なれば都は副と云はんが如し隋にも昭玄統あり昭玄都統とす唐以來此事なし尼官には尼僧正の外に宋の時尼都維那あり然れ共梁陳唐皆なし偏覇の國に時として尼統尼正の名ありと云

僧尼となる手續

僧尼となる手續　僧尼となる者には必度牒を與ふ度牒を有するにあらざれば僧尼たる事を得ず僧尼に度牒を給する事玄宗より始まる天寶六年五月僧尼に制して僧尼は皆祠部より牒を受けしむと之なり或は云度牒を給する事之より先あり南朝の時名藉限局必憑由あり憑由は則祠部牒の起原なりと祠部は禮部の屬なり度牒は則僧尼の免許狀にして或は度僧牒とも剃度牒とも又戒牒とも

度牒

云へり然るに後代度牒を賣て僧尼たらしめし事あり唐肅宗靈武にありし時經費に不足を告げしかば度を鬻ぎて其收入を以て其不足にあてたり蓋僧尼となる者には課役を免ずるの特典あり此故に之を購て其負擔を免れん事を計る者多かりき以來諸征鎭亦之に倣ひ錢を納れて度を給す唐末已來諸侯軍用に欠け

香水錢

ば僧尼道士を度し財を納れしむ名けて香水錢といへり其他史書に祠部牒を鬻ぐといへるも亦此義なり

僧尼

僧尼 僧尼の簿籍は三年に一たび之を造り一本は祠部に一本は鴻臚寺に一本は州縣に留めたり其衣服は皆木蘭靑碧皂荆黃緇壞の色を用ひしめ國忌日には皆齋所に集まらしむ大中五年京城及州府に令して國忌行香は淸潔なるを要す自今酒肉を携へて寺に入て烹炮する事を得ずと

僧尼籍の返還

僧尼籍の返還 唐德宗建中年中天下の僧尼に勅して身死し及俗に還る者は三綱をして各度牒を返還せしめ縣より州州より省に集め送くり省に於て之を破毀す京師に於ては祠部の掌る所たり

宗教事務

當時宗教行政に關し宗派內の事務は悉僧官に一任し國家は只之を監督するに務めたり初東漢佛敎傳來してより後魏に至る迄佛寺未多からず僧の數亦定數ありしに過ざりしかば佛敎に對しても單に鴻臚寺を以て事務を處理するに過ざりき後魏に至て初て監福曹をたつ次で昭玄寺と云昭玄寺に大統一人統一人都維那三人あり又功曹主簿をして諸州郡縣の僧尼を管す後改て崇玄署と云梁の時同文寺あり僧寺に關する事務を掌らしむ唐に至て僧尼皆司賓に隷す則天武后の時改て祠部に屬せしむ玄宗開元十四年中書門下に奏して鴻臚寺に割屬

せしむ十五年又祠部をして僧尼を檢校せしめ道士女冠は宗正寺に隷す憲宗元和二年僧尼道士に令して悉く左右衛の功德使に隷せしむ以來祠部關する所なし

道教　道教は東漢桓帝以來漸盛にして然かも猶未其勢力を振ふに至らざりき晉宋齊梁陳後魏北齊後周隋の間屢々佛者と論を戰はせりと雖其勢力は猶佛者の下にありき就中梁武帝の如きは最佛教を崇奉し道教を全く排斥せしかば佛者の勢力は實に至大なりき然るに唐に至て形勢一變し貞觀中道士女冠を以て僧尼の上にあらしめしが後則天武后の天授二年に至て漸佛教をして道門の上に在らしめ僧尼をして道士女冠の上に居らしめたり睿宗景雲元年僧道上下を區別せず又前後を分たず相並び居らしむ僧班は西にあり道班は東にあり開元の際天下の觀凡一千六百八十七所內一千一百卅七所は道士五百五十所は女道士之に居る(之に對する寺の數は五千三百五十八所內三千二百四十五所は僧二千一百十三所は尼之に居る)每觀には觀主一人上座一人監齋一人ありて道士等を監督す而して道士の修行に三あり一に法師二に威儀師三に律師之也德宗の時思精なる者を鍊師となす

凡道士たるの手續卽度牒を給する事及道士の名籍被服に關する規定の如き僧尼と異る所なし

祆教

唐の時又祆敎なる者あり祆正一人を置きて其事務を處理せしむ

第九節　軍制

唐の軍制京師には天子の禁軍あり又地方には初は府兵あり後變じて彍騎となり再變して方鎭の兵となれり

禁軍

天子の禁軍は更に分て南北衙兵となす南衙の兵は則諸衛兵なり北衙の兵は則禁兵なり

禁兵

禁兵は初高祖義兵を以て天下を平く事成るに及て皆やめ還らしむ留て宿衛せん事を請ふ者三萬餘人あり乃渭北白渠等の田を分與す名づけて元從禁軍と云年をへて老に及び事に任へず依て其子弟をして之に代らしむ名づけて父子軍と云貞觀の初善く射る者百人を擇て北門長上に番せしむ之を百騎と云以て田獵に從ふ又北衙七營を置き材力ある者を擇て月毎に一營上番す十二年初て左右屯營を玄武軍門に置く名づけて飛騎と云其徵集の法は戶二等以上の長六尺

の者をとり武藝力量を試みて之にあつ復馬射を擇で百騎とす高宗龍朔二年始て府兵をとり越騎歩射左右羽林軍を置く武后の時百騎を改めて千騎とし睿宗又改めて萬騎とす左右に分營せしむ玄宗の時改めて左右龍武軍と云萬騎之に隷す何も唐の功臣の子弟を取て之にあつ至德二年に至て左右神武軍を置く主として扈從官の子弟を補し足らざれば他色を取る羽林龍武神武之を總して北衙六軍と云六軍に左の諸員あり

左右羽林軍　大將軍各一人　將軍各三人　北衙禁兵をすべ左右廂飛騎儀仗番上者を督攝する事を掌る長史錄事參軍倉曹胄曹參軍等あり

左右龍武軍　大將軍各一人　將軍各三人　掌る所羽林に同じ睿宗景雲元年置く所なり

左右神武軍　大將軍各一人　將軍各三人

開元廿六年羽林軍を分て神武軍を置き尋て廢す至德二年復置く

六軍に又統軍各一人を置く興元元年置く所なり

此後貞元二年神策軍を置く後分れて左右廂勢となり北軍の右に居る遂に又天

南衙衛

子の禁軍となれり二年九月神策左右廂勢を改めて左右神策軍とす肅宗以後威武長興等の軍を置く事多し而して廢置常ならず惟羽林神武龍武神策神威の軍最盛なり總じて左右十軍と云ふ神威軍は至德の頃騎射をよくする者を擇て衙前に於けり後左右廂に分て左右英武軍と云貞元二年名づけて殿前左右射生軍と云大將軍以下を置く四年又改めて左右神威軍と云將軍二員を加ふ此後元和二年神武軍を省き三年左右神威軍を廢し合して天威軍と名づく八年之を廢す其兵騎を以て左右神策軍に分隷せしむ初北衙禁兵十軍內に盛なりしが後方鎭の兵强きに及びて天子の禁軍方鎭の兵に屈し方鎭の兵は又所部の兵に屈するに至れり而して當時天子の禁軍は皆諸衛兵より選用せり

南衙の諸衞は則十六衛是なり皆府兵を徵集して之にあつ所謂十六衛とは

左右衛　上將軍各一人　大將軍各一人　將軍各三人　宮禁宿衛を掌る凡五府及外府皆總ぶ

左右驍衛　上に同じ兵を分て諸門を守る皇城の四面宮城の內外に任ずれば左右衛と分知す

左右武衛　掌る事上に同じ
左右威衛　掌る事上に同じ
左右領軍衛　掌る事上に同じ
左右金吾衛　宮中京城巡警烽候道路水草の事を掌る
左右監門衛　諸門禁衛及門籍を掌る
左右千牛衛　侍衛及供御兵仗を掌る

初武德五年左右翊衛を改めて左右衛府と云又左右驍騎衛を驍騎府と云左右屯衛を左右威衛といひ左右禦衛を領軍衛といひ左右備身府を左右府と云唯左右武衛府左右監門府左右候衛は皆隋によりて改めず顯慶五年左右府を改めて左右千牛府と云龍朔二年二月左右衛府驍騎府武衛府皆府の字を省き左右威衛を左右武威衛といひ左右領軍衛を左右戎衛といひ左右候衛を左右金吾衛といひ左右監門府を左右監門衛といひ左右千牛府を左右奉宸衛と云後又左右千牛衛と云咸亨元年左右戎衛を改めて領軍衛と云武后光宅元年左右驍騎を改めて左右武威と云ひ左右武衛を左右鷹楊衛と云(神龍元年舊に復す)左右威衛を左右豹

韜と云ふ(神龍元年舊に復す)又左右領軍衞を左右玉鈐と云(神龍元年舊に復す)貞元二年九月初て十六衞上將軍を置く又左右衞以下長史錄事倉曹兵曹騎曹冑曹司階中候司戈執戟長上あり又奉車駙馬二都尉あり

左右衞に五府三衞あり親衞府勳衞府翊衞府之を三衞と云勳衞翊衞府を更に分て勳一府勳二府翊一府翊二府となし親府を合せて五府と云五府に各中郎將一人左右郎將一人兵曹參軍事各一人校尉各五人每校尉に旅帥二人每旅帥に隊正廿人副隊正廿人あり親衞勳衞翊衞凡て四千九百六十三人とす

○勳衞

○翊衞

五府中郎將は校尉旅帥親衞勳衞の屬の宿衞する者を領して府事を總ぶる事を掌る

親衞に補すべき者は二品三品の子なり

勳衞に補すべき者は二品の曾孫三品の孫四品の子職事官の五品の子若くは孫勳官三品以上有封及國公子なり

翊衛に補すべき者は四品の孫五品及上柱國子なり

衛士

府兵の京師に上て番する者を衛士となす皆十六衛に入る唐の時天下の府凡五百九十四皆遠近を量りて番第を定む百里の內は五番五百里は七番千里は八番二千里は九番なり

衛士衛にあるや各名籍を立て三年已來の征防若くは差遣等を記し優劣を定めて三等とす毎年正月十日本府に送り印を捺し一通を錄して本衛に上る

衛士の衛に屬するによりて各異名あり左右衛に隸する者を驍騎といひ左右驍衛に隸する者を豹騎と云ひ左右武衛を熊渠と云ひ左右威衛を羽林と云ひ左右領軍衛を射聲といひ左右金吾衛を佽飛といへり

此他太子に十率府あり其府に隸する兵士各名號あり皆之を省く

地方の兵

地方には即府兵あり府兵の制廢れて彍騎起り彍騎亦廢して方鎭の兵生ず

府兵

府兵は諸州に分散し事なき時は野に耕し番上する者は京師に宿衛す西魏後周既に府兵あり而して隋に備はる唐亦之による高祖初關中を分て十二道とす萬年長安富平醴泉同州華州寧州岐州豳州西麟涇州宜州道之なり皆府を置く武德

三年更に萬年道を以て參旗軍とし長安道を皷旗軍とし富平道を玄戈軍とし醴泉道を井鉞軍とし同州道を羽林軍とし華州道を騎官軍とし寧州道を折威軍とし岐州道を平道軍とし豳州道を招搖軍とし西麟道を苑游軍とし涇州道を天紀軍とし宜州道を天節軍とし軍に將副各一人を置く以て耕戰を監督す其后太宗貞觀十年天下諸府總て折衝府を置く凡六百卅四六十八萬內關內二百六十一兵士廿六萬あり皆諸衛に隷せしむ府に三等あり上府は兵千二百人中府は千人下府は八百人折衝都尉一人左右果毅都尉各一人長史兵曹別將各一人校尉五人を置く士三百人を以て一團とし團に校尉あり五十人を隊とす隊に正あり十人を火とす火に長あり火には六馱馬烏布幕鐵馬盂布槽鍤钁鑿筐斧鉗鋸各一甲牀二鎌三を備へ隊には火鑽一胷馬繩二首羈足絆皆三を備ふ又人每に弓一矢三十胡籙橫刀礪石大觽氈帽氈裝行縢皆一麥飯九斗米二斗を備ふ其介冑戎具は庫に納め征行する所あれば則其出入を視て之を支給す兵は皆年二十にして兵となり六十にして免ず能く騎する者は越騎とし他を步兵とす每年十二月練兵を行ふ玄宗の開元六年折衝府に詔して府兵六年每に一たび簡せしむ初太宗人を知る

彍騎

に明に諸蕃の酋長を適拔してよく之に任ず故に兵最强し高宗の初始て軍を境に屯して師老戰におく是より太平久しく武太后の代より府兵漸弱し玄宗の開元中北太原に幸せんとす府兵寡弱なるを以て詔して士を募る但材力ある者を取て來る所を問はず旬月の間募に應ずる者十三萬玄宗大に悅で遂に彍騎と名づく是れより府兵欠くるあるも復置かず開元廿五年其邊に戍する者舊制三年なりしが交替の爲に途中勞する事多きを以て更に能く三年止て戍する者を募り名づけて召募といへり後諸軍をして皆募らしめ更に名を健兒と稱す每年常例として給賜あり其家口の供に任せん事を欲する者には田地屋宅を與へて住する事を許せり

開元十三年初て彍騎を諸衛に分ち隸せしむ凡十二萬京兆彍騎六萬六千華州は六千同州は九千蒲州は萬二千三百絳州は三千六百晋州は千五百岐州は六千河南府は三千陝虢汝鄭懷汴六州は各六百內弩手六千其制皆下戶白丁宗丁品子の五尺七寸以上の强き者を取て之にあつ足らざれば戶八等五尺以上の者を以てす皆征役を免ず十人を火とし五火を團とし各長あり又材勇ある者を撰で番頭

番頭
方鎮

とす天寶以後彍騎の法又稍變廢す

方鎭は則節度使の兵なり節度使の起原明ならず永徽の初節度の名あり然れ共未官に名づけず景雲二年始て節度使あり此より後開元に八節度使あり初兵の邊を戍る者大なるを軍といひ小なるを守捉といひ城といひ鎭と云而して之を總る者を道と云其軍城鎭守捉皆使あり道に大將一人あり大總管と名づく已にして改めて大都督と云太宗の時總戎親王なれば則元帥といひ文武官なれば總管といひ奉使なれば節度使と云大使副大使副使判官あり大使は旌節を加へて以て軍を總べ諸軍は各使一人を置き五千人以上は副使を置き萬人以上は營田副使を置き鎭にも亦各使一人あり玄宗の末安祿山范陽節度使を以て遂に叛す京師を犯すに及て天子の兵弱くして抗する事能はず遂に兩京陷る肅宗靈武より起り諸鎭の兵亦起る幾なくして史思明亦應じ天下紛亂す九節度の師起て年を經て漸安史を亡せしが既にして方鎭内に相望み地大なる者は州を連ね小なる者は猶三四州に跨れり唐末兵漸勢を加へ將の廢置皆兵に出で五代に至て國の廢置も亦兵より出でたりと云

羌兵

防人

出征

烽候

武德律令格式

以上京師及地方に於ける兵備の外に開元の際秦成岷渭河蘭の六州には高麗の羌兵あり黎雅押翼茂の五州には鎭防團結兵ありたり鎭戍を守る兵を防人といへり

凡大將軍出て征する時は皆廟に告ぐ又斧鉞を授く既に廟に謁すれば家に反宿せず直に軍に臨む其軍に臨で士卒の命を用ひざる者は責罰一に其意の儘なり軍捷を得ば士卒の散せざる時に卒を會して其勞と費用と捕虜と折馘との數を書して聞す乃太廟に告ぐ將軍凱旋の日には天子使を遣して郊勞し有司捷を太廟に獻じ又齊太公廟に告ぐ

烽候は每所相去る三十里若山間隔絕するあらば必しも三十里に限らず其邊境にある者は城を築きて之を置く烽每に帥一人副一人を置く烽を擧ぐる者は一炬二炬三炬四炬に分ち敵の多少に隨て區別す後天下事なき時は多く其必要を見ざるを以て之を停廢する者多し開元の際一時近甸の烽二百六十所を廢せし事あり

第十節　法源

唐の時法典に四種あり律令格式之なり初高祖隋に克て法十二條を約す後武德二年新格五十三條を頒ちしが武德七年に至て裴寂蕭瑀等武德律十二卷式十四

貞觀律令格式

永徽律令格式

唐律疏義

卷令卅一卷を撰せり大凡隋開皇律令を以て準據とす先の五十三條は之を新律に入る次で太宗の貞觀十一年正月長孫無忌房玄齡等律令格式を撰す律十二卷令廿七卷格十八卷留司格一卷式三十三卷とす律凡五百條令一千五百四十六條格七百條尙書諸曹を以て目となす其常務の本司に留むる者を留司格と名づく一說に曰貞觀律實は十卷也十二律と稱する者は永徽律の捕亡斷獄を加ふれば也と此後高宗の永徽二年律令格式を撰す律十二卷式十四卷式本四卷令卅卷散頒天下格七卷留本司行格十八卷長孫無忌李勣等の勅を奉じて撰する所なり曹司常務を以て行格とし天下共にする所を散頒格となす後永徽留本司格後十一卷あり儀鳳二年上る所なり永徽四年十一月長孫無忌等又律疏を撰す律令格式の篇數及篇目次の如し

律十二篇五百條

名例　衛禁　職制　戶婚　廐庫　擅興　賊盜　鬪訟　詐僞　雜律　捕亡

斷獄

令廿七篇一千五百四十六條

開元令

官品上下　三師三公臺省職員　寺監職員　衛府職員　東宮王府職員　州縣鎭戍嶽瀆關津職員　内外命婦職員　祠令　戶令　選擧　考課　宮衛　軍防　衣服　儀制　鹵簿上下公式上下田令　賦役　倉庫　廐牧　關市　醫疾獄官　營繕　喪葬　雜令

格廿四篇尙書省諸曹を以て目とす

式三十三篇尙書省秘書太常司農光祿太僕太府監門諸衛計帳を以て篇目とす

龍朔二年源直心等留本司格中本天下散頒格中本を撰せり次て武后の垂拱元年裴居道等格式を撰す垂拱格十卷新格二卷散頒格二卷留司格六卷及垂拱式廿卷とす此後神龍二年刪定して散頒格七卷とす撰者の一人韋方質法理に通ず故に垂拱格式頗詳密なりと云ふ睿宗太極元年正月岑義等太極格十卷を篇す其後開元三年(玄宗)盧懷愼等開元格十卷を撰し七年に至て宋璟等開元後格十卷令三十卷式廿卷を開元十九年に至て裴光庭等格後長行勅六卷を二十五年に至て開元新格十卷を各撰したり同年李林甫等律十二卷律疏卅卷式二十卷を各刊定したり此等の書皆傳はらず只律疏卅卷を傳ふるのみ同廿六年(一說に廿七年)六典成る

六典

今傳ふる所の六典之なり六典の編纂は最苦心せる者の如く既に開元十年に詔ありて幾多の年序を重ね幾多の人の手に亘りて漸李林甫の苑成に托するに至て成れり其躰裁三師三公尚書省及六部門下中書秘書殿中內官內侍の各省御史臺九寺三監十六衛二軍及太子親王三府都護州縣官吏に分ち各其職掌と職員とを規定し殊に各種の法規を六部の本に分載したり凡卅卷完全なる一成典と云べし六典と名づくる所以は其初に編纂せる時に方て理典敎典禮典政典刑典事典の六典に分て編せしに本づけりされば今の書に六典と云事當らず明淸には之を會典といへり下て憲宗の時天寶以後の法令を刪して開元格後勅を撰せり時に元和二年なり同五年許孟容等又元和格勅卅卷を撰し次で十三年鄭餘慶等格後勅卅卷を許孟容等又刪定して卅卷を撰定す文宗大和七年又大和格後勅四十卷格後勅五十卷を撰す或は曰大和四年格後勅六十卷を撰すと同帝の時開成三年開成詳定格を撰す以來宣宗の時大中五年劉瑑等修する所の大中刑法總要格後勅六十卷あり後又大中刑律統類あり凡十二卷なりと云然れ共唐代の法典の今に傳はるもの僅に唐律疏義と六典となり唐令も既に沒して今に其殘篇か

往々日本支那の古書に存するあるのみ此故に其眞相を知る事能はず猶六典中に其原文か若くは其法意を存せるは明なり他の格式に至ては一も傳はらず此等の法典の多くは古我國にも傳へしが如く藤原佐理卿が大日本見在書目錄に多く此等の書目を掲げたり而れ共今亡して傳はらず吾人法制史に志す者の最惜しむべき所となす今彼書目に見えたる法典の名稱を左に列載す其多くは上來略述し來れる者に係る

大律六卷　新律十卷　隋大業令卅卷　唐貞觀初格十卷　永徽律十二卷　同疏卅卷　大唐律十二卷　刑法抄一卷　具法律十二卷　律附釋十卷　本令卅卷　古令卌卷　新令十卷　大業令卅卷　永徽令卅卷　開元令卅卷　唐令私記卅卷　金科類聚五卷　永徽格五卷　垂拱格二卷　垂拱格常平格十五卷　垂拱留司格二卷　開元格十卷　開元格私記一卷　格後勅卅卷　開元新格五卷　長行勅七卷　開元皇口勅一卷　開元後格九卷　散頒格七卷　僧格一卷　永徽式廿卷　開元式廿卷　大唐判事一卷　大中刑律統領十二卷　貞觀勅九卷　中臺判集五卷

唐以後の法典

其中卷數の往々合せざる者は寫本によりて異なる所あるによれり
唐以后五代の法典は梁の太祖開平四年に令卅卷式廿卷格十卷律目錄を合せて十三卷律疏卅卷を删定せし事あり共に一百三卷大梁新定律令格式といへり後唐の莊宗梁の新格を廢して開成格を行ふ以來晉漢法典の編纂なし周の世宗顯德五年大同刑統を編せし事あり凡廿一卷律疏令式と通行せしむ其刑法統類と開成編勅とは行使せず

第十一節　訴訟法

裁判官

唐の時に限らず何れの時代に於ても行政官は兼て司法事務を處理し行政行爲と裁判とを獨立の機關に委任する事は之なかりきされば此時代に於ても裁判を行ふ者は地方行政官にして民事刑事の區別なく悉其職掌の一部となれり此故に裁判所の構成とも云ふべき者は地方に於ては則最下級なる縣令なり之より上級には州に刺史あり州縣を監視する監察御史あり京師には大理寺あり刑部省あり直接囚禁に與る者には大理寺あり刑部省は只司法に關する事務を分掌するにすぎず

縣令

司法佐……寃屈を審察し獄訟を判する事を掌る

刺史

司法參軍事……律令格式獄を鞫ひ刑を定め盜賊を督捕し姦非を糺逖する事を掌る

都督

法曹參軍事……律令格式獄を鞫ひ刑を定め盜賊を督捕し姦非を糺逖する事を掌る

府牧

法曹參軍事……職掌右の同し

都護

法曹參軍事……職掌右の如し

大理寺

卿　折獄詳刑の事を掌る

裁判管轄

正　議獄科條を正す事を掌る

丞　寺の事を分判し刑の輕重を正す事を掌る

司直　出使推按を掌る

刑部省

尚書　律令刑法徒隷按覆讞禁の政を掌る

郎中　律法按覆大理及天下の奏讞を掌る

御史臺

監察御史　百寮を分察し州縣を巡按し獄訟軍戎祭祀營作太府出納皆莅む事を掌る

侍御史　百寮を糾擧し獄訟を推鞫する事を掌る

裁判管轄を表示すれば畧次の如くなるべし

刑部省
- 京師（京兆河南大原）法曹參軍事
- 地方
  - （州）……司法參事軍
  - （都督）……法曹參軍事
  - （縣）司法佐

京師にありては京兆等の法曹參軍事訴訟事務を掌り地方にありては司法佐を

(府州)‥法曹參軍事
(都護)‥法曹參軍事

下級とし法曹參軍事を上級裁判所となせり

按ずるに唐の時亦自治の團躰あり四家を隣とし五家を保とし保に長あり以て相禁約し百戸を里と名づけ里に正を置く五里を郷となす兩京及州縣の郊內は分て坊とし坊正を置く郊外の田野は村に分ち村毎に正を置けり里正は勳官六品以下の白丁の精明强幹なる者を以て之にあて坊正村正は白丁を以て之にあつされば民事の訴訟は坊正村正里正に於て判決せしなるべく決せざる者は縣の官吏に裁決を乞ひ刑事の重き者は直に縣官が之を決罰せる者の如し

縣を經ずして直に州府に訴ふる者を越訴と云越訴をなし及之を受理する者は各罪あり但此場合に於て受理する事によりて犯罪を形成す若受理せざれば訴ふる者亦罪なし

第十二節　刑法

刑名

第一欵刑名　唐代の刑名は唐律疏義名例律中に規定したり即五刑と名づくる者之なり其目左の如し

笞刑　五あり

笞一十　笞二十　笞三十　笞四十　笞五十

杖刑　五あり

杖六十　杖七十　杖八十　杖九十　杖一百

皆隋の制による

徒刑　五あり

徒一年　徒一年半　徒二年　徒二年半　徒三年

流刑　三あり

流二千里　流二千五百里　流三千里

死刑　二あり

絞　斬

又隋の制也隋以前は死刑に五あり罄絞斬梟裂之なり

刑の適用

刑は平等に科せず

此他加役流あり加役流は常流の外にあり本死刑なりしが武德中改あて斷趾刑とし貞觀六年又改めて加役流とす常流は唯役一年加役流は役三年也之を以て區別す

第二欵刑の適用　刑を加重する場合に種々あり然して支那の刑法を學ぶ上に於て最注意すべき事は人によりて刑の適用を異にするにあり即夫妻の別貴賤の別僧侶の別良賤の別主從の別長幼の別等なり此等の異るに從ひて刑に加減ありされば刑は平等に科する主義に反すと云べし此例に從へば例ひ同一の犯罪(もしありとすれば)にても甲は比較的に輕くして乙は比較的に重き事あるべしこれ等の實例は疏義の各條下に於て見る事を要す今一例として毆打殺傷の場合を掲ぐ

○其師を殺傷する者は各凡人の二等を加ふ僧道師は又一等を加ふ師主弟子を毆殺する者は徒三年

○人を鬪くものは笞四十

○夫が妻を毆傷する時は凡人の二等を減ず妻が妾を毆傷する時亦此の如し妾

もし妻の子をうては凡人を以て論じ妾の子を毆てば二等を減ず

○制使府主刺史縣令五品以上の官長を毆く者は徒三年奴婢主を毆く者は絞主の期親及外祖父母を毆く者は絞舊主を毆く者は流二千里

○妻夫を毆けば徒一年夫の祖父母父母を毆けば絞夫の弟妹を毆けば凡人に一等を加ふ

○祖父母父母を毆けば斬兄姉を毆けば徒二年半伯叔父母姑外祖父母を毆けば又各一等を加ふ

十惡

罪の最重き者を十惡となす十惡を犯す者は如何なる恩典をも受くる事能はず

一曰謀反　社稷を危くせん事を謀るを云

二曰謀大逆　宗廟山陵及宮闕を毀たん事を謀るを云

三曰謀叛　國に背き僞に從はん事を謀るを云

四曰惡逆　祖父母父母を毆き及謀殺し伯叔父母姑兄姉外祖父母夫夫の祖父母父母を殺す者を云

五曰不道　一家死罪にあらざる三人を殺し及人を支解し蠱毒厭鬼を造畜す

るを云
六曰大不敬　大祀神御の物乘輿服御物を盜み御寶を盜み及僞造し御藥を合和して誤て本方の如くならず及封題を誤り若くは御膳を作て誤て食禁を犯し御幸の舟船誤て牢固ならず乘輿を斥指し情理切害及制使を對捍して人臣の禮なきを云
七曰不孝　祖父母父母を告言詛罵し及祖父母父母在すに籍を分ち財を異にし若くは供養缺くるあり父母の喪に居て身自嫁娶し若くは樂をなし服を釋きて吉に從ひ祖父母父母の喪を聞きて匿して擧哀せず詐て祖父母父母の死を稱するを云
八曰不睦　緦麻以上の親を殺し及賣らん事を謀り夫及大功以上の尊長小功尊屬を毆告するを云
九曰不義　本屬の府主刺史縣令見受業師を殺し吏卒本部五品以上の官長を殺し及夫の喪を聞きて匿して擧哀せず若くは樂をなし服を釋きて吉に從ひ及改嫁するを云

十曰內亂　小功以上の親父祖の妾を姦し及與和する者を云

三犯加重

刑の加重につきては更に三犯加重の例あり例へば茶法に於て私に鬻く者は杖三犯は加重する事あり又諸盜三犯にして皆徒に當る者は流二千里三たび流を犯す者は絞に處せりこれ亦一例也

刑の減輕

刑の減輕の場合にも亦種々あり既に述べしが如く貴賤親等上下男女僧侶主從良賤長幼官吏等に由て各異り而して第一の場合は所謂八議なる者之なり八議は其何れに相當するも皆特別の減輕を受くるのみならず其親屬も亦之が恩典を受く

八議

一曰議親　皇帝袒免以上の親及太皇大后皇太后緦麻以上の親皇后小功以上の親を云

二曰議故　故舊を云

三曰議賢　大德行あるを云

四曰議能　大才業あるを云

五曰議功　大功勳あるを云

官當

六曰議貴　職事官三品以上散官二品以上及爵一品なる者を云
七曰議勤　大勤勞あるを云
八曰議賓　先代の後を承け國賓たる者を云
凡八議の者死罪を犯せば皆犯す所を條錄して其親故賢能功貴勤賓の何れに相當せるやを錄し上奏し裁可をまつ流罪以下は當然一等を減ず但十惡を犯す者は此限にあらず諸皇太子妃太功以上の親にして議すべき者の期以上の親若くは孫及官爵五品以上死罪を犯す者は上奏し流罪以下は當然一等を減ず但十惡の例外あり諸七品以上の官及官爵請を得る者の祖父母父母兄弟姉妹妻子孫流罪以下を犯さば各一等を減ず其他之に關する法規多し今悉く載せず委しくは名例律にあり
減輕の第二の場合は官當なり官當とは官を以て罪にあて減輕せらるゝ法なり諸の私罪を犯す者の官を以て徒にあつる者は五品以上は一官を以て徒二年にあつ九品以上は一官を以て徒一年にあつ若公罪を犯さば各一年の當を加ふ官を以て流にあつる者は三流共に同じ徒四年に比す二官あれば先高き者を以て

贖

あて次に勳官を以てあつ仍て各見任を解く若餘罪あらば歷任の官を以て當つる事を得たり但官を以て徒にあつる者罪輕くして其官を盡さず此時は贖を收めしむ若官を以て罪を盡さゞる時は餘罪を贖はしむ假へば一人あり徒二年を犯して五品以上なれば官を解きて刑を科せず此時は官を解かずして贖金を出さしむ徒一年半にして九品の人ならば一官を以て徒一年にあて半年は贖金を收めしむるの例なり當時各種の刑罰の贖金は左の如く規定したり

笞一十贖銅一斤　笞廿贖銅二斤　笞卅贖銅三斤
笞四十贖銅四斤　笞五十贖銅五斤
杖六十贖銅六斤　杖七十贖銅七斤　杖八十贖銅八斤
杖九十贖銅九斤　杖一百贖銅十斤
徒一年贖銅廿斤　徒一年半贖銅卅斤　徒二年贖銅四十斤
徒二年半贖銅六十斤　徒三年贖銅七十斤
流二千里贖銅八十斤　流二千五百里　贖銅九十斤　流三千里贖銅一百斤
死絞斬共に贖銅一百廿斤

自首

從坐減
故失減
坐相承減

減輕の第三の場合は自首なり之に關する法規次の如し

○諸の罪を犯して未發覺せずして自首する者は其罪を原ね其輕罪發すと雖因て重罪を自首する者は其重罪を免ず

○人を遣して代首し若くは法に於て相容隱する者は共に自首となす

○自首實ならず及盡さゞる者は不實不盡の罪を以て之を罪す死に至る者は一等を減ず

○其人の告げんと欲するを知り及亡叛して自首する者は罪二等を減じて之を罪し其亡叛する者自首せずと雖本所に還歸する者亦同じ

○諸盜詐て人の財物を取り後財主に首露する者は官司を經て自首すると同じ

○諸の罪を犯して共亡し輕罪能く重罪を捕へて自首し及輕重罪者半以上を獲て自首する者は皆其罪を免ず

此他自首に關する規定多し自首減の外に第四の場合として從坐減あり第五に故失減あり第六に公坐相承減あり從坐減とは共謀して罪を犯せる時に造意者を以て主となし隨從者を從として一等を減ずるなり五と六とは官吏に對する

減輕の方法なり

加減例　加減例に付きては當時死刑たる絞斬は共に一等流刑たる三千里二千五百里二千里も共に一等なり徒以下は各別に一等となす此故に流三千里の刑より一等を減ずる時は徒三年となり徒三年に一等を減ずる時は徒二年半となるが如し加重の塲合亦然り之につきて左の規定あり

○諸の加と稱するは重次に付き減と稱するは輕次に付く只二死三流は各同く一減となす

○加へて死に至ることを得ず(註に唯加へて流三千里に至るべし加へて死に至ることを得ず)

刑の執行　第三欵刑の執行　唐の時刑の執行に當る者は大理寺なり大理寺に大理獄あり初御史台に之を置きし事あれ共後之を廢せり此他には京兆河南の獄長安萬年洛陽縣の如き亦獄あり大理寺には卿正丞等の職員あり其職とする所は罪人の訊問に與り其有無を定めて刑部に送くる杖刑以下は即決す若罪狀明白ならず猶留置すべき者は之を留めて訊問す徒以上に當る者は囚人と家族とを召喚し

告ぐるに罪狀を以てし不明なる者は理する事を許せり罪人をして自白せしめんが爲に訊問杖あり大頭徑三分二厘小頭二分二厘長三尺五寸二十日に一訊し三訊にして止む何も數二百を過さず凡囚は皆枷鉗校杻等を加ふ枷は長五尺以上六尺以下頰の長二尺五寸已上六寸以下闊さ一尺四寸以上六寸以下頭徑三寸以上四寸以下杻は長一尺六寸已上二尺以下廣三寸厚一寸鉗の重八兩已上一兩已下長一尺已上一尺五寸以下鎖は長八尺已上一丈二尺以下鉗鎖皆長短あり罪の輕重に從て差あり

死刑の執行　死刑は皆市に於て之を行ふ死を執行するに當ては初は三度奏聞せしが後には京師は五たび覆奏し在外は三度覆奏す在京は決する前一日に二たび覆奏し決する日三度覆奏す外に在る者は初日に一たび覆奏し後日に再覆奏す皆御史金吾刑場に臨む在外は上佐餘は判官之に臨めり五品已上死にあつる者は車に乘せ刑場に付く大理正之に臨む惡逆にあらざる已上は家に自殺する事を許し七品以上及皇族若くは婦人は刑斬に相當せざれば則皆隱所に絞す死刑を執行する日は京師は天子蔬食し內敎坊及太常皆樂を徹す而して刑を執

獄

行ずる期日は多くは秋冬にして立春の後秋分に至る迄は決する事を得ず但惡逆及奴婢部曲の主を殺す者の刑の如きは此規定によらず既に刑して其尸は親戚に下げ渡し親戚なき者は將作棺を與へ官地の內に於て假に殯し京城七里外に地一頃を量りて之に埋め上に墓標を立つ家人の取て葬らん事を請ふ者は許せり大祭祀致齋朔望上下弦二十四氣雨未晴れず夜未明けざる時は何も死刑を執行する事なし

他刑の執行　役は男子は蔬圃に女子は厨饍に役するを常とす流は各定數の里に置く流移人道に在て疾病に罹り又祖父母父母の喪男女奴婢の死皆假を給ふ笞杖刑の執行は笞は長三尺五寸節目を去り大頭二分小頭一分半とし腿と臀とを分ち打つ杖亦長三尺五寸大頭二分七厘小頭一分七厘とし背腿臀分ち打つ初皆背をうちしが太宗明堂針灸圖を見て背部の要なるを知り以來命じて背部を打つ事なからしむ

獄舍內は五品以上は月に一たび沐し暑には漿飮を與ふ但紙筆金刄錢物を禁ず病めば醫藥を給し疾重き者は械を脫せしめ家人一人を以て入侍せしむ職事散

官三品以上は二人入侍せしむ刑部歳毎に正月使を遣りて巡檢し獄囚の杻校糧餉の違法なきや否やを點檢す

期間計算

期間計算に關しては次の規定あり

○諸の日と稱するは百刻を以てす年と稱するは三百六十日を以てす

刑の消滅

第四款刑の消滅　刑の消滅する場合は執行を畢りたる時犯者の死亡せる時の如きは辯を待たず此他の場合は則特赦なり大赦の場合に種々あり或時は行幸により或時は即位により或は臨時に擧行して常に一定せず

大赦を行ふの日には武庫令金鷄及皷を宮城門外右に設け囚徒を闕前に集め皷千聲をうち訖て宣制して放つ赦書を四方に頒下するを例とす

犯罪の別
公私罪

第五款犯罪　當時犯罪に公罪私罪の別あり公罪とは公事に關して違法をなし敢て私曲あるにあらざるを云ひ私罪とは私に自犯し制に對して實を以てせず請を受け法を枉ぐるの類を云ふ私罪は公罪より重きを例とす蓋公罪を犯すは必しも惡意を挾むにあらず只法式に違へる罪なり故に此輕重あり

共犯

共犯の場合は造意者を以て首とし隨從者を以て從とす隨從者は一等を減ず若

家人共犯の場合は只尊長を坐するのみ其他共犯の場合に關して略次の如き規定あり

○諸の共に罪を犯して逃亡し獲らるゝ者亡者を稱して首となし更に證徒なければ則其從罪に決す後亡者を獲るに前人を稱して首となし鞫問して實を得れば首に依て論ず

數罪俱發

他に數例あり數罪俱發に關しては

○諸二罪已上俱發すれば重き者を以て論ず等しき者は一に從て斷ず

○若一罪先發し已に論決を經餘罪後に發する時其輕きと等きとは論せず重き者は更に論じ前罪を通計して以て後數にあつ

此他猶數條の規定あり

律疏の內容

以上は主として刑法總則とも云べき名例律の一部を摘出するにすぎず其以下の各條を一々列載するにたえざれば今は只其篇名と其內容の一般とを略說するに止めん

第一卷より第六卷に至る迄は則名例律にして主として五刑十惡八議官當自首

共犯數罪俱發等に關する規定を掲げたり第七卷と第八卷とは衛禁律にして宮門宿衛關津に關する罪と刑罰とを定めたる法規にして例へば太廟門に闌入するの罪宮門に闌入するの罪著籍なくして宮殿に入るの罪高に登て宮中を望むの罪宮殿に向て射るの罪車駕行て隊を衝くの罪廟社禁苑を犯すの罪各州鎭戍等の城垣を越ゆるの罪私に關を度るの罪禁物を齎して私に關を度るの罪緣邊の關塞を越度するの罪烽候警めざるの罪等之なり第九卷より第十一卷に至る迄は職制律にして主として官吏違制者に對する犯罪と刑罰とを定めたる法規なり例へば貢擧其人にあらざる罪官に在て直すべきに直せざるの罪官人故なくして上せざるの罪大祀に關する罪御藥を合和して本方の如くならざるの罪御膳を進て食禁を犯すの罪大事を漏泄するの罪制を受けて忘誤するの罪制書の誤を輙く改定するの罪上書奏事誤の罪事奏すべくして奏せざるの罪乘輿を指斥するの罪驛馬を增乘するの罪驛馬に乘じて道を枉ぐるの罪驛馬に乘じて私物を齎すの罪公事行ふべくして稽留するの罪長吏輙く碑を立つるの罪監主財を受けて法を枉ぐるの罪監臨する所の財物を受くるの罪監臨供饋を受くる

の罪等なり第十二卷より第十四卷に至る迄は戸婚律にして脫戸の罪里正州縣脫漏を覺えざるの罪父母の喪に居て子を生むの罪婚を立つ法に違ふ罪雜戸を養て子孫となすの罪部曲を放て良となすの罪口分田を賣るの罪田を占めて限に過ぐるの罪公私田を盜耕種するの罪公私田を忘認盜賣するの罪差科賦役法に違ふの罪課稅物を輸りて期に違の罪重婚の罪妻を以て妾となすの罪父母夫の喪に於て嫁娶するの罪同姓婚をなすの罪逃亡の婦女を娶るの罪人の妻を和娶するの罪奴良人を娶て妻と爲すの罪律に違ふて婚をなすの罪嫁娶律に違ふの罪等なり第十五卷は廐庫律にして畜產を驗して實ならざるの罪官畜に乘じて私に物を馱するの罪大祀犧牲法の如くならざるの罪官馬調習せざるの罪故に官私の馬牛を殺すの罪犬の畜產を傷殺する罪畜產人を觝蹋齧するの罪官物を假借して還さゞるの罪倉庫の積聚物を損敗するの罪官物を出納して違ある の罪等なり第十六卷は擅興律にして擅に兵を發するの罪校閱期に違ふの罪主將陳に臨で先退くの罪征人巧詐して役を避くるの罪法にあらずして興造するの罪工作法の如くならざるの罪禁兵器を私有するの罪丁夫差遣平ならざるの

罪私に丁夫雜匠を使ふの罪等なり第十七卷より第廿卷迄は賊盜律にして謀反大逆の罪府主等の官を謀殺するの罪期親尊長を謀殺するの罪部曲奴婢主を殺すの罪人を謀殺するの罪物を以て人の耳鼻に置くの罪蠱毒を造畜するの罪毒藥を以て人に藥するの罪死屍を殘害するの罪祆書祆言を造くるの罪夜故なく人家に入るの罪大祀神御物御寶官文印書制書宮殿門符禁兵器等を盜むの罪天尊佛像を盜毀するの罪冢を發くの罪强竊盜の罪恐喝して人の財物を取るの罪人を略し人を略賣するの罪奴婢を略和誘するの罪等なり第廿一卷より廿四卷迄は鬪訟律にして鬪毆して齒を折り耳鼻を毀つの罪兵刄人を斫傷するの罪人を毆き支體を折跌し目を瞎するの罪保辜の事威力にて人を制縛する罪宮內に於て忿爭する罪制使府主縣令父母を毆くの罪部曲奴婢過失主を殺す罪妻妾を毆傷する罪祖父母父母を毆詈する罪其他各種の鬪毆罪と誣告の罪等となり第廿五卷は詐僞律にして皇帝寶を僞造し官文書印宮殿門符を僞寫し制に對へ事を奏するに實ならざる罪官私を詐欺して物を取るの罪良人を妄りに認て奴婢となすの罪瑞應を詐爲するの罪驛馬に詐乘するの罪醫方に違ひ詐て病を療す

民法研究の困難

るの罪官司を詐冒するの罪等なり第廿六巻第廿七巻は雜律にして國忌に樂を作すの罪私に錢を鑄るの罪城官私宅に向て射るの罪醫薬を合して方の如くならざるの罪受寄物を費用するの罪負債契に違て償はざるの罪良人を錯認して奴婢となすの罪博戯に財物を賭するの罪犯夜の罪度量衡に關する罪市人の衆中に在て驚動するの罪堤防を盜決するの罪山陵兆域内失火の罪非時田野を燒くの罪官府私家の舍宅を燒くの罪火起るを見て告救せざるの罪人の碑碣石獸を毀つの罪官私の器物を棄毀するの罪宿藏物を得るの罪闌遺物を得るの罪等なり第廿八巻は捕亡律にして罪人仗を持して拒捍するの罪各種の逃亡罪情を知て罪人を藏匿するの罪等なり第廿九巻及卅巻は斷獄律にして囚禁すべくして禁ぜざる罪決罰法の如くならざる罪監臨杖を以て人を捶つの罪言上すべくして言はざるの罪恩赦を聞知して故に犯すの罪諸の徒流配處に送くるべくして稽留送らざるの罪等なり

第十三節　民法の一班

唐代に於ける民法は其主として準據とすべき唐令を失へるを以て之を知るに

難しとす然れ共大畧日本に於ける大寶令に大差なかりしなるべし例ひ日本に於ける律疏が支那に於ける律疏即唐律疏義に似たる程の類同なじとするも其著しく摸倣したる事は猶推知するに難からざるべし或人は日本の大寶令と唐の永徽令の佚文とを比較して其大に異なれる見て謂へらく令は日本支那は各習慣に從て異る所あり律は全く支那を摸擬するにすぎずと然れ共永徽令の原文が若今日に傳はりしならば多少大寶律が唐律に對する類似を猶令に於ても見る事を得べかりしなるべし蓋逸文として日本に傳はれる令は其最異れる點のみを殘留せしめしにして其類似の點は之を殘留せしむるの必要を見ず此等の逸文の多くは皆大寶令と比較せる事によりて存せり此故に裏面より考察すれば却て唐令と大寶令との類同多かりしを證するにあらざるか之を要するに令亦律の如く唐令に準據せるは明白にして例ひ唐律ほどの摸擬はなくとも是より稍少き度に於て摸倣せし事は事實なり今諸書を參考して當代に於ける民法の一班を伺はんとす

第一欵　人の法

人
奴婢
部曲

（イ）人　身分の階級に付きては前に特に一節を設けたり身分の高下に從ひて權利を享有するに多少の差異ありき當時の賤民の一たる奴婢の如きは恰畜產と同一視せられたりと雖猶多少の權利を認められざるにあらず例へば奴婢罪あり其主官司に請はずしを殺す者は杖一百の刑を科せられ罪なくして殺す者は徒一年に處せられたれば奴婢といへ共極めて低き程度に於て權利を認められたりと云べし奴婢となる場合は既に述べたる如く犯罪による者と負債によりて身を賣る者との場合あり而して其屬する所に從て官奴婢私奴婢城奴等の名稱あり官奴婢は年十四已下の者は司農寺に役し十五以上の者は京邑に送くり嶺南に配して城奴とす奴婢より稍多き權利を與へられたる者は部曲又番戶とす部曲とは則私奴婢なり人若他人の部曲を毆打し若くは殺傷する時は凡人に比して一等を減ぜらる若奴婢を毆打し若くは殺傷する時は更に一等を減ぜらる又部曲奴婢が互に毆傷し殺す時は良人と部曲との關係を適用し部曲が奴婢を毆て一支を折れば徒二年半一歯を折れば杖一百なるに對して奴婢が部曲を毆て一支を折れば流二千里一歯を折れば徒一年半としたり奴婢一たび免ぜら

番戸と雜戸

れて番戸となり番戸免ぜられて雜戸となり更に免ぜられて良人となるの順序なり番戸雜戸を或は官戸といへり要するに奴婢よりは一層の上位なり奴婢の減少するは死亡と解放とに起因す解放せらるゝ場合に種々あり年齡に達して

奴婢の解放

解放せらるゝ者あり例へば奴婢年六十に至らば之を免じて番戸とし七十に至て良人となすが如し特赦によりて解放せらるゝ事あり又病によりて解放せらるゝ事あり癈疾の如き其一例なり

身分の高下

身分の高下に從て各種の恩典ある事は獨刑法上のみならず或は宮室の設備の上にも差異ありき王公諸臣三品已上は九架五品已上は七架六品已下は五架とし門舍にも貴賤に從て各其制を異にし等を亂る事なからしめたり

親族法

(ロ)親族法

婚姻

婚姻に關しては當時婚姻年齡を定めて男は年十五女子は十三となせり其婚姻成立の要件としては重婚にあらざる事同姓にあらざる事良賤異にせざる事等なり其他父母及夫の喪に居て婚姻を結ぶ事あらば其婚姻は全く無効なり

婚姻の法律上効力を生ずる場合は互に婚姻を約し婚書を送答せし時にあり此

離婚

故に既に契約を結び婚書を送答せし後に於て婚姻の履行を拒む者は法律上の懲罰を受けたり此場合に於ては一方の當事者が杖六十の刑罰を受く

離婚に關しては七出義絶の規定あり七出とは一に子なき二に淫佚なる三に舅姑に事へざる四に口舌なる五に盜竊なる六に妬忌なる七に惡疾なる事之なり此等の中一要件を有する時は離婚を請求する事を得たり但一たび舅姑の喪を經たる時娶る時賤くして後貴き時妻の歸する所なき時の三件即三不去の理由何れなりとも一理由ある時は請求する事を得ざりき若惡疾及姦を犯す者は三不去の理由ありといへ共離婚を拒む事能はず此に子なしといへるは妻歳五十にして猶男子なきを云ふなり離婚の他の一原因は義絶なり妻の祖父母父母を毆打し及妻の外祖父母伯叔父母兄弟姑姉妹を殺し若くは妻が夫の祖父母父母を毆罵し夫の外祖父母伯叔父母兄弟姑姉妹を殺傷し及夫の緦麻以上の親若くは妻母と姦し及夫を害せんと欲するの類皆之なり

離婚の時は男及父母伯姨舅幷に女父母及伯姨東隣西隣及見人皆署名して其證となすを法とす

養子

養子　子なき者は同宗の昭携に於て相當する者を養て子とする事を得たり異姓の男子を養て子とする者は徒一年の刑を受く但棄兒の年三才以下の者は異姓と雖收養する事を許せり雜戸の男部曲及奴を養ふて子となす事も亦當然禁ずる所なり

相續法

(ハ)相續法　家督相續の順位は下の如し即嫡子は當然相續者なれ共嫡子なきか若くは罪疾ある時は嫡孫を立て嫡孫なければ嫡子の同母弟を立て同母弟なければ庶子を立つ庶子なければ嫡孫同母弟を立て嫡孫同母弟なければ庶孫を立つ

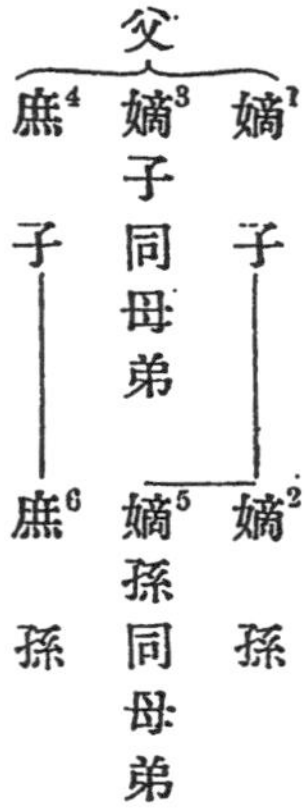

父
- 嫡子[1] ── 嫡孫[2]
- 嫡子同母弟[3] ── 嫡孫同母弟[5]
- 庶子[4] ── 庶孫[6]

物の法

第二款物の法

所有權

(イ)所有權　當時土地の所有主を地主といひ貨財の所有主を財主といへり土地の中口分田は國家の所有に屬し各個人は口分田に對して所有權を取得するを得ざりき此故に口分田の賣買は無効なり永業田及居住の園宅の如きは所有權を取得するを得たりき但永業田は其初或場合に限りて賣却する事を許された

れ共通常の場合に於ては之を賣却し若くは之を買て所有權を取得するを得ざりき但後世に至りては口分田の區別なく悉賣買せられ私有地大に增加せりされば富豪者は多く土地を所有し或は莊田莊園なる者を設けたり所有權取得の場合につき次の如き規定あり(一)他人の土地の內に於て埋藏物を得たる時は地主と中分す若古器の形制異なる物は官に送て其値を受く若借地の上に於て他人が埋藏物を發見したる時は發見者と地主とが中分す(二)遺失物を拾得したる時は五日以內に官司に通告するを要す其拾得物は遺失者其所有權を取得す遺失者不明なる時は官に沒入すされば拾得者は遺失物に對して所有權を取得する事なかりしなり遺失物を拾得して之を隱蔽する者は罪あり

所有權取得の場合

(ロ)質權　質權に關しては多く傳はらず然れ共當時既に質の事行はれ僧寺主として之を行へり始梁の甄彬なる者嘗て束苧を以て長沙寺の庫につき質錢を受けしが後苧中に金五兩を得て之に還せし事見えたれば此時早くも質屋ありしを知るべし唐の時名づけて長生庫と云此後宋に典質庫あり長生庫あり皆唐制を沿へる者なり後代債權者を責主典主と稱し質錢を長生錢質錢と云ひ證劵を

質權

質の事

債權法
賣買

質錢帖と名づけ質流れを滿役とよべり此等は多く宋代の名稱に屬すと雖唐の時亦此等の稱號ありしなるべし當時又人を以て質債に用ひし事あり素より奴婢を以て質債となす事は自由なりと雖良民を以て質債となす事は法律上禁止する所也良民を以て質債に用ひし者は良人を賣る罪三等を減じて處罰し情を知て取りし者は更に一等を減じて處罰せり

(ハ)債權法

賣買に關しては奴婢馬牛駞騾驢を買ふ者は本市本部の公驗を用ひて劵を立つるを法とす價を出して三日以內に市劵を立つるを要す若劵を立つるの後三日以內にして此等に舊病ある事を知らば之が契約を解除する事を得たり弓矢長刀の類は官の別に定むる所の方式によりて之を製し工人の姓名を題して後賣買する事を許せり其他の器物亦然り若僞濫の物を以て交易する時は其物品を官に沒入す其他斛斗秤度の不正なる者を使用したる時は皆規定する所の刑罰を當事者に科したり

市に對する各種の規定は經濟の狀況の節に於て略述したる如く午の時皷三百

聲をうちて市を始め日没前鉦三百聲をうちて市をやむ市には毎肆(イチクラ)に其賣る所の品名と市店名とを掲げしむ其物價を亂り若くは賣買する傍に在て荐りに其物價の高下を評し惑亂せしむる者は各懲罰を科したり又綾羅錦繡紬絹絲羶牛尾眞珠金鐵を以て諸蕃と互市する事を禁ぜり

賃貸借

賃貸借　賃貸借に出擧と負債とあり當時官司公廨本錢を以て出擧し利息を取れり此事は既に土地の條に之を述べたり負債は期に違ふて返還せざる者には科するに刑罰を以てしたり一匹以上廿日を違へば笞廿廿日を加ふる毎に一等を加へ杖六十に至て止む卅四は二等を加ふ百日には三等を加ふ

受寄財物

受寄財物は即寄託なり官私の器物を受寄して亡失する者は皆償はしむ若費用する者は一尺に笞十一匹に一等を加へて刑を科したり强盜せられたる者は償はず若亡失と詐て實は自費用する者は詐欺取財を以て論ず此他律疏に監臨官の財物を受くる事に關する各種の規定あり

以上民法の一班なり唐令を失へるを以て其詳なる事は得て知るべからずされば日本に於ける大寳律令時代の民法と對照せん事を要す

賠償

不法行爲によりて他人に損害を與へたる場合に於ける賠償法につきて略述せんに凡官私の馬牛を傷つくる者は其減價を計て之を償はしめ故殺する者は刑あり誤殺する者は其減價を償ふ諸の犬他人の畜産を殺傷する時は飼主其減價を賠償す諸畜産又噬犬人を傷つけたる時は若之等の監理者が法定の幖幟を爲さざりし時は過失を以て論じ且賠償の法を以てす自己所有の畜産他人の所有物を損食する時は又其減價を償ふ

辜限

唐の時又人を毆傷する者には辜限を立てたり手足にて人を毆傷したる者は十日を限り他物を以て人を毆傷したる者は二十日を限り刄及湯火を以て人を傷けたる者は卅日を支體を折跌し及骨を破る者は五十日を限り之が治療費を負擔せしむ

第五章　宋代の法制

第一節　官職の制度

宋の中央官制

第一欵中央制度　宋の官制は略唐制によりて參差す三師三公名は存すと雖常

に置かず三省の中尙書門下は外に置き中書は特に禁中に置き名づけて政事堂と云國家の事務を總理す之に對して樞密あり專武事を掌る中書樞密之を兩府と名づく而して別に三司あり專財政を掌る御史臺は唐の舊に仍り糺彈の事を掌れり其他三省六部九寺六監の制ありと雖本司の事を掌る事稀なり新設の官は多くして舊官亦其名を存して實務なし故に宋の官制唐の官制に比して一見複雜なるに似たりと雖其實國家の事務を處理する者は比較的僅少なり神宗即位して其制を更めんと欲し熙寧の末六典により元豐三年新官制を肇めたり所謂元豐の官制と稱へて宋に於て一時期を畫せる者なり其名ありて實なき者は多く之を廢し省臺寺監の職務多く古に復る其後元祐よりして又元豐の制を更めしが後建炎中興の際官名を多く改め頗併合する所あり又左右僕射中書門下平章事兩省侍郎を改めて參知政事とし三省の事務一に合せり後乾道八年左右僕射を改めて左右丞相とす因て三省の長官を廢せり宋の官制略左の如し

二府
- 樞密使
- 中書省

三省
- 門下省
- 中書省
- 尚書省
  - 吏部（吏部司封司勳考功）
  - 戸部（戸部度支金部倉部）
  - 禮部（禮部祠部主客膳部）
  - 兵部（兵部職方駕部庫部）
  - 刑部（刑部都官比部司門）
  - 工部（工部屯田虞部水部）

秘書省

殿中省

三司使

御史臺

九寺
- 太常寺
- 宗正寺
- 光祿寺
- 衛尉寺
- 太僕寺

六監
- 國子監
- 少府監
- 將作監
- 軍器監
- 都水監

二司
- 殿前司
- 侍衛司

諸衛
- 左右金吾衛
- 左右衛
- 左右驍衛
- 左右武衛
- 左右屯衛
- 左右領軍衛

大理寺
鴻臚寺
司農寺
大府寺

司天監

左右監門衛
左右千牛衛

三師三公

三師三公　唐制により太師太傅太保を以て三師とし太尉司徒司空を以て三公とす徽宗の時少師少傅少保を以て三孤とし三公三孤といへる事唐の如し多く宰相親王使相の加官とし特に三師三公となる者は國家の事務に參與せす

宰相

宰相　天子を佐け百官をすべ政事を平にす宋の時唐制により同平章事を以て宰相の任とす常員なし

平章軍國重事　元祐年中之を置く老臣碩德の人を以て之に任ず一に同平章軍國事と云ふ

使相

使相　親王樞密使留守節度使兼侍中中書令同平章事は皆之を使相と云政事に與らず

參知政事

參知政事　宰相に貳し政事に參與す乾德二年之を置きしが元豐の官制に參知

門下省

政事を廢し門下中書の二侍郞尙書左右丞を置きて其任に代らしむ建炎三年復門下中省侍郞を以て參知政事とし左右兩丞を除きしが乾道八年左右僕射を改めて左右丞とし參知政事舊の如し常に二員或は一員時に三員の事あり

門下省　天下の成事を受け命令を審にし違失を較正し奏狀を進發通達し寶印を進請する事を掌る左の職員官署あり

侍中一人　侍郞一人　左散騎常侍一人　給事中四人　左諫議大夫一人

起居郞一人　左司諫一人　左正言一人　符寶郞二人

侍中侍郞は南宋之を置かず但左右丞あり

通信司　給事中に隸す三省樞密使六曹寺監百司の奏牘文文武近臣の表疏及章事を受くる事を掌る

進奏院　給事中に隸す詔勅を受け及三省樞密院の宣劄六曹寺監百司の符牒を受けて諸路に頒つ事を掌る

登聞檢院　諫議大夫に隸す

登聞皷院　司諫正言に隸す

中書省

中書省　庶務を進擬し命令を宣奉する事を掌る左の職員あり

令一人　侍郎一人　右散騎常侍一人　舍人四人　右諫議大夫一人　起居舍人一人　右司諫右正言各一人

中書省は八房を分ちて事務を掌れり吏房戶房兵禮房刑房工房主事房班簿房制敕庫房之なり元祐以後兵禮房を分て二とす又催驅點檢分房をまし凡十一房とす後又主事房を改て開析とす令は元豐官制に開府儀同三司となせり

尙書省

尙書省　制命を施行し省内の綱紀程式をあげ六曹の文書を受付し内外の辭訟をきゝ御史の失職を奏し百官に關する廢置賞罰の事を掌る左の職員あり

尙書令一人　左右僕射各一人　左右丞各一人　左右司郎中各一人　員外郎各一人

當省に六部隷す又房を十に分て省内の事務を掌る吏房戶房禮房兵房刑房工房開析房（文書を發遣する事を掌る）都知雜房催驅房制勅庫房之なり

吏部

吏部　文武官の選試擬注資任遷敍蔭補考課に關する事務封爵策勳賞罰殿最の法を掌る左の職員あり

禮部	戸部

尙書一人　侍郎一人　尙書選二人　侍郎選一人

吏部に吏部司封司勳考功の四曹あり郞中員外郞を置く

戸部　初天下の財計皆三司の掌る所なり此故に戸部名ありて職なし唯判部事一人を置くのみ元豐官制始て舊に復し天下の人戸土地錢穀の事務貢賦征役の事を掌れり而して戸部を左曹右曹に分ち左曹は專版籍を以て戸口の登耗を考へ稅賦を以て軍國の歲計を持し土貢を以て郡縣の物宜を辨じ征榷を以て兼幷を抑へ其他孝義婚姻繼嗣の道を以て人心を和らげ田務券責の理を以て民訟を直くす右曹は常平の法を以て豐凶の時歛散を平にし免役の法を以て貧富を通じ財力を均くし伍保の法を以て比閭を聯ね盜賊を察し義倉賑濟の法を以て饑饉を救ひ艱阨を恤み農田水利の制を以て荒廢を治め稼穡を務め坊塲河渡の課を以て勤勞に酬ゐ科率を省する事を掌れり尙書侍郎あり

戸部に四曹あり戸部度支金部倉部之なり皆郞中員外郞を置く

禮部　初儀禮の事悉太常禮院に屬し本部判部事二人を置くのみ元豐官制舊に復す禮樂祭祀朝會宴享道釋祠廟學校貢擧に關する事務四夷の朝貢等を掌

る當部に置く職員左の如し

尙時　侍郞

屬官には禮部祠部主客膳部の四曹あり郞中員外郞を置く

兵部

兵部　初武官軍師卒戎の事務悉樞密院に屬し當部判部事一人を置きしのみ元豐官制舊に復す兵衞儀仗鹵簿武擧民兵廂軍土軍蕃軍四夷官封承襲の事輿馬器械に關する事務天下地土の圖を掌れり當部に尙書侍郞を置く建炎三年衞尉寺に歸す

屬官には兵部職方駕部庫部の四曹あり各郞中員外郞を置く

刑部

刑部　初判部事二人あり元豐官制舊に復す刑法獄訟奏讞赦宥敍復の事を掌る當部に尙書侍郞の職員を置く

屬官には刑部都官比部司門あり各郞中員外郞を置く紹興二年案を十三に分ちて事務を執れり制勘體量定奪擧敍料察檢法頒降追毀會問詳覆捕盜帳籍進擬之也

工部

工部　初當部の職城池土木工役の事皆三司修造に隷す只判部事一人を置く

元豐官制舊に復す天下の城郭宮室舟車器械符印錢幣山澤花圃河渠の事務を掌る當部に尙書侍郎の職員あり

屬官には工部屯田虞部水部あり各郞中員外郞を置く紹興二年分案六あり工作營造材料兵匠檢法知雜之なり

樞密院

樞密院　軍國の機務兵防邊備戎馬に關する事務を掌る其他出納密命以て邦治を佐くる事を掌れり樞密院は其起原を唐代宗に發す後梁開平元年改めて崇政院と云ふ後唐莊宗同光年中又樞密院と云宋之に由る是に於て文事は中書より出て武事は樞密より出づ名づけて兩府と云ふ元豐の官制或は之を廢して兵部に歸せんとせしかど神宗之を許さず之を置く事舊の如し但知院同知院の名を以て長官次官を稱せり當院に左の職員を置く

樞密使　樞密副使　簽書院事

當時樞密の長を院使といへば其次官を副使といひ長を知院といへば次官を同知院と云此他置く所の職員頗多し而して存廢常なき者あり

都承旨　副都承旨　檢詳官　凞寧四年置く

計議官　建炎四年置き紹興十一年やむ
編修官　慶曆四年置く　主管三省樞密院架閣文字　三省樞密院激賞庫三省樞密院激賞酒庫監　御營使　提擧修政局　制國用使等

三司使

三司使　三司使は五代の制により專國計を統べ四方貢賦の入に應ず名づけて計省と云三使とは戸部鹽鐵度支之なり建隆元年廿四案吏千餘人を定む乾德四年考課の法を定め興國中判官の數を增す淳化四年合して一使とす同年又二使を置き左右計を分領す次で總計使を置く五年三司各使を置く咸平中復合して一となす其後時に會計司なる者を設けし事ありしが元豐官制の改革に三司使を以て戸部尙書とす三司使に左の職員を置けり
鹽鐵使　天下山澤の貨關市河渠軍事を掌り以て邦國の用に資す　副使　判官　孔目官　都勾　押官　勾覆官あり
度支使　天下財賦の數を掌る　副使　判官　孔目官　都勾　押官　勾覆官
戸部使　天下戸口稅賦の籍榷酒衣儲の事を掌る
副使　判官　孔目官　都勾　押官　勾覆官

一使の時は三司使副使判官等あり其屬司に左の諸司あり
都磨勘司　端拱九年置く判司官あり
都主館支收司　淳化三年置く判司官あり
拘收司　咸平四年置く
都理欠司　雍凞二年三部に置く判司官あり
都憑由司　開拆司　判司官あり
發放司　大平興國年中之を置く
勾鑿司　催驅司　受事司
衙司管轄官勾當公事官三司推勘公事勾當諸司馬步軍糧料院官勾當馬步軍專勾司官等多し

翰林學士院

翰林學士院　制誥詔令撰述の事を掌る左の職員あり
翰林學士承旨　翰林學士　知制誥　直學士院　翰林權直　學士院權直　翰林侍讀學士　翰林侍講學士　崇政殿說書　觀文殿大學士　同
學士　資政殿大學士　端明殿大學士　總閣學士　直學士　龍圖閣

學士　直學士　待制　天章閣學士　直學士　待制　寶文閣學士　直學士待制　顯謨閣學士　直學士　待制　徽猷閣學士　直學士　待制　敷文閣學士　直學士　待制　煥章閣學士　直學士　待制　華文閣學士　直學士　待制　寶章閣學士　直學士　待制　顯文閣學士　直學士　待制　集英殿集撰　右文屋修撰　秘閣修撰　直龍圖閣　直秘閣

御史臺

御史臺　官邪を糺察し綱紀を肅政する事を掌る其屬三院あり一に臺院といひ二に殿院といひ三に察院と云左の職員あり
御史大夫　中丞　各一人
臺院　侍御史一人、臺政を佐くる事を掌る
殿院　殿中侍御史二人　儀法を以て百官の失を糾す事を掌る
察院　監察御史六人　六曹及百司の事を分察し其誤謬を糾す事を掌る
檢法一人　法律を檢詳する事を掌る　主簿一人
三京留司　御史臺管勾臺事各一人

秘書省

秘書省　古今の經籍圖書國史實錄天文曆數の事を掌る初大平興國二年崇文院

殿中省
太常寺

を建てしが端拱の初秘閣を立て崇文院中に置く而して元豐の官制崇文院を以て秘書省となし官員を置けり

監一人　少監一人　丞一人

其屬五あり著作郎著作佐郎秘書郎校書郎正字之なり秘書省に隷する所左の諸司あり

國史實錄院　提擧國史　監修國史　提擧實錄院　修國史　史館修撰　同修撰　實錄院修撰　同修撰　直史館編修官　檢討官　校勘檢閱校正編校官

太史局　鍾鼓院　印曆所

殿中省　天子の玉食供奉醫藥服御幄帟輿輦舍次に關する事務を掌る省に監少監丞各一人あり又左の六局あり

尚食局　尚藥局　尚醞局　尚衣局　尚舍局　尚輦局

尚衣庫使　副使　內衣物庫監官　新衣庫監官　朝服法物庫監官あり

太常寺　宋の時別に禮院あり判院同判院と云祥符中別に禮儀院を置く康定元年又判寺同判寺を置き禮儀を兼ねしむ元豐官制太常寺始て其職を專にするに

至れり禮樂郊廟社稷壇壝陵寢の事其掌る所なり左の職員あり
卿一人　少卿一人　丞一人　博士四人　主簿　協律郎　奉禮郎大祝各一人
又左の職員あり
郊社令　太廟令　籍田令　宮闈令　提點南　郊大廟祭　器庫　提點朝服法物庫所　朝服法物庫　南郊什物庫　大廟什物庫　欽坊及鈴轄欽坊　諸陵祠墳　大醫局　大藏府
建炎中太常寺宗正をかね隆興中光祿寺亦太常寺に歸す二年分案九あり曰禮儀曰祠祭曰壇廟曰大樂曰法物曰廩議曰大醫曰掌法曰知雜之なり

宗正寺

宗正寺　初判寺事二人あり宗廟諸陵薦享の事を掌れり又皇族の籍を掌りしが元豐官制舊に復し卿一人少卿一人丞一人主簿一人を置き宗派屬籍を敘し以て昭穆を分ち其親疎を定むる事を掌れり又大宗正司あり景祐三年置く所玉牒所は淳化六年置く所なり建炎以后太常寺に隷す

光祿寺

光祿寺　元豐官制に祭祀朝會宴饗酒醴膳羞の事等を掌れり卿一人少卿一人丞一人主簿一人あり又大官令あり初膳羞割烹の事を掌りしが崇寧二年尙食局を

置き職多く之に遷り僅に祠事を掌れり建炎以后太常寺に歸す

衛尉寺　元豐官制に儀衛兵械に關する事務を掌る卿一人少卿一人丞一人主簿一人あり屬官に內弓箭庫南外庫軍器弓槍庫軍器弩釼箭庫儀鸞司軍器什物庫宣德樓什物庫左右金吾街司左右金吾仗司六軍儀仗司あり

太僕寺　初判寺事一人あり元豐官制卿少卿丞主簿各一人を置き車輅廐牧の事務を掌る屬官に車輅院左右騏驥院左右天駟官鞍轡庫養象所駞坊車營致遠務群牧司等あり南宋以后太僕寺を廢して兵部に入る

大理寺　初判寺事一人を置く元豐官制舊に復す卿一人少卿二人正二人權丞四人斷丞六人司直六人評事十有二人主簿二人あり折獄詳刑鞫獄の事を掌る職務を左右に分て掌る隆興二年評事八人と定む

鴻臚寺　初判寺事一人あり元豐官制舊に復す卿一人少卿一人丞一人主簿一人を置く四夷の朝貢宴勞給賜送迎の事及國の凶儀中都祠廟道釋籍帳除附の禁令を掌る其官屬十二あり

往來國信所　都亭西驛及管幹所　禮賓院　懷遠驛　中太一宮建隆觀等各提

點所　在京寺務司及提點所　傳法院　左右街僧錄司　同文館及管勾所

建炎以后鴻臚寺を廢して禮部に入る

司農寺　初判寺事二人を置く元豐官制舊に復す卿一人少卿一人丞一人主簿一人あり倉儲委積の事務總苑囿庫務の事を掌る屬官凡五十倉廿五あり

大府寺　初判寺事一人を置く其職多く三司に隷す元豐官制舊に復す卿一人少卿一人丞二人主簿二人あり邦國財貨に關する事務及庫藏出納商稅平準貿易の事を掌る所屬官司廿五あり

左藏東西庫　西京南京北京左藏庫　內藏庫　奉宸庫　祇候庫　元豐庫　茶庫　雜物庫　糧料院　審計司　都商稅務　汴河上下鎭　蔡河上下鎭　都提舉市易司　市易上界　市易下界　雜貨塲　榷貨務　交引庫　抵當所　和劑局　惠民局　店宅務

國子監　初判監事二人を置く經術を以て諸生を敎授する事を掌る又丞一人あり錢穀出納の事を掌る主簿一人あり文簿を以て其出納を勾考する事を掌る元豐官制初て祭酒司業丞主簿各一人大學博士十人正錄各五人武學博士二人律學

博士正各一人を置けり其他職事學錄學諭直學等の諸員あり

少府監

少府監　初判監事一人を置く元豐官制初て監少監丞主簿各一人を置く百工技巧の事務を掌る屬に五院あり

綾錦院　染院　裁造院　文思院　文繡院

將作監

將作監　初判監事一人あり土木匠工の事務は主として三司修造案に隸す本監は祠祀供省牲牌鎭石炷香盥手焚版幣の事を掌る元豐官制監少監各一人丞主簿各二人を置き宮室城郭橋梁舟車營繕の事を掌る官屬凡十あり修内司東西八作司竹林務事材場麥䴬場窰務丹粉所作坊物料庫退材場簾箔場之なり

軍器監

軍器監　初戎器の事三司冑曹案に隸す煕寧六年之を置き元豐官制舊に復し監少監各一人丞二人主簿一人を置く兵器什物を監督繕治し以て軍國の用に供する事を掌る官屬四あり

東西作坊　作坊物料庫　皮角場

都水監

都水監　初三司河渠案に隸す嘉祐二年之を置く判監事一人同判監事一人丞二人主簿あり元豐官制には使者一人丞二人主簿一人を置く中外川澤河渠津梁堤

司天監

堰跳鑒淡治の事務を掌る又屬官あり

司天監　宋に司天監あり監少監丞主簿春官正夏官正中官正秋官正冬官正靈台郎保章正挈壺正各一人あり天文を測驗し曆法を考定し凡日月星辰風雨氣候祥眚の事を報ず歲に曆を天下に頒てり

三司條例司
三司會計司
編修條例司

以上文官の大要なり而して此以外に時に依て設置せられし者少なからず例へば煕寧中一時設けられたる三司條例司三司會計司編修條例司の如き宣和四年置かれたる經撫房の如き崇寧中置かれたる提擧講議司の如き或は大觀元年儀禮局を設けし如き政和二年禮制局を置きしが如き皆數年ならずして廢せられたり

武官

武官には左の諸員あり

殿前司　殿前の諸班直及步騎諸指揮の名籍及訓練の事務を掌る都指揮使副都指揮使都虞候各一人あり

侍衞司　馬軍步軍の兩衙あり馬軍には馬軍都指揮使副都指揮使あり馬軍諸指揮の名籍を掌り步軍には步軍指揮使副指揮使あり步軍諸指揮の名籍を

掌る

右二司の外に諸衛官あり名づけて環衛官と云ふ職員ありて其職務なし衛と稱すと雖唐に於けるが如き兵員なし兵は皆兩司に隷せり

左右金吾衛	上將軍	大將軍	將軍	中郎將	郎將
左右衛	同上	同上	同上	同上	同上
左右驍衛	上將軍	大將軍	將軍		
左右武衛	同上	同上	同上		
左右屯衛	同上	同上	同上		
左右領軍衛	同上	同上	同上		
左右監門衛	同上	同上	同上		
左右千牛衛	上將軍	大將軍	將軍	中郎將	郎將

以上武官となす

宋の官制略右の如し此他に客省引進使客省使副使四方館使東西上閤門使の如き或は親王東宮の諸官あれ共今省略す

地方制度

路

監司

第二款地方制度　地方區劃の最下級を縣となす縣の上に州(又郡)府軍あり州府軍の上に路あり路を以て最上級の地方區劃とす初太宗至道三年天下を以て十五路となす仁宗天聖中增して十八路とす時に內京府三次府八州二百五十二軍四十六監十三縣千二百六十二なり次で元豐の時更に增して廿路とす其後或は廿三路となりし事あり徽宗の時又增して廿六路となれり

路
州　府　軍　監
縣

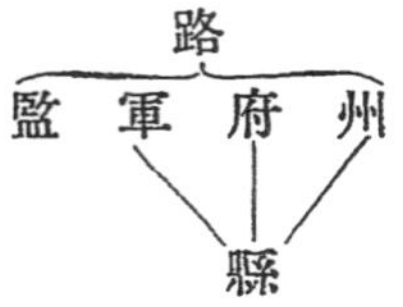

十八路の名稱左の如し

京東路　京西路　河北路　河東路　陜西路
淮南路　江南東路　江南西路　荊湖南路　荊湖北路
西浙路　福建路　益州路　梓州路　荊州路
夔州路　廣南東路　廣南西路

路に監司あり州に知州事あり府に知府事あり軍に知軍事あり縣に令あり而して郡を置きし時は太守あり以て其地方區劃內の事務を處理せり

監司は總名にして此中自四者に分つを得べし師漕憲倉之なり師は則安撫使にして漕は則轉運使なり憲は則提刑にして倉は則提舉常平倉なり其掌る所を各

異にす且此等の四官は常に必しも併置するにあらず此等の一二を欠如する事あり一使にして他使の事務を併せ掌る事ありて常に一定せす

監司
- 安撫使　一路の兵民を掌る軍旅禁令賞罰肅淸を領す
- 轉運使　一路の財賦を掌る登耗上供經費儲積を領す
- 提刑按察使　一路の司法を掌る獄訟曲直囚徒詳覆を領す
- 提擧常平司　一路の救恤を掌る常平義倉水利歛散を領す

安撫使

安撫使は唐の時既に之あり宋の初常に置かず咸平二年四川安撫使あり次で陝西安撫使あり以來時に之を置く景德三年河北沿邊安撫使あり陝西沿邊の諸州にも亦之を置けり慶曆二年湖南安撫司を置き次で河北四路安撫あり熙寧五年諸路の經略安撫司をやむ崇寧中河南安撫使を置き以來諸路安撫使あり諸將を統護し軍旅を統制し姦宄を察治して一道を肅淸する事を掌れり其他訴訟に關する事務亦掌れり建炎以來亦之あり

轉運使

轉運使は乾德以後初て諸道の轉運使を置く開寶六年判官あり以來屢見ゆ眞宗兵を用ふる每に或は都部署をして轉運使を兼ねしめたり王師征討すれば隨軍

轉運使あり事やめば使亦やむ中興以來存廢常ならず唯使副判官は常に存せり

按察使

提刑按察使は唐の時亦之あり宋は開寶五年常參官四人を遣して諸路に分ちて田土苗稼の狀況を視察せしめしが次で採訪を置き淳化二年に至て諸路轉運使司提點刑獄を置けり景德中又諸路の提點刑獄公事を置き以て所部の疑留獄訟を察し農桑を勸課し其官吏の不法なる者を糺按する事を掌らしむ慶曆三年諸路轉運使並に按察使を兼ね每年官吏の能否を具申せしめたり六年やむ熙寧中使を遣して採訪せしめ紹聖中三歲に一度郎史御史をして諸路の監司を按察せしめたり

提擧常平司

提擧　初提擧の事務は轉運使の掌る所なりしが熙寧中に至て獨立す熙寧十七年提擧あり提擧成都府路買茶公事と云後改めて都大提擧茶馬事を置く榷茶の利を以て邦用を佐くる事を掌れり次で又提擧常平倉一員を置く常平義倉免役市易坊塲河渡水利の法を掌れり元祐の初一旦之をやめしが紹聖九年復置き政和元年江淮荊浙六路に茶鹽提擧一員を置く宣和中又河北京東路に提擧一員を添へ次で諸所に皆之を置けり建炎元年提擧常平司を提刑司に併す以來分合存

廢あり紹興二年又荊湖等に提擧茶鹽司を置き次で諸路の提擧常平司を茶鹽司に入る仍て提擧常平茶鹽等公事を以て名づく九年經制司を置く常平を改めて經制某路幹并常平等公事とす次でやめ常平官となす紹興十五年諸路茶鹽官を改めて提擧常平茶鹽とす唯四川廣西は憲臣を以て淮西京西は漕臣を以て之を兼ねたり

以上の部使（安撫使轉運使提刑按察使提擧常平司等を部使といへり）の外に猶左の諸官あり

發運使　山澤財貨の源を經度し淮浙江湖六路の儲廩を漕して以て中都に輸し兼て茶鹽泉寳の事務を制し及官吏を擧刺する事を掌る使副使判官あり

坑冶司　提擧坑冶司　山澤の產する所を收め貨幣を鑄造して邦の用に供する事を掌る

市舶司　提擧市舶司　外國の船舶貿易の事を掌る

學事司　提擧學事司　一路州縣の學事を掌る

糴便司　提擧河北糴便司　糴便芻糧以て邊儲の用に供する事を掌る

制置解鹽司　提擧制置解鹽司　鹽池の禁令を掌り民をして粟を塞下に入れしめ鈔を與へ鹽

を給して民用を足し邊備を實する事を掌る

保甲司　提擧保甲司　什伍をなし民に武藝を敎へ其優劣を見て之を進退する事を掌る

提擧三白渠公事　提擧三白渠公事　三白渠を瀦泄し以て關中灌漑の利を給する事を掌る

提擧弓箭手　提擧弓箭手　沿地郡縣の射地弓箭手の籍及團結訓練賞罰の事を掌る

此他撥發司輦運司等の名稱あり

州官　●州に知州事通判あり凡兵民錢穀戶口賦役獄訟聽斷の事等悉其掌る所なり知州事通判の外に唐制に倣て錄事參軍あり庶務をすべ諸曹の稽違を糾す事を掌る下に戶曹參軍(戶籍賦稅倉庫受納を掌る)司法參軍(議法斷刑を掌る)司理參軍(訟獄勘鞫の事を掌る)あり司理參軍はもと司寇參軍といへり

巡檢司　又巡檢司あり巡檢使は沿邊溪洞都巡檢又は蕃漢都巡檢或は一州一縣巡檢或は數州數縣巡檢あり皆甲兵を訓治し州邑を巡邏し盜賊を逮捕する事を掌れり

府官　●府に尹あり尹なき時は知府事あり府の中開封府には牧尹あり又權知府あり屬官には判官推官司者あり又司錄參軍功曹倉曹戶曹兵曹法曹士曹參軍各一人あり臨安府には初坑州領浙西兵馬鈐轄ありしが建炎三年改て府とす知府通判簽

書節度判官廳公事節度推官觀察推官同判官錄事參軍左右司理參軍司戶參軍司法參軍を置く

河南應天府には牧尹少尹司錄戶曹法曹士曹參軍あり尹なき時は知府事一人を置く即通判一人判官推官各一人を加ふ又次府には牧尹少尹司錄戶曹法曹士曹司理文字助教あり尹なき時は知府事一人通判一人を加ふ各曹の掌る所は次の如し

功曹は　官吏の考課祭祀學校表疏等の事務を掌る

倉曹は　租稅倉庫等財務に關する事務を掌る

戶曹は　戶籍稅賦の事務を掌る

兵曹は　軍器烽候驛傳の事務を掌る

法曹は　讞疑等司法事務を掌る

士曹は　舟車津梁營作等の事務を掌る

又開封應天二府に左右軍巡使同判官各二人あり京城の爭鬪及推鞫の事を掌る

軍と監

軍と監とは宋の初諸鎭の節度を召し之を京師に留め別に朝臣をして出てゝ州郡を守らしめたり兵を掌る者を權知軍事といひ民政を掌る者を權知州事とい

へり後軍監亦知軍事知監事を置き軍監の事務を掌れり

縣官

縣には令あり民政を統治し農桑を勸課し獄訟を平決し德澤禁令あれば治境に宣布す凡戶口賦役錢穀賑濟給納の事皆之を掌る開寶三年令して諸縣千戶以上は令簿尉を置き四百戶以上は令尉を置き四百戶以下は簿尉を置き主簿を以て縣事を兼治せしむ建隆三年每縣に尉一人を置き主簿の下にあらしむ政和二年令して縣令十二事を以て農事を勸課せしむ一に曰本業を敦くせよ二に曰地利を興せよ三に曰游手を戒しめよ四に曰時候を愼しめよ五に曰苟簡を戒めよ六に曰蓄積を厚くせよ七曰水旱に備へよ八曰宰牛を戒めよ九に曰農器を置けよ十に曰栽植を廣くせよ十一曰苗戶を恤めよ十二曰妄訟する事勿れと

經略使

以上路州府軍監縣官の外に路に經略使あり唐の時亦之あり宋は常置せず州に觀察使あり亦唐に始まる宋は唐制を沿て諸州に觀察使を置けり又團練使なる

團練使

者あり唐の肅宗に始まる宋は唐制を沿て諸州團練使を置く

節度使

節度使も亦之あり宋の時多く定員なし古の使の職掌は知州通判に屬せり祖宗以來宗室を待ち始て此官を授く又唐制に從て節度使を以て中書令侍中中書門

承宣使
防禦使
制置使
宣撫使
招討使
招撫使
撫諭使
鈐轄司
路分都監
廟

下平章事を兼ぬ名けて使相と云以て勳賢故老及宰相の久次政をやむる者を待つ

承宣使　宋政和の時始て之を置く唐の留後之なり

防禦使　唐の時之あり宋は唐制に因り諸州に防禦使を置く團練使の上に位す

制置使　常に置かず邊鄙の軍旅を經畫する事を掌る

宣撫使　唐の時之あり宋は常置せず軍旅大事あれば執政大臣に命じて之となす威靈を宣布し邊境を撫綏し及將帥を統護し軍旅を督視する事を掌る副使判官あり

招討使　常置せず盗賊を捄捕する事を掌れり

招撫使　常置せず　鎭撫使　唐の安撫使に相當す

撫諭使　慰安存問を掌る

鈐轄司　軍旅去る屯戍營房守禦の事務を掌る

路分都監　本路の禁旅屯戍邊防訓練に關する事務及所部を肅清する事を掌る

廟令丞主簿　諸廟に置く所其事務は縣令之を總ぶ

都督

都督府　唐制によりて之を置く長史左右司錄事參軍司戸司法司士司理參軍文學助敎あり長史なき時は知府事通判各一人を置く

鎮砦

鎮砦官　諸鎮の管下人煙繁盛なる所に置く土軍を招き武藝を習ひ以て盜賊を防ぐ事を掌る

諸軍都統制

諸軍都統制　副都統制　統制　統領

都統の名は唐の時之あり宋初官を置かず南宋の初征討あれば加ふるに都統制軍馬の各を以てしたり建炎以來初て官名あり嘉定の初天下十都統あり此後大名軍又統制副統制統領副統領等の稱あり

第二節　經濟の狀況

土地　宮田　屯田

第一欵土地の制度　土地に公田私田の別あり公田に屬する者は官田屯田營田の類にして私田に屬する者は各種の私有地之なり而して私有地の多數を占むる者は墾田なり乾德四年民の荒田を開墾する事を奬勵し至道中民を募て曠土を耕して永業となさしめ三歲の租を免じ三年よりして後は三分の一を徵したり以來民を募て荒田を開墾し其所有に屬せしめたり神宗元豐の際天下の墾田

墾田

職田

方田

凡四百六十一萬二千餘頃あり職田も亦當時之あり其給すると否とは時に從て異り天聖九年吏祿薄くして自養ふに足らざるを以て之を給せし事あり其給せし土地の數は慶曆三年の制大藩府長吏廿頃通判は八頃判官は五頃餘は皆四頃節鎭は十五頃防團以下州軍は十頃小軍監は七頃縣令萬戶以上は六頃五千戶以上は五頃五千戶に滿たざる者は並に四頃簿尉萬戶以上は各三頃五千以上は二頃五十畝五千戶に滿たざれば並に二頃を給したり凞寧中復詔して詳定せり建炎元年國用不足なりしを以て之を給する事を止めしが後復之を給與したり

宋の時又方田なる者あり初端拱二年令して方田を置く咸平六年邊境に方田を置き河を鑿して以て胡騎を防ぐ此後明道二年契丹を防がんが爲に方田を開き四面溝を穿ち纔に步兵を通ぜしめ得凞寧五年に至り重て方田法を修し京師よりして天下に及ぶ東西南北各千步を以て四十一頃六十六畝一百六十步にあて一方とす歲每に九月縣令佐地を分ち陂原平澤を量りて其地を定む土色に因て肥瘠を定め九等として稅を差等す元豐八年遂にやむ崇寧二年之を行ひしが宣和二年之を廢す

貨幣

第二欵貨幣の制度　初五代の時周の世宗顯德中久しく錢を鑄ざるを以て軍器寺觀の鐘磬を毀ちて鑄錢せしむ文に周元通寶と云宋に至て建隆二年鐵錫錢を禁じ乾德五年惡錢を禁ぜり開寶中兩京に便錢務を置き雅州に錢監を置けり當時雅州は錢九千餘貫を鑄造せりと云後鐵錢を用ふ太平興國八年大鐵錢を鑄る名づけて太平通國と云尋てやむ此時に當り錢貨漸加はり歲に鑄造する所卅萬に及べりと云殊に天聖中百余萬貫を造り慶曆の際三百萬に至れり凞寧六年には鑄銅鐵錢の數凡歲に六百餘萬貫に達せり

鑄錢官

地方州縣には鑄錢監ありて各自鑄造したり至道二年池州に錢監を置き六十四萬貫を鑄る咸平二年建州に豐國監江州に廣寧監を置き凡一百廿五萬を鑄る慶曆中江饒池錢監をして鐵錢百萬緡を造らしむ當時兵起り用乏しきを以て洛南縣紅崖山等の銅を取り錢を鑄又儀州の黃銅を取り大錢を鑄江南亦大錢を鑄其他江池等小鐵錢を鑄せしめしかば盜鑄頗多くして物價騰貴せり濫鑄の結果錢貨の品位大に下れり是に於て一時諸州官置く所の鑪を止めしめたり慶曆八年韶州鑄錢監を置き治平四年惠州阜民監を置き凞寧三年陝西鑄錢監を置き銅鉛

錢貨の種類

百萬緡を增鑄す六年京西淮等六路に鑄錢監を置く其他各地に監を置き鑄造せしむる事多し八年には高號洛南三監を置き又耀鄜權二監を置く又岷州監あり元豐中與州濟衆監通遠軍監等鑄造する所多し三年除州監を置き元祐二年河中府龍門韓城錢監を置く崇寧三年寶豐黎陽監を四年汝州魯山監を政和四年融州寶新監を六年邕州通寶監を紹興廿三年功に鑄錢監を卅一年惠民監を各置きたり而して此等の外に猶幾多の鑄錢監を設置し又此後增置する所あり元豐三年には諸路の鑄錢監凡廿七(イ廿六)あり而して此等の鑄錢監は少きは數萬多きは數十萬を鑄造したるを以て其總計は頗巨額に達すべきを知るべし元豐三年の調査によれば銅錢五百六萬貫鐵錢八十八萬九千二百三十四貫にして合計五百九十四萬九千二百三十四貫なりと云へり

宋の時錢貨の種類に大銅錢大鐵錢小錢折二錢等の名稱あり國初鑄る所を宋元通寶といひ淳化鑄る所を淳化元寶と云ふ文は眞行草三躰を用ふ後改元毎に更鑄し年號を以て文となせり大錢には左の種類あり

慶曆八年陝西用ふる所の大銅錢一を以て三にあつ…………當三

慶曆二年晉澤州鑄る所の大銅錢一を以て十にあつ……當十
嘉祐四年大銅鐵錢を鑄る大銅及錢錢一を以て二にあつ……當二

以上仁宗の世鑄る所なり折二錢は煕寧中行ふ所後或は用ひ或は廢す鐵錢は其品質形狀に隨て一ならずと雖多くは鐵錢一を以て銅錢十にあつるの比なり又夾錫錢あり徽宗崇寧中鑄る所なり

交子の法　交子務　錢引　關子　會子　兌換の制

宋の時又交子の法あり一に會子と云即今の紙幣なり初蜀の民錢重を以て私に劵を造り名づけて交子といひ以て交換の用に供せり天聖元年十一月官に交子務を置き民の私に用ふる事を禁ず是に於て交子務を開き每界一百卄五萬六千三百四十を以て額とす大觀元年交子を改めて錢引と云因て交子務を改めて錢引務と云南宋に至て多く之を用ふ紹興元年六月始て見錢關子を置く後淮南江東に行はる六年行在交子務を置き百五十萬緡を作りしが五月名を改めて關子と云卅年臨安府應支官の錢を以て會子を作り見錢(硬貨)を畜へて會子を發す凡二千萬三年に一度交換す卅一年會子務を置く乾道四年一界に一千萬七年に至て第二界を發して第一界を收む淳煕六年第六第七兩界を疊用す共に四千八百

餘萬なり其後第八界を發して第六界を收む兩界增して六千二百餘萬に至る是より毎界四千萬兩界併せ行はれて八千萬なり開禧中第十一第十二界を發し更に又第十三界を出し凡一億四千萬に至る嘉定の初め第十四第十五二界を出し共に八千萬以て三界を收換す嘉熙年中に至ては遂に增して四億一千萬に至れりと云其初に於ては交子會子に對する本錢は必貯へて之が兌換にあてたり若會子の敝れたる者あらば內庫及南庫の銀を出して之を收めたり然れ共其濫發するに至りてより後は錢貨乏しきを以て之を製す此故に會子は愈多くして本錢足らず物價頗騰貴して僞造日に加はれり

按ずるに交子會子は其本づく所唐の飛錢にあり飛錢は今の爲替にして商買錢を京師に入れ其劵を得て諸道に錢を受くる也此後又茶塩鈔引あり而して後交子會子を用ふるに至れるなり

第三節　財政

収入の種類

宋の時國家の收入に凡五種あり一は公田の賦にして二は民田の賦也三は城郭の賦にして四は雜變の賦なり而して其五は則丁口の賦なりとす

公田の賦
民田の賦
城郭の賦
雜變の賦
丁口の賦

榷茶

(一)公田の賦　公田の賦とは官田莊田屯田營田の賦にして民をして耕作せしめ其收穫の幾部を徵收するなり
(二)民田の賦　民田の賦とは各一個人の所有地より出す租稅なり
(三)城郭の賦　城郭の賦とは宅稅地稅の類を云ふ
(四)雜變の賦　雜變の賦とは牛革蠶鹽の類より徵收する稅也
(五)丁口の賦　丁口の賦とは則人頭稅なり

田租は唐に於けると其徵收の方法異ならず即兩稅法により夏秋の二季に徵收す太祖顯德三年令して夏稅は七月朔日に起り秋稅は十月朔日より徵す以來定制となす其租率審ならずと雖大凡三十にして一乃至二なり

茶は當時官の專賣なり初乾德二年八月榷貨務を京師及建安漢陽蘄口に置く乾德五年江淮湖浙福建路の茶を榷して南商の擅に利するを禁ぜり興國五年私茶を禁ず此時茶法最密なり淳化の際商人に許すに錢を京師に輸り劵を得て茶山につき茶を取り而して後之を賣らしむ咸平の際所を限りて民の賣買を許せし事あり而して此の如き時は其場所の範圍內を限り以外に出づる事を禁ぜり但

貼射の法

通商の法

榷鹽

其他は皆官の專賣に屬す要するに宋の初に於ては茶は國家の專買に屬して私に鬻ぐ者あれば之に科するに刑罰を以てしたり然るに天聖中に至り貼射の法を行ふ其法江淮十三場の茶は商人と園戶とをして自由に交易せしめ官之に稅して其三十の一を收めしめたり次で嘉祐に至て通商の法を行ひ全く茶禁を弛めて官只其商賈園戶に課稅するのみ其後禁榷通商時に沿革あり

當時榷茶及稅茶による國家の收入は祥符以後歲に二百萬緡より三百萬緡に及べり其後天禧中收むる所十二萬緡にすぎず仁宗の時稍加へて八十餘萬緡乃至九十餘萬緡に至る崇寧以後又增して二百萬緡に上り政和中四百餘萬緡に至れり

榷鹽も亦國家財源の一なり鹽も多く官の專賣に屬すと雖時に鹽禁を解きて課稅の方法を取る事あり例へば開寶三年河北の鹽禁を解て稅を收めしめしが如し至道二年の際は淮南十八州の內九州は禁鹽し他は禁ぜず其後或は禁じ或は解禁し常例なし榷鹽稅鹽による國家の收入は乾興の際廿三萬緡にすぎざりしが嘉祐中一百六十六萬三千四百緡を以て歲額とす元豐中二百四十二萬緡元祐

は二百萬緡を歳額とす紹興の末年に至ては錢二千一百萬緡に上れりと云へり

鹽の種別

按ずるに鹽の最多く出づる者一を塩池とし二を海鹽とし三を鹽井とす鹽池は解州の解安邑二縣の池最有名なり地を墾して畦となし池を引きて之に注ぎ水耗して鹽なる之に從事せる民戸を畦戸といひ夫を畦夫といふ歳の二月畦を墾し四月水を引き八月にして止む歳鹽百五十二萬六千四百廿九石を産すと云海鹽は海水を煮て鹽となす者京東河北淮南兩浙福建廣南凡六路を主とす地を亭場といひ民戸を亭戸竈戸といひ夫を鹽丁と云ふ鹽井は井水を煮て鹽となす者にして成都梓利夔の四路を最とす大を監とし小を井とす監に官を置き井は民を募る又鹻を煮るものあり河東永利東西監を最とす民戸を鐺戸と云河北陝西にも煮鹻する者ありと雖得る所少し東南の鹽獨富厚とす海より得たる者を末鹽といひ池より得たる者を顆鹽といひ井より得たる者を井鹽といひ崖より得たる者を崖鹽と云監池二監七場廿二井八百廿二と云

榷酤

酤も官の專賣に屬する事あり或は民に醸造を許して其歳課を收むる事あり宋

役の類

の時又唐制により役法を立つ役に三たびの變遷あり其一は差役法にして其二

差役

雇役
免役錢
六色錢

義役

役の免除

助役錢

は雇役法なり而して其三は則義役法なり

差役は即唐の役法にして天下の民戸に課して雜使にあつ里正戸長より奔走馳走雜職虞候に至る迄皆郷戸の等第を以て差をなす淳化五年天下諸縣第一等の戸を以て里正とし第二等戸を戸長となさしむ其後貧者の役に苦しむを以て數を限りて役を徵せし事あり治平中初て民をして錢を出さしめ人を雇て代て役せしむ名づけて雇役と云錢を收むる之を免役錢と云人戸等第に從て高下あり煕寧雇役の法當役戸坊郭戸官戸女戸單戸寺觀より徵收する所名づけて六色錢と云ふ六色錢を收むる者は衙前以下の諸役を免ず元祐中免役法の富者に利にして窮者に不利なるを以て一切免役錢を發して舊制にかへれり其後差役雇役並び行はる乾道の頃義役なる者あり衆田穀を出して役戸を助くるの法なり差役の免除を受くる者は下等單丁女戸品官及僧道等なり而して雇役は之等の者亦錢を徵收せらる此故に差役は免るゝ事を得雇役は免るゝ事能はず但差役なき此等の單丁女戸寺觀品官の家坊郭戸の如きは又別に助役錢と名づくる者を收めたり此故に全く負擔なかりしにあらず只自出でゝ役せざるのみ又黃河

に瀕する者には歳毎に夫を出さしめ以て河岸を修築せしむ役に付かざる者は免夫錢を入れて之が費にあつ

（免夫錢）

以上各種の財源の外に猶商税あり州縣皆官署を置き大なる者は專任の官を小なる者は州縣官自兼て之を徴收す貨物を携へて過ぐる者あれば之に課す名けて過税と云千錢毎に二十を算す居て鬻ぐ者には住税を課す千錢に卅の比なり神宗の時に市利錢免行錢なる者あり市利錢とは買物の市に入る者に課せし税なり免行錢とは京師商賈の所得の多少を計て課せし税なり一に月賦といひ月毎に官に輸る

（商税）（過税）（住税）（市利錢）（免行錢）

宋の收入の總計を見るに其初天下の歳入緡錢千六百餘萬太宗以て極盛となす唐室に兩倍す天禧の末又增して二千六百五十餘萬緡に至る嘉祐の間又加へて三千六百八十餘萬緡となり凞寧元豐の際青苗市易等の錢を合して入る所六千餘萬に達せり元祐の初其苛急なる者を除き尙歳入四千八百餘萬あり寧宗の時東南歳入の數上供二百萬緡此祖宗の正賦なり其六百六十餘萬緡は經制と稱し七百八十餘萬緡は經總制と稱し四百餘萬緡は月椿と號す其他茶鹽酒算坑治榷

（宋の歳計）

貨糴本和買の收入を合すれば四千四百九十餘萬緡となれり經制錢とは宣和の末陳亭伯が發運兼經制使たりし時に始めし法なり故に經制錢と名づく其法經制司を設け酒錢を量りて一分の税錢を增收し又契紙(頭子契錢と云)を賣て千に廿三を收む徵額少きも其數を加ふるに從ひて其額益大なり之を京東西河北に行て歲入數百萬緡を得たり建炎二年復之を行ふ總制の法は紹興五年に始まり頭子錢十錢をまして徵收す東南諸路歲に總制錢七百八十餘萬緡を收む四川は與からず大凡東南の經制二司錢歲に千四百四十餘萬緡四川は歲に五百四十餘萬緡を收めたり月椿錢は紹興廿年に起り江浙湖南諸路大軍に月椿錢十萬緡を收めしめたり月椿錢とは其類多しと雖主なる者は麴引錢白納醋錢賣紙錢戶長甲帖錢保正牌限錢折納牛皮筋角錢兩訟勝たざれば罰錢を入れしめ勝てば歡喜錢を入るるが如き類之なり

經制錢

總制錢

月椿錢

罰錢 歡喜錢

歲入と歲出との比較は崇寧の間中都歲費六百萬歲入と相當せり皇祐中總て三千九百萬にして三分の一を費し治平中四千四百餘萬にして五分の一を費し熙寧中五千六十餘萬にして盡く之を費せり淳熙の間戶部經費一歲の收入に當て

餘す所なしと云へり

第四節　救恤行政

宋に於ける救恤事業も亦唐に於けるが如し但社倉の如きは當時最整頓し各地に於て設置せられたり社倉の外に義倉あり又常平倉ある事前代と異ならず社倉と義倉とは既に辨ぜしが如く全く相類し只社に設くるによりて社倉といひ州縣に設くるによりて義倉と云のみ名を異にして其實は異ならず要するに社倉は社に設けられたる義倉なり而して此三倉の外に時として或は所として惠民倉廣惠倉廣濟倉と名づくる者を設くる事あり皆救恤事業に屬す

常平倉

常平倉は太宗淳化三年京師に置きしより以來屢之を設けたり淳化の際穀價最貴かりしを以て漢唐の常平倉の法により價を賤くして之を賣却せり眞宗の時京東西路河北河東陝西淮南江南兩浙に各常平倉を置けり祥符二年使を遣して常平倉の粟麥を出して京城に八場を開き之を安價に賣却して穀價を下落せしめし事あり以來屢諸路諸州に令して常平倉を設け或時は內藏庫の金を出して諸州に給し以て倉の藏米を多からしめたり或は布帛の類を與へて常平の糴本

社倉

朱氏社倉法

としたるの類枚擧すべからず治平三年の計算によれば常平倉に入る所五十萬一千四十八石出す所四十七萬一千五十七石なりといへり
社倉は南宋の朱子の法頗詳なり然れ共其以前亦なきにあらず隋唐以來既に之あり宋に至ては熈寧の頃蘇漕といへる人が陳留に知縣たりし時に村に社を置き社毎に倉を立て穀を蓄へ耆老をして之が出納を掌らしめ歳凶なれば之を開きて發せし事あり然るに王安石は之を廢して青苗の法を立てたり青苗の法の事は下條に畧說すべし南宋の孝宗淳熙八年朱熹上書して社倉の法を天下に布かん事を請へり朱子初此法を以て建寧府崇安縣開耀鄕に行へり蓋乾道四年の際天下大に飢饉したりし爲朱熹時に崇安の開耀鄕にあり知縣耆老等と計りて藏する所の粟を發し時の危急を救ひしが後民之を償はんとして請願する所ありり然れ共疲弊未除去せざるを以て穀は里中に止め其數をのみ府縣に申具せしめたり然るに官粟年を積で腐敗せんとするの傾ありしかば遂に朱子等の發議に任せて社倉三及亭一を空地に立てたりこれ即開耀鄕の社倉なり之よりして其例に倣て設けし社倉は婺州金華縣の社倉建寧府建陽縣長灘の社倉邵武軍光

澤縣の社倉常州宜興縣の社倉建昌軍南縣の社倉の如き皆著名なり然れ共未各郷に普及せしむる迄には至らざりき

義倉

義倉は建隆二年義倉官を置き官收むる所の二税每一石に一斗を輸りて之を蓄積し凶歲に備へしより仁宗慶曆元年には天下の諸處に義倉を立てしめしが後幾なくして之を廢し次で煕寧の初一旦之を復さんとせしが王安石從はざりしを以て止む十年に至て復建つ以來存廢常ならず

廣惠倉惠民倉

廣惠倉惠民倉は貧疾老幼者の生活を營む能はざる者に對する救恤事業にして每日定數の食料を此等に支給するなり淳化五年諸州に惠民倉を立て次で咸平中福建路にも之を設け天禧中更に增設する所あり嘉祐二年又諸州に廣惠倉を置き每年十月吏を派遣して老幼疾貧の人を調查し人每に日に米一升幼者は五合を與へ三日目に一回づゝに給せり煕寧以后亦屢之を設置す紹聖三年に至て遂にやむ

折中倉祖倉

此他時として折中倉祖倉などの設あり皆常平倉社倉に類せり

福地院

宋の時又老幼癈疾者等を收養する所あり京師の東西福地院之なり嘉祐中更に

福田院
青苗法

城南北福田院を置きて凡て四院となせり
當時常平倉に類して稍其赴を異にせる者は熙寧二年に於て王安石等の計畫になりし青苗法なり青苗法の名稱は既に唐代にも之ありし事は既に述べたり然れ共名を同くして其實を異にし唐の青苗法は田租を未收穫せざる際に徵收する方法なるに對し宋の青苗は一種の賃貸なり即唐の出擧更に遡て王莽の五均六筦の法なり初陝西轉運使李參部內に兵多く屯するを以て經費足らず依て民に錢を貸し收穫期に及びて利息を加へて官に收めしむ名けて青苗錢と云ふ此法に則り條例司請て諸路の常平廣惠倉の錢穀を以て民の豫め借らん事を請ふ者あらば之を貸渡し息二分の比を以て夏稅秋糧と共に徵收し若凶歲に遭はゞ豐熟に至て入る事を許さんと其理由に曰へらく官よりして賃貸すれば其利率常に一定し且低利なり此故に富豪も亂りに高利を貪て民を苦しむる事なく民亦薄利に安じて其生計を營む事を得べし又かの常平廣惠倉の如きは其利益を受くる者は城市遊手の人にすぎずと是に於て其請を容れ內庫の緡錢百萬を出し河北常平粟を糴して其法を行へり此故に常平倉の制變じて遂に青苗法とな

りき然るに此制の弊や國家は其收入を多からしめんとして却て强制的に賃貸し人民の請求と否とを問はず民亦其借に當てや喜色ありと雖之を返附するに至りては必若干の利息を附加せざるべからず納るゝ事既に難し此故に往々其法の不可なるを難ずる者ありされば新法の廢すると共に青苗法亦行はれざりき要するに青苗法の如きは之を救恤事業として見ば頗欠點を有す寧是を以て王安石等の國家の財源の一となせし計畫となす方當れり

第五節　交通行政

步遞　馬遞　急脚遞

宋の交通機關には步遞馬遞急脚遞の別あり步遞は則漢の步傳にして馬遞は則漢唐の驛馬なり其制漢唐と異る事なし急脚遞は只軍事に用ふ而して宋の時最發達せる者を水運となす

水運

水運は江淮兩浙湖南地方より眞楊楚に至り轉般倉に納め之より更に汴河を泝て京師に入るなり陝西の菽粟は黃河三門より流に沿て汴に入り京師に至る陳潁許蔡等諸州の粟帛は惠民河より流に沿ひ京東諸州の粟帛は廣濟河によりたり其數量は常に一定せずと雖太平興國十八年には汴河は江淮米三百萬石豆百

萬石黄河は粟五十萬石豆卅萬石惠民河は粟四十萬石豆廿萬石廣濟河は粟十二萬石凡合して五百五十萬石を運するの定なり其後多少の增加あり又廣南地方の金銀香藥等の陸運は虔州に至て水運により京師に入る川益諸州の布は嘉州より水運により荊南よりして京師に送くる江湖浙建の茶も水運によりて京師に送れり江淮の漕米は常に增加しつゝ景德中六百萬石に至る或は六百五十萬乃至七百萬石に達する事あり

轉運使

水運に關する事務を掌る者は諸路に轉運使あり乾德中置く所なり後世轉運使其權限を加へて警察司法事務をも兼掌するに至れり京畿江淮陝西三門等樞要の地には發運使あり建隆二年京畿東路發運副使を置き乾德二年京畿東南水陸發運使あり興國中陝西三門發運あり又水陸發運を京師に置けり以來江淮兩浙發運使都大發運使三門白波黄渭汴河水路發運使あり存廢常ならず發運司は淳化の初制して皇祐の後に備はれり六路の豐凶を計りて平糴の法を行ふ一員は眞州にあり江浙等の路糧運を督し一員は泗州にあり眞州より京に至る迄の糧運を掌れり當時江湖の運舟儀眞に至て轉般倉に入れ其鹽を載せて還航す仁宗

の時より崇寧に至る發運司常に六百餘萬石百餘萬緡の畜あり眞泗二倉亦常に數千石の儲ありて轉般倉一年の儲なし是より直達の法を用ひて轉般倉をやむ此故に船の還る者亦鹽を載せず舟人多く逃散する者あり其後轉般倉の存廢常ならず紹興二年の頃又眞陽楚泗轉般倉を置きし事あり

第六節　敎育行政

宋の學制

宋は唐制に由て國子監を置くと雖當時未六學の設あらざりき國子監の事務は僅に判監事二人を置きて經術を以て諸生を敎授するにすぎざりき故に唐の六學に比すれば其國子學に相當せる者と云べし其四門學太學律算算學の如きは稍後に於て國子監以外に設置せられたり元豐官制唐の舊に復し職員亦整備せり然れ共算學の如き存廢常ならず當時京師には國子學四門學太學武學律學算學書畫學醫學あり又宗室の子弟を敎育する爲に宗正大小學あり地方には則州縣の學あり唐の如く敎育の事上は宗室より下庶民に至る迄普く及せり

國子學

國子學　國子學は五代周の顯德二年天福普利禪院を以て國子監となせしが宋端拱二年監を改めて國子學となす淳和五年三月國子學を以て復國子監とす講

書を改めて直講と云當時判監二人直講八人あり又丞簿書庫監各二人あり天聖七年八月國子監に詔して五十人を以て解額とす嘉祐三年令して國子監生四百五十人を以て額とす同年又一百五十人を増す熙寧元年に至るの間加へて九百人となす元豐三年國子直講を改めて太學博士とす每經に二人を置く大觀元年二月國子博士四人正錄各二人を置き太學官と敎導を分掌せしむ九月國子太學辟雍博士並に廿人を置けり

太學　太學は慶曆四年四月國子監陝少にして學者を容るゝに足らざるを以て錫慶院を以て太學とす猶陝し又朝集院を以て之に加ふ學徒三百講官博士十餘人經を分て敎授す五年馬軍都虞候の公宇を以て太學とす元豐二年太學生員を增し舍八十齋とし每齋屋五間なり而して太學博士十二人を置けり皆經を分て講授し程文を考校し德行を以て學者を訓導する事を掌る此年令して太學條例を定む每齋に卅人總て二千四百人內外舍生二千人內舍生三百人上舍生百人とす又學正を五人とし錄を十人とす又長諭を置き學生を以て之にあつ

太學の入學には試驗法を用ひ既に入學すれば月に一たび私試し歲に一たび公

試し內舍生に補す歲をへて又一試し上舍生に補す紹興十二年太學養士三百人を以て定額とす十三年又二百人を增す十五年又一百人を增す次て二百人を增し凡九百人とす後又一千人を定額とす廿年令して太學を修す

四門學　四門學は慶曆三年二月建つる所にして士庶子弟を以て生員とし以て賢を招くの道を弘めん爲に設けし所に係る

武學　武學亦慶曆二年令して兩制擧官を以て武學敎授とす三年武學を武成王廟に置けり其年武學をやむ熙寧五年復武學を置く同年令して學生百人を限る元豐三年官制を改めて敎授を博士とす政和二年令して外舍生を武選士と稱し內舍生を武俊士と稱す紹興十六年武學を修建す廿六年博士弟子員を置く同年又外舍は七十人內舍は廿人上舍は十人凡一百人となせり後增減あり元豐の官制武學博士は兵書弓馬武藝を以て學生を訓諭する事を掌る

律學　律學は熙寧三年始て斷案律義を用ひ法官を試みし事あり六年四月朝集院を以て律學とし生徒を養へり敎授四人生學訖らは政に從はしむ元豐官制には律學博士一人正一人法律を傳授し及之を校試する事を掌る元祐三年律學博

士一人を省く

算學

算學　元豐七年正月算學博士の欠を補ひし事あり又算學に通ずる者は之を試み上等を博士とし中下等を學諭とす崇寧三年算學あり五年やむ次て復置く秘書省に隷す後算學を發して他局をして之に當らしめしが政和三年之を置き宣和二年遂にまたやむ

書畫學
醫學

書畫學醫學　崇寧三年建つる所なり一說に二年醫學を立つと司業博士簿錄諭あり五年並に廢す書畫を國子監に附けたり大觀元年令して書畫學諭正錄直各一人を置く四年圖畫局太醫局に併す

宗室學

宗室の學　元祐六年宗正令諸院に小學を立て八歳より十四歳に至る建中靖國元年宗學を立つ崇寧元年十一月諸宮に大小二學を置けり又敎授二人を增し其太學律學に入らん事を請ふ者は聽せり宗子は十歳以上にして小學に入り廿歳以上は太學に入る年未滿にして入らん事を請ふ者も聽せり四年宗子博士と改め國子博士の上に位せしむ大觀元年命官正錄各一人を置く紹興七年宗子大小學成る初嘉祐以後諸宮に敎授あり治平元年講書を增し課試罰則を定めたり崇

明倫堂
州縣學

寧大觀の際諸宮博士十三員あり紹興十四年臨安に大小學を立つ大學生五十人小學生四十人職事各五人凡一百人なり又諸王宮に大小學敎授二人を置く學に在る者は皆南宮北宅の子孫なり嘉定十年宗學を建て六齋を置く生員百人後敎授を改めて博士とし諭を置き宗正寺に隷す是によりて宗室の子弟は皆學につく事を得たり十年三月宗正寺四齋を置き各名を稱す立愛貴仁大雅信厚之也又堂を名づけて明倫と云

地方の學には州縣學あり又嵩陽廬阜嶽麓睢陽に各學徒あり祥符二年曲阜孔子廟に學舍を立つ乾興元年兗州學を立つ景祐四年藩鎭に令して學を建つ寶元元年大郡に學を立つ慶曆四年州縣に令して學を立て敎授を置き經術行義を以て諸生を訓導す熙寧六年詔して諸路の學官並に中書門下に委して選差せしむ之より敎授皆朝廷の命ずる所となれり元豐元年州府學官共に五十三員あり元符二年令して諸州學も大學の三舍法により考選せしむ上舍生は每歲一人を貢し內舍生は二人を貢す崇寧二年州縣學勅令格式を修めて之を行ふ三年縣學の子弟員をまし大縣は五十人中縣は四十人小縣は卅人とす宣和二年天下三舍法を

やむ南宋建炎二年教授を置く紹興十八年又縣學を立てたり
宋の時州縣小學は大凡年十歳にて入る又州學縣學に學田あり煕寧の時諸路に學官を置き州に給田十頃以て學糧とし田ある者には增して給與せり此他州縣に又醫學あり

書院

按ずるに廬山崇陽嶽麓應天府の學は之を名つけて書院と云廬山の白鹿洞は太平興國二年の際學徒數十百人ありといへり崇陽以下の書院は祥符二年建つる所なり又茅山書院あり

第七節　軍制

兵制

宋の兵制主なる者四あり禁兵廂兵鄉兵蕃兵之なり皆殿前司侍衛司の兩府に分隸す而して籍は樞密院に藏す凡召募廩給訓練屯戍揀選補の事務は皆樞密院の掌る所なり禁兵は天子の衛兵にして殿前侍衛の兩司之を總ぶ其最親近扈從する者を名けて班直と云ふ廂兵は諸州の鎭兵なり初太宗唐末藩鎭の跋扈するに鑑みて令して州兵の壯勇なる者を選て京師に送くり以て禁衛に補す他は本城に留めたり本城に留まりし者名けて廂兵と云鄉兵とは戶籍より或は土民を募

禁軍

て所在に團結し訓練して以て防守の兵となせし者なり例へば河北河東に神鋭忠勇强壯あり河北に忠順强人あり陝西に保毅寨戶强人弓手あり河東陝西に弓箭手あり河北河東陝西に義州麟州義軍あるが如し蕃兵とは塞下の內屬諸部落に屬して藩屛をなす兵なり西北邊の羌戎種落相統一せず寨を保つ者を熟戶といひ他を生戶といへり陝西には秦鳳涇原環慶鄜延にあり河東には石隰麟府あり其大首領を都軍主とし百帳以上を軍主とし共に下に副軍主あり

京師の禁軍は初太祖殿前侍衛をして其掌る所の兵を閱し其驍勇なる者をあげて上軍とし又諸州の長吏をして所部の兵を選て都下に送くり以て禁旅の闕に補す皆兩司に於て之をすぶ殿前司は騎兵の額卅七步兵の額廿六を領し侍衛司は騎兵の額卅五步兵の額八十三を領す又御前忠佐軍頭司は步騎の額四を領し皇城司は步兵の額二を領し左右騏驥院は騎兵の額二を領す廂軍も內侍衛司に隸せり仁宗の時禁軍を增募す陝西には蕃落廣銳河北には雲翼京畿には廣捷虎翼効忠陝西河東には淸邊弩手京西江淮荊湖には歸遠等凡百餘營なり康定の頃禁兵多く陝西を戍る時に士民の兵驍勇にして禁兵を淩げり是に於て士民を募

て就糧となし皆禁兵たらしむ陝西蕃落保捷定功以下凡數百營を增せり神宗に至て禁軍の法の如くならざる者を止めて諸軍營に入れ若くは廢す即禁軍に任へざる者は廂軍に下し廂軍に任へざる者は皆免す又五十以上の兵の民たらん事を願ふ者は之を許せしに依て冗兵大に省けり

熙寧の籍天下禁軍凡五十六萬八千六百八十八人にして元豐の籍六十一萬二千二百四十三人なり徽宗宣和五年尙書奏して兵士の營所を分て六軍とし改て廣効內棟中六軍第一指揮左龍武第二左羽林第三左神武第四右龍武第五右羽林第六右神武第七とす建炎元年始て御營司を置く四年樞密院に合す紹興四年令して御前五軍を改めて神武となし御營五軍を神武副軍とし並に樞密院に隷す又神武中軍を廢して殿前司に隷せしむ或は都督府の兵を以て之に分隷せしめたり乾道の初殿前馬司三萬人歩司二萬七千人とす

按するに宋の時左右諸衞將軍ありと雖領する所なく兵士は悉く殿前侍衞の兩司に屬したり此故に空官にして其實なし將軍以下名づけて環衞官と云ふ宗室に命じ若くは武官の贈典となせり中興以來多く敘せず隆興中十六衞を

置く又環衛官といへり

郡國の兵

郡國の兵は初諸州長吏驍勇なる者を擇て京師に送り其餘を以て本城を守りしが以來紀律を嚴にし以て防備にあてたりこれ即廂軍にして內侍衛司にすべ尙書兵部其事務を掌れり一軍にして數餘州に亘れる者あり一州にして數軍を屯する者あり廂軍は諸州騎兵の額四十八歩兵の額百八十三あり開寶八年渭州平源藩源の二縣民を發して城濠を治め因て立て保毅軍弓箭手となし分置して寨を成るこれ即義軍なり仁宗皇祐中令して騎兵を以て敎閱騎射威邊とし歩兵を敎閱壯武威勇とし分て靑萊等七州に置く嘉祐中復歩兵を鄆濮等の州に置く之より東南州多く敎閱廂軍を置き皆威勇忠果壯武を以て號となす景祐中本城四十三萬八千治平三年に至て五十萬あり諸州本城敎閱騎軍の額四歩軍の額六不敎閱騎軍の額卅有五歩軍の額一百九十有五なり

廂軍

鄕兵

鄕兵には左の種類あり

河北河東神銳忠勇强壯　仁宗の時神銳忠勇廢する已に久し康定の初河北河東に令して强壯を添藉せし事あり煕寧七年河東强壯已に廢す依て强壯をやめて

民を募て田二頃を耕さしめ以て保甲を作る
陝西保毅　周廣順中置く所開寶八年之に因る咸平中保毅凡六萬千人を得たり皇祐中遂に保毅の籍をやむ煕寧四年其軍を廢す
河北忠順　太宗の時凡三千人あり陶河より泥姑海口に至る迄九百里廿六寨一百廿六鋪を置けり慶曆以後漸次補せず
河北陝西彊人　咸平四年河北の民を募て强人にあつ天禧慶曆の間番戍を募て巡徼斥候となす
河北東强壯　五代の時より諸州之あり咸平三年五百人を置く慶曆二年以後義軍となしてより漸廢す
河東陝西弓箭手　周廣順の初鎭州諸縣に材勇の者を取て之にあてしが景德二年又邊民を募て弓弩手となせり慶曆の頃諸路凡二萬二千餘人あり治平の末河東七州の弓箭手總て七千五百人陝西十州軍幷に寨戶總て四萬六千三百人あり煕寧元豐の間屢民を募て弓箭手となす又保甲の法を用ひて弓箭手にあつ元豐八年の際隴山の地一萬九百九十頃を以て弓箭手人五千二百餘人を置きし事あ

り紹聖崇寧中各沿革あり
以上の外河北河東陝西に義勇あり陝西に護塞あり麟州に義軍あり荊湖に義軍土丁弩手あり夔州路に義軍土丁壯丁あり施黔思三州義軍土丁あり涪州に義軍あり廣南西路に土丁あり廣南東路に槍手あり邕州に壯丁あり河北に弓箭社あり福建路に槍仗手あり江西にも亦之あり河東陝西に勇敢効用あり皆廢置沿革あり
以上郡國の兵の外に又蕃軍あり塞下にあり之を募て邊を戍る治平中陝西路に置く蕃兵强人官壯馬等の數左の如し

秦鳳路　塞十三　强人　四萬千百九十四人　壯馬　七千九百九十一
鄜延路　軍城堡寨　十　蕃兵　一萬四千五百九十五人　官馬　二千三百八　十二　强人　六千五百四十八人　壯馬　八百十
涇原路　鎮塞城堡　廿一　强人　一萬二千四百六十六　壯馬　四千五百　八十六
環慶路　鎮寨　廿八　强人　三萬千七百廿三　壯馬　三千四百九十五

熙寧八年蕃兵の法を定む陝西蕃兵丁壯戸九丁以上は五をとり六は四をとり五は三をとり三は二をとり二は一をとり並に年廿以上の者を以て之れにあつ十人毎に將一人を置き五十人に副兵馬使一百人に軍使一人副兵馬使一人二百人に軍使一人副兵馬使三人三百人に副指揮使一人軍使二人副兵馬使三人四百人に軍使一人副兵馬使一人を加ふ五百人に又都指揮使一人副兵馬使一人を加ふ五百人以上は百人を加ふる毎に軍使一副兵馬使一人を加ふ

熙寧七年天下の兵を分て七十九とし將あり各其兵を總ふ即京畿東西河北路に分ち第一將巳下第十七將迄は河北路にあり第十八將より以下第廿四將迄は京東にあり第廿五將より卅三將迄及卅四將より卅七將迄は京西にあり共に卅七將此他鄜延に九將涇原に十一將環慶に八將秦鳳に五將熙河に九將凡四十二將總計七十九將次て又馬軍十三指揮を置きて京東西兩路に分てり又敎閱忠果十指揮を募て京西に置く元豐四年東南路諸軍を團結して畿京の法の如くし十三將を置く是に於て天下九十二將あり鄜延五路其他漢番弓箭手皆諸將に隷す東南路十三將左の如し

第一淮南東路　第二西路　第三兩浙西路　第四東路　第五江南東路　第六西路　第七兩湖北路　第七南路　第八潭州　第九全邵永州應援廣西　第十福建路　第十一廣南東路　第十二西路桂州　第十三邕州

諸路に將あり副將あり當時諸路の騎步軍の額定數あり其總數左の如し

河北路　凡一百十二指揮總て二萬九千二百七十人
河東路　凡五十二指揮總て一萬二千四百一十人
陝西路　凡一百十一指揮總て二萬五百六十二人
京東路　凡五十四指揮總て一萬四千七百五十人
京西路　凡四十五指揮總て一萬五千一百五十人
淮南路　凡百二指揮總て四萬一千二百八十五人
兩浙路　凡五十一指揮總て一萬九千人
江南路　凡五十三指揮總て一萬六千六百五十人
荊湖路　凡四十四指揮總て一萬一千三百人
福建路　凡三十三指揮總て一萬一千一百五十人

廣南路　凡八十二指揮總て一萬二千七百人
四川路　凡百十一指揮總て二萬三千四百人

南宋以後に至ては熙寧置く所の將兵東南にある者十三將にすぎず而して四川廂軍二萬九百餘人禁軍二萬七千九百餘人士兵一千八百卅六人義士二萬六百餘人保勝忠勇軍弓箭手良家子共に六千三百餘人保甲五萬五千一百餘人あり而して時に招募し又は置く所の民兵存廢常ならず黎稚州に土丁ありき承楚秦三州に水寨ありき兩淮に壯丁民社ありき福州には忠義社あり其他諸州縣義勇義士忠勇の民兵亦少なからざりき

第八節　法源

宋代に於ける法典の多き實に古來未曾有とす天子を易ふる毎に一回は必編修あり其の多きものは年號を改むる毎に又一回乃至數回の編修ありき此故に宋の初より其末に至る間恰年として恰月として法典の編修に從事せざるはなきの觀あり而して此等の法典の內容は悉相異れるにあらず多くは前代の儘を繼續して多少の修正を加へしにすぎざるべしと雖猶裒然たる大部を編せし事に

於ては實に當代を以て主となすべし然るに此の如き多數の叉大部の法典か今に傳はらず之が爲に其內容を全く伺ひ得ずと云に至ては吾人支那法制を究むる者に於て頗遺憾なりと云はざるを得ず少くとも此等各種の法典の中に於て或大成せる一部をだに存せしならば宋の法制を研究するに於てさまでの困難を要せざるべし(頃者市村瓚次郞氏杭州八千卷樓に於て慶元條法事類の存するを發見せられたり誠に斯界の好音なり)例ひ宋より以後あまり遠からざる年代に於て編纂せられたる書物例へば通考の如き宋史の如きありと雖多くは此等の書を編纂するに必要なる部分をのみ收めて吾人の切に知らんと欲する所の法律の如きは省略して毫も今に傳へざる者多し抑此等の法典は其宋末の亂に多く亡佚せしは云迄もなし然れ共明史藝文志には多く此等の法典の目を揭げたるを以て見れば當時猶此等を存せし者に似たり今の淸朝に至ては悉亡逸して四庫に於て悉見るべからず此故に編纂の體裁は素より其內容毫も知るべからず今當代に於ける法典の名稱と卷數と編纂年月とを列擧すれば左の如し

建隆重定刑統卅卷　竇儀等撰　建隆四年八月成

建隆編敕　四卷	同　撰	同　年　成
太平興國編敕十五卷	有司撰	太平興國三年成
淳化編敕　廿五卷	宋白等撰	淳化二年三月成
重刪定淳化編敕卅卷	蘇易簡等撰	淳化五年八月成
咸平新定編敕十二卷	柴成務等撰	咸平元年　成
景德三司新編敕十五卷		景德二年九月成
景德三司編敕卅卷	林特等撰	同　年　成
景德農田編敕　五卷	丁渭等撰	景德三年正月成
大中祥符編敕四十卷	陳彭年等撰	大中祥符九年成
轉運使編敕　卅卷	同　撰	同　年　成
一州一縣新編敕五十卷	李廸等撰	天禧四年二月成
一司一務編敕卅卷	同　撰	同　年十一月成
天聖刪定咸平編敕	夏竦蔡齊等撰	天聖四年九月成
天聖附令敕　一卷	有　司撰	天聖四年　成

天聖新修令	卅卷	呂夷簡等撰	天聖七年成
天聖編敕	十三卷	同　撰	天聖十年成
景祐一司一務編敕	四十四卷	呂得象撰	景祐二年六月成
景祐刑名敕	五卷	同　撰	同　五年十月成
慶曆編敕	十二卷		慶曆七年正月成
嘉祐祿令	十卷	張方平撰	嘉祐二年十月成
嘉祐驛令	三卷	同　撰	同　四年正月成
嘉祐編敕等	卅卷	韓琦等撰	同　七年四月成
嘉祐審官院編敕	十五卷	王珪撰	同　年　成
在京諸司庫務條式	百卅冊	同　撰	治平二年六月成
熙寧編敕	廿六卷	王安石等撰	熙寧六年八月成
編修三司敕式	四百卷	同　撰	同　七年三月成
諸司敕式	四十卷	同　撰	同　九年九月成
諸司敕令格式	十二卷	同　撰	同　十年二月成

熙寧詳定刑部敕一卷　敕令所撰　同十年十二月成
詳定軍馬司敕　五卷　呉充等撰　熙寧九年十二月成
禮房條例　十三卷　李承之等撰　同　八年二月成
元豐諸司敕式　安燾等撰　元豐二年六月成
元豐敕令式　七十一卷　崔台符等撰　元豐七年　成
（元祐中劉摯等刊修）
司農敕令式　十五卷　司農寺撰　元豐二年九月成
元祐敕令格式五十六卷　蘇頌等撰　元祐二年十二月成
紹興重修敕令格式六百六十卷　張守等撰　紹興元年八月成
紹興重修在京敕令格式四百廿七卷　宰臣等撰　紹興十年十月成
六曹寺監通用敕令格式申明看詳四百六十三卷　同　撰　紹興十三年四月成
國子監敕令格十四卷　宰臣等撰　紹興十三年十月成
太學敕令格式十四卷　同　撰　同　年　成
武學敕令格式十卷　同　撰　同　年　成

律學敕令格式十卷　同　撰　同　年　成
小學令格　二卷　同　撰　同　年　成
重修貢擧敕令格式四十五卷　同　撰　同廿六年十二月成
（一説重修貢擧敕令格式五十卷看詳法意四百八十七卷萬俟卨撰）
重修常平免役敕令格式五十四卷　周三畏等撰　同十七年十一月成
紹興申明刑統　淳熙十一年　成
乾道重修敕令格式百廿二卷　有司撰　乾道四年十一月成
淳熙條法樞要　潘𧃼撰　淳熙三年十月成
淳熙條法事類四百廿卷　有司撰　同　七年五月成
吏部條法總類四十卷　同　三年三月成
慶元重修敕令格式二百六十六卷　敕令所撰　慶元二年二月成
慶元條法事類四百卅七卷（書目に八十卷）　嘉泰二年八月成
嘉定吏部條法總類五十卷　嘉定六年三月成
淳祐條法事類四百三十卷　淳祐十一年四月成

以上宋代法典の名稱なり此他脫漏の者亦少からずと雖其重要なる者は網羅し盡せり猶與ふべき解說に付きては別に編する所の支那法典論に於て之を述べたり今省略す

第九節 訴訟法

宋代に於ける訴訟法は畧唐に於けると異るなし其裁判所の構成及訴訟手續の如き皆然り但宋の初刑部大理寺の如き僅に其名稱を有するにすぎずして主として最後の判決を與へし者は審刑院と御史臺となり京師の訴訟は囚獄の事は開封府尹の掌る所たり刑部省の如きは僅に判部事二人大理寺は判寺事一人を置くにすぎざれば從て其職權を永く保存し得べからざるは明なり元豐以後唐の舊に改めてより以後刑部大理寺の職務は又復活して舊の如く其職務を行施せり當代に於ける裁判所の構成を表示すれば

審刑院
- 京師……（開封府）法曹參軍
- 地方……（路）提點刑獄司
  - （河南應天府）法曹參軍
  - （州）…………司理參軍
  - 縣

（都督府）………司理參軍

審刑院

審刑院は太宗の時置く所太宗初刑部大理寺の職責を盡さざらん事を恐れて禁中に審刑院を置き獄につきて上奏すべき事あらば先審刑院に達し然る後大理寺刑部に下して斷覆せしめ後再審刑院に於て詳議して決定するを順序とす

自治制保伍の制

當時又地方によりて保伍の制あり保伍の制とは即五人乃至十人の組合にして組合内に起れる事件は悉其組合に於て處理せしむ此の如き場合に於て組合内に訴訟の起りたる時は其組長適宜に之を裁決したり此故に訴訟の起る事あるも多く州府縣官の手を煩はさずして解決し終るを常とす而して此の如き組合は唐にも存し四家を鄰となし五家を保となし保に長ありて以て相禁約せり然れ共唐に於ては完全に行はれざりし者の如し宋に至ては多く或地方に於て之を實行せし事あり例へば張詠なる人の蜀に守たりし時十家の組合を設けしが如き程伯淳が留城の令と成て保伍の法を立て組合内の救恤敎育訴訟を掌りしが如き范仲達の袁州萬歲の令となりて保伍の法を行ひしが如き皆史上に著名なる事蹟なり殊に神宗煕寧三年王安石の計畫によりて設けし保甲の法の如き

訴訟手續

は專武事を目的としての企畫なりと雖其組合を組織せし上に於ては猶組合內の行政司法は其長たる都保正副の處理する所なりき此他朱熹が建寧府崇安縣に於て施行せし法も亦十家の組合にして之を名づけて甲といひ甲に首を置き五十甲を社とし社に首を置きて皆組合內の行政司法事務を處理せしめたりされば訴訟の如きも甲首社首の裁判する所となり大凡の事は是に於て判決を與へられ其判決に滿足するが如き傾向あり此故に更に上りて縣府州の法官の裁判を受くるが如き面倒なる手續は此組合內に於ては行はれざるべく州縣の法官が裁判する所は極めて重き刑事に屬するものか又は民事の頗解決し難き者に存せり

此の如き自治制度は此後明に至て頗整頓し凡の事件は恰組合內に於て處理し終り州縣官吏は只之を監督するにすぎざりき

第十節　刑法

當代に於ける刑法は畧唐の舊によれり

刑名

第一款刑名　宋の太祖の時刑名を定む畧唐制の如し

笞刑五
笞一十臀杖七下　笞二十臀杖七下　笞三十臀杖八下　笞四十臀杖八下
笞五十臀杖十下
杖刑五
杖六十臀杖十三　杖七十臀杖十五　杖八十臀杖十七　杖九十臀杖十八
杖一百臀杖廿
徒刑五
徒一年背杖十三　徒一年半背杖十五　徒二年背杖十七　徒二年半背杖十八　徒三年背杖廿
流刑三
流二千里背杖十七　流二千五百里背杖十八　流三千里背杖廿
（並に配役一年）
又加役流あり背杖廿を科し配役三年なり
死刑三

刑の執行

絞　斬　凌遲

臀杖背杖は共に附加刑なり凌遲は宋の極刑なり其法先支體を斷ち後に其吭を絕つの法にして躰刑と生命刑とを併せ用ふるなり

此他身躰刑なる黥も亦用ひられたり黥は之を面に施す竊盜贓金五貫より十貫に至る迄は杖と共に科せり南宋の時は强盜額上に强盜の二字を刺し若他の字を加へんには兩頰に於てす

大觀二年笞法を改めて並に小杖を以て決行す十を五とし廿を七とし三十を八とし四十を十五とし五十を廿とす重和元年又笞杖の刻なるを以て徒二年半杖九十を改て十七とし徒二年杖八十を十五とし徒一年半杖七十を十三とし徒一年杖六十を十二とす又笞五十は十笞四十は八笞三十は七笞二十は六笞十は五となせり

第二欵刑の執行　杖は周顯德五年の制に從ひ常行杖長三尺五寸大頭徑二分にすぎず小頭は徑九釐にすぎず

徒流は初隷西北邊に配せしが塞外の戎狄と欵を通ぜん事を畏れて後南方に配

せり多くは登州沙門島なりしが後廣南遠惡の地に變ぜり然れ共猶沙門島に配する事多し神宗の時沙門島の配隸三百人を額とし余は海外に配置せり

當時刑の執行に當りし者は御史臺なり御史臺に獄あり大理寺は宋の初其職恰廢せり元豐に至て始て舊制に復す淳化の初提點刑獄司を置きて管內の州府十日に一度囚帳を報じ疑獄ある時は走せて之を視州縣稽留決せず按讞實ならざる者あらば則劾奏せしむ

牢獄

牢獄は開寶二年天子縲繫の苦を思ひ令して西京諸州長吏等五日に一たび撿視し獄戶を洒掃し杻械を洗滌せしめたり太平興國中長吏每五日に一度囚人の情を量り得たる者は即決せしむ雍熙元年諸州に令して十日に一たび囚帳及犯す所の罪名繫禁の日數を具して以て聞せしめ刑部をして糾擧せしめたり又天下寃獄の多きを察し殿中侍御史を諸州に遣して刑獄吏の弛怠を審にしたり又御史臺の獄を鞠に御史親くせずして胥吏に委任して顧みず爲に寃濫多かりしを以て自今御史必親しく決獄すべき事を令せり當時天子自獄に臨みし事あり以來司獄官に對する訓戒命令は時を追て發布せられたり

刑の消滅

死刑の執行に關しては天禧四年天下に令して十惡刼殺謀殺故殺鬪殺放火强刼正枉法贓僞造符印厭魅咒詛造妖書妖言傳授妖術造蠱毒藥禁軍諸軍逃亡等の罪を犯し盜罪を犯して死に至る者は十二月天慶節に遇へりとも之を決行せしめたり仁宗の天聖六年死刑は正月元日四分至及庚戌巳巳の日執行する事なからしむ之より先死刑を執行せざりし日は五節冬至國忌の日也是に於て之を改む

第三款刑の消滅　刑の消滅する場合は犯人の死亡刑の執行及赦による事は唐と異る事なし宋の時赦に大赦あり郊赦あり曲赦あり德音あり常赦あり

太祖在位十九年の間大赦する事一郊赦する事四曲赦する事三德音凡六あり以來左の如き回數あり

太宗在位廿七年　大赦一耕籍星變冊皇太子赦九德音十四

眞宗在位廿五年　大赦封禪祀汾陰聖祖降恭謝上聖號赦六郊及兵をやめ雨を得聖祖の號を上り皇太子を冊立し御樓淀赦凡十二常赦九德音十四

仁宗在位四十一年　大赦郊及恭謝明堂籍田祫享母后不豫星變の赦十七常

英宗在位四年　大赦一郊及册皇太子赦二德音三

神宗在位十八年　大赦一明堂星變神御殿成年穀屢豐册貴太子赦凡十曲赦二德音十七

哲宗在位十五年　大赦一郊及明堂祖后不豫星變赦凡七德音十

徽宗在位廿五年　大赦一兩郊明堂等赦廿五常赦十四德音廿七

欽宗在位一年　大赦一講和の赦二德音一

高宗在位卅六年　大赦一郊及明堂皇太子生復辟星變河南を復する母后不豫梓宮來歸の赦凡十九常赦四德音十七

孝宗在位廿七年　大赦一郊及明堂册皇太子慶壽の赦十四德音二

光宗在位五年　大赦一郊及聖父不豫の赦凡二

建隆以來紹煕に至る迄凡二百三十四年にして凡三百一赦ありと云ふ

第四款　刑の加減例　刑の加重減輕亦唐と異る所なし其十惡八議の如き皆唐制の儘也只稍其趣を異にせる者は贖刑なり贖刑は唐に於て各種の塲合に適用せ

られたりと雖も宋に至ては之が適用の場合は唐に比して著るしく制限せられたり即八議を除くの外は官蔭減贖の條を用ふる事なかりき太祖建隆四年(一說に開寶四年)令して犯罪身官なく祖父嘗て宋の朝官を拜し及前代に於て三品以上の官に事へ功惠民に及ぶ者あらば乃請を許せり又流內品官流外職に任せば律文に準じて徒罪以上は贖法を用ふる事を得たり又諸司授勤留官及歸司人徒罪流罪等の罪を犯す時は公罪は贖を許し私罪は許さずして決罰したり太宗の淳化四年(一に端拱三年とも)詔して諸州の民輕罪を犯す時は金を入れて贖するを例とし來りたるも以後贖を許す事なからしむ但婦人の犯罪巳下は故爲にあらざれば輕重を計りて笞若くは贖銅せしむ以來屢贖罪に關する法令出たりと雖要するに贖罪の事は宋の多く採用せざりし所なり

犯罪

第五欵犯罪　犯罪に公私の別ある事唐に於けるが如し即私罪とは公事によらず私に自犯す者をいひ公事によると雖實情を吐かず心に隱欺を挾くる者亦私罪とす公事によりて罪を犯す者は則公罪也

刑罰は必ず

以上宋代の刑罰の一班なり而るに當時刑罰は必しも犯罪に伴はず刻吏の法を

しも犯罪に伴はず

用ふる者甚しきは輕罪にあつるに死刑を以てす此故に屢令して寧寛に過ぐるも嚴に失する事なかれと然れ共天子法を用ふる既に寛嚴常あらず意に任せて決斷せり或は百司の判決を裁可せずして自決し或は死を貸して罪せざる事あり刑常に犯罪に伴はず其甚しきは死刑を執行せし後に於て眞正の犯人を尋ね出したる實例(重和元年)あり以て其司法制度の不完全なるを知るべきなり且宋の時牢獄に囚人の減少するを以て官吏の能となし之等に對しては或は奬諭し或は秩を加へ章服を賜ひしを以て牢獄の官は務めて囚人を減少せしめんとして囚徒を他所に移し流に處し或は其逃亡を追はず輕き者は其罪を問はざるが如き非曲は續々として史上に見ゆ罪の輕重罰の輕重相轉倒して其公平を保つ事能はざりき

第六章　明代の法制

第一節　官職の制度

第一欵　中央制度　明の官制亦大凡範を唐宋にとる此故に官制の大綱亦唐宋と

明の中央官制

異る所なし文官の主部は六部に存し武官の主部は五軍都督府廿二衛に存し糺正官は則都察院之に當る其他寺監大凡唐宋の法を襲へり只注目すべきは特に宗人府の一府を初に設けし事之なり宗人府は則唐宋の宗正寺に當れり

宗人府

三公三孤　三師三少

六部
- 吏部（文選驗封稽勳考功の四清吏司）
- 戸部（十三清吏司）
- 禮部（儀制祠祭主客精膳の四清吏司）
- 兵部（武選職方車駕武庫の四清吏司）
- 刑部（十三清吏司）
- 工部（營膳虞衡都水屯田の四清吏司）

都察院

通政使司

詹事府

寺
- 大理寺
- 太常寺
- 光祿寺

諸司
- 尙寶司
- 行人司
- 道僧錄司

國子監
欽天監
上林苑監
（監）

太僕寺
鴻臚寺

五城兵馬指揮司

翰林院
太醫院
（院）

武官

宗人府

宗人府　天子の九族の屬籍以て其玉牒を修め宗室子女適庶の名封嗣襲生卒婚嫁諡葬の事を書する事を掌る洪武三年太宗正院を置き廿二年改て宗人府とす後其事多く禮部に移り經歷司經歷一人文移を出納する事を掌れり當府に職員を置く事左の如くなりき

宗人令一人　左右宗正各一人　左右宗人各一人

三公三孤

三公三孤　三公は太師太傅太保三孤は少師少傅少保之なり天子を佐け陰陽を理め邦を經し化を弘むる事を掌る定員なし

三師三少

三師三少　三師は太子太師太子太傅太子太保三少は太子少師太子少傅太子少

保なり何れも道德を以て太子を敎導する事を掌る

內閣　內閣とは中極殿大學士建極殿大學士文華殿大學士武英殿大學士文淵閣大學士東閣大學士の總稱なり初太祖前制に依り中書省を置きしか洪武十三年之をやめ十五年宋制に倣て華蓋殿武英殿文淵閣東閣諸大學士を置く又文華殿大學士を加ふ以て太子を輔導す建文中大學士を改めて學士と云成祖に至て文淵閣機務に參與す閣臣の吏務に預る此に始まれり仁宗以後閣職漸崇く景泰以後閣權益重し世宗の時華蓋を改めて中極となし謹身を改めて建極となす嘉靖以後朝位班次六部の上にあり掌る所は可否を献替し規誨を奉陳し題奏を點撿し批答を票擬する事是なり

吏部　官吏の選敍封勳考課の事を掌る當部に左の職員を置く又四屬司あり

尙書一人　左右侍郞各一人

屬官の四司は選部司封司勳考功之なり後名を改めて文選驗封稽勳考功四淸吏司と云各郞中一人員外郞一人主事二人(後文選司考功司に主事一人を增せり)を置く

戶部

文選淸吏司　官吏の班秩遷陞改調の事を掌る
稽勳淸吏司　勳數名籍喪養の事を掌る
驗封淸吏司　封爵襲蔭褒贈吏筭の事を掌る
考功淸吏司　官吏の考課黜涉の事を掌る

明の初中書省を置き國家の事務は悉其處理する所なりしか洪武元年始て吏戶禮兵刑工の六部を置き尙書侍郞等の官を設けたり十三年中書省をやめ六部獨立の官府となれり永樂十八年都を北京に定むるに及び南京にある者に特に南京の號を附加せしめたり以來六部の沿革皆同じ常に吏部を以て首となす

戶部　天下戶口田賦の事を掌る當部に置く職員左の如し
尙書一人　左右侍郞各一人
屬官には
司務廳　司務二人
十三淸吏司　其分省の事を掌り兼て分つ所の兩京直隸貢賦及諸司衞所祿俸邊鎭糧餉幷に各倉場鹽課鈔關を領す所謂十三省とは浙江江西湖廣陝西廣東

山東福建河南山西四川廣西貴州雲南之なり各郎中一人員外郎一人主事二人を置く
照磨所　照磨一人　檢校一人
寶鈔提擧司　提擧一人　副提擧一人　典史一人
抄紙局　大使副使各一人　印鈔局　大使副使各一人　寶鈔廣惠庫　大使一人　副使二人　廣積庫　大使一人副使一人典使一人　贓罰庫　大使一人
副使二人
甲乙丙丁戊字庫　大使五人副使六人
廣盈庫　大使一人副使二人　外承運庫　大使二人副使二人
承運庫　大使一人副使一人　行用庫　大使副使各一人
太倉銀庫　大副使各一人　御馬倉　大使副使各一人
運儲倉　大使副使各一人　長安東安西安北安門倉各副使一人　張家灣鹽倉
檢校批驗所大使副使各一人
總督倉場一人　在京及通州等の處倉場糧儲を督する事を掌る洪武の初運儲

倉廿所を置き各官司を設く永樂中都を北京に遷して京倉及通州諸倉を置く以來沿革あり

戸部は初洪武元年置く所六年倘書を設け一科二科三科四科總科に分ち毎科に郎中員外郎を置く後又侍郎を加ふ十三年四屬部に分つ總部度支部金部倉部之也廿二年總部を民部と改む廿三年四部を分て河南以下十二部とす毎一部四科を分ち又照磨檢校を置く廿九年十二部を改めて十二淸吏司とし宣德十年十三淸吏司となす各淸吏司四科を分つ民科度支科金科倉科之也

民科　所屬省府州縣地理人物圖志古今沿革山川險易土地肥瘠寛狹戸口物產の多寡登耗の數を掌る

度支科　夏稅秋糧存留起運及賞賚祿秩の經費を會計する事を掌る

金科　市舶魚鹽茶鈔稅課及贓罰の收折を掌る

倉科　漕運軍儲出納料糧を掌る

禮部

禮部　天下の禮儀祭祀宴饗貢擧の事を掌る左の職員あり

禮部倘書一人　左右侍郎各一人

屬官には
司務廳　司務二人
儀制淸吏司　諸禮文宗封貢擧學校の事を掌る
祠祭淸吏司　諸の祀典及天文國恤廟諱の事を掌る
主客淸吏司　諸藩朝貢接待給賜の事を掌る
精膳淸吏司　宴饗牲豆酒膳の事を掌る
以上各淸吏司に郞中一人員外郞一人主事一人を置く
禮部は初洪武元年之を置き六年尙書等を設け四屬部に分つ總部祠部膳部主客之也每部に郞中以下を置く次で侍郞を增す廿二年總部を改て儀部とし廿九年儀制祠祭精膳主客となす以來之に由る

兵部

兵部は　天下の武衞官軍選授簡練の事を掌る左の職員あり
尙書一人　左右侍郞各一人
屬官には
司務廳　司務二人

武選淸吏司　衛所土官選授陞調襲替功賞の事を掌る
職方淸吏司　輿圖軍制城隍鎭戍簡練征討の事を掌る
車駕淸吏司　鹵簿儀仗禁衛驛傳廐牧の事を掌る
武庫淸吏司　戎器符勘尺籍武學薪隸の事を掌る
以上各淸吏司に郞中一人員外郞一人主事二人あり
兵部は洪武元年置く所六年尙書以下を增し總部駕部職方の三部とす各郞中以下あり十三年庫部を加へて四とす廿二年總部を改めて司馬部とし廿九年改て武選職方車駕武庫となす以來之に因る兵部の屬官に又典牧所(提領一人大使一人副使一人典使一人)會同館(大使一人副使一人)大勝關(大使一人副使一人)あり又兵部尙書若くは侍郞の兼ぬる所に協理京營戎政一人あり京營操練の事を掌る
刑部　天下の刑名及徒隸勾覆關禁の事を掌る當部に左の職員あり
尙書一人　左右侍郞各一人
屬官には
司務廳　司務二人

十三清吏司（浙江江西湖廣陝西廣東山東福建河南山西四川廣西貴州雲南）各郞中一人員外郞一人主事二人あり各分省を掌り兼て分つ所の京府直隸の刑名を領す

照磨所　照磨　檢校各一人　司獄司　司獄六人　照磨は文券を照刷し贓贖を計錄し司獄は獄吏を率て囚徒を掌る

刑部は洪武元年置く所六年尙書以下を增し總部比部都官司門の四部に分ち郞中以下を置く八年部事浩繁なるを以て增して四科を設け尙書侍郞以下を設く十三年四屬部を分ち郞中以下を置く廿二年總部を改めて憲部といひ廿三年四部を分て河南以下十二部とし廿九年改て十二淸吏司とし宣德十年遂に十三淸吏司とす

工部

工部　天下百宮山澤の事を掌る左の職員あり

尙書一人　左右侍郞各一人

屬官には

司務廳　司務二人

營膳淸吏司　經營興作の事を掌る

虞衡淸吏司　山澤採捕陶冶の事を掌る
都水淸吏司　川澤陂池橋道舟車織造劵契量衡の事を掌る
屯田淸吏司　屯種抽分薪炭夫役墳塋の事を掌る
以上各淸吏司に郞中一人員外郞一人主事二人あり
此他工部の所管には
營膳所　所正一人　所副二人　所丞二人
文思院　大使一人　副使二人　皮作局　大使一人　副使二人
鞍轡局　大使一人　副使一人　寶源局　大使一人　副使一人
顏料局　大使一人　軍器局　大使一人　副使二人
節愼庫　大使一人　織染所雜造局　大使一人　副使一人
廣積通積蘆溝橋通州白河各抽分竹木局大使各一人副使各一人　大通關提擧
司　提擧一人　副提擧二人　典史一人　柴炭司　大使一人　副使一人
工部は洪武の初置く所將作司を以て之に隸す六年尙書侍郞を增す又總部虞部
水部幷に屯田を分つ皆郞中以下あり八年四科を立て尙書以下を設く十三年官

都察院

制を定め四屬部とし廿二年總部を改めて營部とし廿九年又四屬部を改む營膳虞衡都水屯田四淸吏司之なり

都察院　百司を糾劾し寃枉を辨明し各道を提督する事を掌る當院に置く職員左の如し

左右都御史　左右副都御史　左右僉都御史

屬官に

經歷司　經歷一人　都事一人

司務廳　司務二人　照磨所　照磨　檢校　各一人　司獄司　司獄一人

十三道監察御史一百十人　內外百司の官邪を糾察し或は露章面劾或は封章奏劾を主る浙江江西河南山東に各十人福建廣東廣西四川貴州各七人陝西湖廣山西各八人雲南に十一人とす

初呉元年御史臺を置き左右御史大夫御史中丞侍御史治書侍御史殿中侍御史察院監察御史經歷都事照磨勾管を置く十三年御史臺をやむ十五年更に都察院を置き監察都御史八人を設く又浙江以下の十二道に御史を增置す或は五人或は

總督

三四人十六年左右都御史各一人左右副都御史各一人左右僉都御史各二人經歷一人知事一人を置く宣德十年十三道とす
當時外に在て都御史或は副僉都御史たる者を總督提督巡撫となす或は總督にして巡撫を兼ぬる者あり提督にして巡撫を兼ぬる者あり此他經略總理贊理巡視撫治等の員あり大略左の如し
總督漕運兼提督軍務巡撫鳳陽等處兼管河道一人
太祖の時京畿都漕運司を置き漕運使を設く永樂の時漕運總兵官を設く嘉靖卅六年倭の警を以て提督軍務巡撫鳳陽都御史を添ふ次て總督漕運兼提督軍務と改め萬曆七年兼管河道を加ふ
總督薊遼保定等處軍務一人　嘉靖廿九年置く所
總督宣大山西等軍務一人　正統元年置く所初巡撫たり後總督となす
總督陝西三邊軍務一人　弘治十年火篩入寇せしを以て之を置く後存廢あり
總督兩廣軍務兼理糧餉帶管鹽法兼巡撫廣東地方一人　永樂二年人をして廣西に巡撫たらしむ以來廣東の巡撫あり正德十四年之より先提督と云ひし

巡撫
提督

を改て總判と云ひ又提督と改む以來廣東廣西巡撫常に存廢あり萬曆四年上の如く改めたり

總督四川陝西河南湖廣等處軍務一人　正德五年設く以來存廢あり天啓中四川湖廣雲南貴州廣西五省總督を設け次て巡撫貴州をかぬ

總督浙江福建江南兼制江西軍務一人　嘉靖卅三年倭抗州を犯すを以て之を置く後之をやむ

總督陝西山西河南湖廣四川五省軍務一人　崇禎七年置く

總督鳳陽地方兼制河南湖廣軍務一人　崇禎十四年設く

總督保定地方軍務一人　崇禎十一年置く

此他頗る多し今之を省略す

總理南直隸河南山東湖廣四川軍務一人　崇禎八年置く

巡撫浙江等處地方兼提督軍務一人　嘉靖廿六年置く

巡撫福建地方兼提督軍務一人　同年置く所

巡撫順天等府地方兼整飭薊州等邊備一人　成化二年置く

巡撫保定等府提督紫荊等關兼管河道一人　成化の後置く所

此他巡撫河南等處地方兼管河道提督軍務一人あり巡撫山西地方兼提督雁門等關軍務一人あり巡撫山東等處地方督理營田兼管河道提督軍務一人あり以下之を省く

通政使司

通政使司　內外の章疏を受け封駁を敷奏する事を掌る初洪武三年察言司を置き司令二人を設け四方の章奏を受くる事を掌りしが後罷て更に通政使を置き建文中又通政寺と云通政卿を置く成祖の時又通政司と云左の職員屬官ありしが萬曆に至て之をやむ

通政使一人　左右通政二人　左右參議二人

吏科戶科禮科兵科刑科工科各都給事中一人　左右給事中二人及給事中

大理寺

大理寺　審讞平反獄訟の事務を掌る左の職員屬官あり

卿一人　左右少卿各一人　左右寺丞各一人

屬官には　司務廳司務二人　左右二寺　各寺正一人　寺副二人　評事四人あり

左右寺は京畿十三布政司刑名の事を分理す

大理寺は初呉元年大理司卿を置き後之をやめ三年磨勘司を置き後亦之を廢す十四年大理寺を設け卿以下の職員を置く其屬左右寺あり建文の初左右寺を改めて司とす成祖の初大理寺を置く左右寺舊の如し萬暦九年更に左右寺を定めて天下の刑獄を理す浙江福建山東廣東四川貴州の六司道は左寺之を理め江西陝西河南山西湖廣廣西雲南の七司道は右寺之を理む

詹事府

詹事府　府坊局の事務を統べ以て太子を輔導する事を掌る詹事一人少詹事二人府丞二人主簿廳主簿一人錄事二人通事舍人二人左春坊大學士左庶子左諭德各一人等あり

翰林院

翰林院　制誥史冊文翰の事を掌る左の諸員あり

學士一人　侍讀學士二人　侍講學士各二人　侍讀侍講各二人　五經博士九人　典籍二人　侍書二人　待詔六人　孔目一人　史館修撰　編修　檢討　庶吉士

文學博士

初呉元年翰林院を置き學士以下を設く建文の時侍讀侍講兩學士を改めて文學

國子監

博士となし文翰文史二館を設く其他改廢する者多し成祖に至て舊に復す史館は洪武十四年置く所永樂二年に至て庶吉士を設く

國子監　國學諸生訓導の事務を掌る左の職員あり

祭酒一人　司業一人

屬官には

繩愆廳　監丞一人　博士廳　五經博士五人　率性修道誠心正義崇志廣業の六堂助敎十五人　學正十人　學錄七人　典簿廳典簿一人　掌饌廳掌饌二人

博士は經を分て講授する事を掌る

明の初國子學を置き博士助敎學正學錄典樂典書典膳を設く吳元年國子學官制を定めて祭酒司業典簿を設く洪武八年中都國子學を置く十五年國子監と改む祭酒一人司業一人監丞典簿各一人博士三人助敎十六人學正學錄各三人掌饌一人あり中都國子監制亦然り廿六中都國子監をやむ永樂元年國子監を北京に置き祭酒司業監丞典簿博士學正學錄掌饌各一人助敎二人あり宣德中司業をやめ弘治中復置く

太常寺　祭祀禮樂の事を掌る左の職員あり

卿一人　少卿二人　寺丞二人

屬官には

典簿廳　典簿二人　博士二人　協律郎二人

贊禮郎九人　司樂卄人　天地朝日夕月先農の各壇帝王廟祈穀殿長陵獻陵景陵裕陵茂陵泰陵顯陵康陵永陵昭陵の各祠祭署　奉祀一人　祀丞二人　犧牲所吏目一人

初吳元年太常司を置き卿以下あり洪武の初各祠祭署令丞を置く後改て奉祀祀丞とす卅年太常寺と改む

當寺に四夷館の隸屬官あり少卿一人ありて譯書の事を掌る永樂五年より外國朝貢の爲に特に蒙古女直西番西天回回百夷高昌緬甸八館を設け譯字生通事を置く正德中八百館を置き萬曆中暹羅館を增せり初四夷館翰林院に隷せしが弘治中太常寺に隷せしむ

光祿寺　祭享宴勞酒醴膳羞の事を掌る左の職員あり

卿一人　少卿二人　寺丞二人
屬官には、
典簿廳　典簿二人　錄事一人
大官署　祭器宮膳節令筵席蕃使宴犒を供す
珍羞署　宮膳希核を掌る
良醞署　酒醴を供する事を掌る
掌醢署　餳油醯醬梅鹽を供する事を掌る
以上各署に正一人　丞四人　監事四人あり
司牲司　大使一人　副使一人　司牧局　大使一人　銀庫大使
初呉元年宣徽院を置き院使院判典簿を設けて尙食尙醴を以て之に隷す洪武元年改て光祿寺とし卿以下を置く八年寺を改めて司と云又所屬の四署を設く毎署に令一人丞一人監事一人あり卅年又光祿寺と云銀庫大使は萬曆二年置く所なり

太僕寺

太僕寺　牧馬の事務を掌る左の諸員あり

卿一人　少卿二人　寺丞四人

屬官には

主簿廳　主簿一人　常盈庫大使一人　牧監　監正一人　監副一人　錄事一人　各群群長一人

初洪武四年群牧監を置く六年太僕寺となす七年牧監を增置す以來牧監の品秩を定む

鴻臚寺

鴻臚寺　朝會賓客吉凶儀禮の事を掌る左の職員あり

卿一人　左右少卿各一人　左右寺丞各一人

屬官には

主簿廳主簿一人

司儀署　陳設引奏外吏來朝には必先儀を寺に演する事を掌る

司賓署　外國朝貢の使其等を辨じて其拜跪儀節を敎ゆる事を掌る

右二署共に丞一人あり鳴贊四人序班五十人あり

尙寶司

尙寶司　寶璽符牌印章を掌る卿一人少卿一人司丞三人あり太祖の時符璽郞あ

り呉元年尙寶司卿と改む

行人司

行人司　捧節奉使の事を掌る司正一人左右司副各一人行人卅七人あり洪武十三年行人司を置き行人を設けしが后改めて司正とす建文中之をやめて鴻臚寺に隷す成祖の時舊制に復す

欽天監

欽天監　天文を察し暦數を定め占候推步の事を掌る監に監正一人監副二人あり屬官左の如し

主簿廳主簿一人　春夏中秋冬官正各一人　五官靈臺郞八人　五官保章正二人　五官挈壺正二人　五官監候三人　五官司暦二人　五官司晨八人　漏刻博士六人

洪武元年司天監を置き監令一人少監二人監丞一人主簿一人主事一人五官正副靈台郞保章正監候司辰漏刻博士を置き又回回司天監を設く三年欽天監と改む廿二年監正監副と改め卅一年回回欽天監をやむ

太醫院

太醫院　醫療の法を掌る院使一人院判二人あり其屬官に御醫四人吏目一人生藥庫惠民藥局各大使一人副使一人あり初醫學提擧司を置き提擧副提擧醫學敎

授等を設けしが後改めて太醫監とし少監監丞を設く呉元年院と改む
上林苑監　苑囿園池牧畜樹種の事を掌る左右監正各一人左右監副各一人左右監丞各一人あり其屬官には
典簿廳　典簿一人
良牧署　蕃育署　林衡署　嘉蔬署　各典署一人署丞一人錄事一人あり
上林苑監は永樂五年置く所時に十屬署あり宣德十年始て四署を設く
承天門待詔一人　閽門使四人　觀察使十人　後皆やむ
武學　京衞各衞の幼官及應襲舍人武生を敎ゆる事を掌る　京衞　武學敎授一人　訓導一人　諸衞武學　敎授一人　訓導二人或は一人
僧道錄司　天下の僧道を掌る左の職員あり
僧錄司　左右善世二人　左右闡敎二人　左右講經二人　左右覺義二人
道錄司　左右正一二人　左右演法二人　左右至靈二人　左右玄義二人
洪武元年善世元敎二院を立て四年やむ十五年始て僧錄司道錄司を置く禮部に隷す

神樂觀　教坊司　五城兵馬指揮司　五軍都督府

神樂觀　洪武十一年置く所提點知觀あり舞樂を掌る太常寺と道錄司とに隷す

敎坊司　禮部に隷す樂舞を掌る奉鑾一人左右韶舞各一人左右司樂各一人あり

中東西南北五城兵馬指揮司　盜賊を巡捕し街道溝渠を疏理し囚犯火禁の事を掌る各指揮一人副指揮四人吏目一人あり明初兵馬指揮司を置き都指揮副都指揮知事を設く後指揮使副指揮使と改む各城門に兵馬を設く洪武十年京城及中都兵馬指揮司を定め改て指揮副指揮とし京城巡捕の事を掌れり廿三年五城兵馬指揮司を設く

以上中央文官の大略なり此他に宦官十二監女官等あり然れ共國家の事務を處理するにあらざれば今掲げず

武官には中左右前後の五都督京衞京營の諸官員あり

中軍左軍右軍前軍後軍五都督府　軍旅の事を掌る毎府に左右都督都督同知督僉事あり屬官には經歷司經歷都事各一人あり

初太祖の時樞密院あり後之をやむ改て大都督府を置く後又左右都督同知都督副都督僉都督經歷都事等を置く吳元年以後損益分合あり洪武十三年始て五軍

都督府あり在京の各衞所在外各都司衞所を領す又中軍都督府斷事官を以て五軍斷事官とす永樂元年北京留守行在後軍都督府を置き十八年行在の字を除く

京營　永樂廿二年三大營を置く五軍營神機營三千營之なり五軍神機は各中軍左右哨左右掖五軍を設け三千は各五司を設く景泰元年三營精鋭を選て十團營を立て成化三年十二團營とし每營各五軍に分つ三千は騎兵を總べ神機は火器を統ぶ總督を以て之を統轄す嘉靖廿年團營をやめて三大營に併せ三千を神樞と云副參遊佐坐營號頭中軍千把總等官を設け總ぶるに提督總兵官一人を以てす後提督を改て總督と云ふ隆慶の初又改めて提督とし四年京營の制を改て三營各提督を置く左右都御史一人を設けて之に提督たらしむ次て六提督をやめて總督に復す

京衞　京衞に上直衞あり南北京衞あり上直衞は親軍廿六あり都督府に隸せず京衞の都督府に隸する者卅三京衞の親軍にあらずして都督府に隸せざる者十五あり京衞指揮使司に指揮使一人指揮同知二人指揮僉事四人鎭撫司鎭撫二人あり其屬に經歷司經歷知事吏目倉大使副使各一人あり明の初帳前總制親軍都

指揮使司を置く後改めて金吾侍衛親軍都護府を置き都護經歴知事照磨を設け又各衛親軍指揮使司を置き指揮使同知指揮使副使經歴知事照磨千戸所正千戸副千戸鎮撫百戸を置く因て武徳以下十七衛親軍指揮使司を置くこれ親軍衛を設くるの始なり洪武永樂の間親軍諸衛増して上廿二衛とす諸衛を分掌す獨錦衣衛都督指揮を以て之を領す侍衛緝捕刑獄の事を掌る宣徳八年又親軍四衛を加へて凡廿八衛となれり

地方官制

第二款　地方制度　唐代に於ける地方行政區劃の最下級を縣となす縣の上に州あり府あり州府の上に省あり省を以て地方行政區劃の最上級となす

省

省は凡て十三省あり十三省の外に南北直隸あり

北直隸　南直隸

山東省　山西省　陝西省　江南省　浙江省　江西省　湖廣省　四川省　福建省　廣東省　廣西省　雲南省　貴州省

承宣布政使司

各省に二個の官署あり一を承宣布政使司といひ一を提刑按察使司となす

承宣布政使司は一省の事務を處理す朝廷德澤禁令あれば承流宣播して以て有

提刑按察使司

司に下す左の職員あり

左右布政使各一人　左右參政　左右參議、定員なし　經歷司經歷一人　都事一人　照磨所照磨一人　撿校一人　理問所理問一人　副理問一人　提控案牘一人　司獄司司獄一人　庫大使　副使一人　倉大使一人　副使一人

雜造局軍器局寶泉局織染局各大使一人　副使一人

初太祖地方を分て行省を置く洪武九年浙江江西福建北平廣西四川山東廣東河南陝西湖廣山西諸行省を改めて倶に承宣布政使司となし布政使を置く十三年左右布政使を設く十五年雲南布政司を置く宣德三年定て十三布政司となす

提刑按察使司は一省の刑名按劾の事を掌るされば官邪を糾し奸暴を戢め獄訟を平にし寃抑を雪きて風紀を振揚する事亦其掌る所たり布政使を行政官とすれば按察使はこれ即司法官なり司に置く職員次の如し

按察使一人　副使　僉事　定員なし　經歷司經歷一人　知事一人　照磨所照磨一人　撿校一人　司獄司司獄一人

初呉元年各道に按察使を置き按察副使僉事を置く十四年また各道に按察分司

府官

を置く十五年又天下の府州縣に按察分司を置けり廿九年按察分司を四十一道に置く建文中改めて十三道肅政按察司となせしか成祖の時舊に復す

府　府には知府一人同知通判(定員なし)　推官一人あり其屬官に經歴司經歴一人知事一人照磨所照磨一人檢校一人司獄司司獄一人あり知府は一府の行政司法事務を掌る即風化を宣へ獄訟を平にし賦役を均くし以て百姓を敎養するを任となす推官は刑名を理め計典を賛く明の初諸路に府あり洪武六年府を分て三とし糧廿萬石以上を上府とし廿萬石以下を中府とし十萬石以下を下府となす宣德三年天下の府凡一百五十九ありと云

府の所屬衛門に儒學倉大使稅課司雜造織染局稅課分司府州縣巡檢司陰陽學醫學僧綱司道紀司府州縣水馬司同遞運所同河舶所あり

儒學は府に敎授一人訓導四人あり生徒を敎誨する事を掌る府學は四十人を定員とす

庫大使一人　倉大使一人　副使一人　倉庫の事を掌る

稅課使大使一人あり納稅の事を掌る

巡檢司は盜賊を緝捕し奸僞を盤詰する事を掌る始は要衝の地に設けしも後各府に之を置けり

醫學　府に正科一人あり　陰陽學　正術一人あり

僧綱司　都綱一人　副都綱一人　道紀司　都紀副都紀各一人

遞運所　大使一人　副使あり糧物を運遞する事を掌る　洪武九年初めて置く

河舶所　魚稅を收むる事を掌る洪武十五年天下河舶所凡二百五十二あり

州官

州　州に知州一人同知判官(定員なし)あり其屬に吏目一人あり知州は一州の事務を掌る州凡二百卅四あり所屬衙門には儒學陰陽學醫學各所稅課局茶課司長淮廣濟二關各所鐵冶批驗茶鹽引所州縣倉僧正司道正司各所閘官壩官あり

儒學は學正一人訓導三人學生三十人あり醫學には典科一人あり陰陽學には典術一人あり僧正司には僧正一人道正司には道正一人あり鐵冶所には大使一人副使一人あり

縣官

縣　縣には知縣一人縣丞二人主簿一人あり屬官には典史一人あり知縣は一縣

の事務を掌る吳元年縣を三等に分ち糧十萬石以下を上縣とし六萬石以下を中縣とし三萬石以下を下縣とす縣の數凡一千一百七十一ありと云縣の所屬衙門には儒學陰陽學醫學僧會司道會司四川阜民司福建銀屛山錫場陝西司竹局あり儒學には敎諭一人訓導一人學生二十人あり陰陽學には訓術一人醫學には訓科一人僧會司には僧會一人道會司には道會一人あり

以上省府州縣の地方官の外に尙左の諸地方官ありて各所に分置す

驛丞
驛丞　郵驛迎送の事を掌る

苑馬寺
苑馬寺　六監廿四苑の馬政を掌る卿一人少卿一人寺丞あり屬官には主簿一人各牧監監正一人監副一人錄事一人各苑圉長一人あり永樂四年苑馬寺凡四を北直隸遼東平凉甘肅に置く五年北直隸六監廿四苑をます次て甘肅平凉二寺監をまし以來存廢常なし

都轉運鹽司
都轉運鹽使司　鹽監の事を掌る都轉運使一人同知一人副使一人判官(定員なし)あり屬官には經歷司經歷一人知事一人庫大使副使各一人あり轉運使司を置く所は西淮西浙長蘆河東山東福建の六なり分司に十四あり所轄の各場鹽課司に

は大使副使鹽倉には大使副使批驗所には大使副使各一人を置けり

鹽課提擧司

鹽課提擧司　提擧一人同提擧一人副提擧(定員なし)あり屬に吏目一人庫大使副使一人あり所轄に各鹽倉大使副使各塲各井鹽課司大使副使並に一人あり提擧司凡七あり四川廣東海北黑鹽井白鹽井安寧五井察罕腦兒之なり

市舶提擧司

市舶提擧司　海外諸蕃の朝貢市易の事を掌る提擧一人副提擧二人あり其屬に吏目一人あり初呉元年置く嘉靖中倭の禍市舶より起るを以て遂に福建浙江の二市舶司をやめて惟廣東の市舶司を置く

茶馬司

茶馬司　市馬の事を掌る大使一人副使一人あり

宣慰使司

宣撫司等

宣慰使司　宣慰使一人同知一人副使僉事各一人經歷一人都事一人あり此他宣撫司(宣撫使等あり)安撫司(安撫使等あり)招討司(招討使等あり)長官司(長官等あり)等あり

地方武官

以上は地方に於ける行政司法官なり而して更に武官としては鎭守あり分守あり守備あり提督あり提調巡視備禦領班備倭等あり一方を鎭する者を鎭守といひ一路を鎭むる者を分守といひ一城を守る者を守備といひ其鎭守總兵副總兵

将軍

は皆公侯伯都督を以て之にあて將軍と稱す

雲南　征南將軍　大同　征西前將軍　湖廣　平蠻將軍　兩廣　征蠻將軍

遼東　征虜前將軍　宣府　鎭朔將軍　甘肅　平羌將軍　寧夏　征西將軍

交阯　副將軍　延綏　鎭西將軍

其他將軍を稱せざる者多し總兵副總兵の下に參將遊擊將軍守備把總あり萬曆以后崇禎に至る總兵以下を置く事頗多く殆枚擧するにたえず二三を列擧すれば

鎭守總兵官

鎭守薊州總兵官　副總兵參將遊擊將軍等

鎭守遼東總兵官　副總兵參將遊擊將軍等

鎭守保定總兵官　……

鎭守宣府總兵官　……

鎭守大同總兵官　……

鎭守山西總兵官　……

留守司

留守司　中都興都の守備防護の事を掌る正留守一人副留守一人指揮同知二人

都指揮使司
衛指揮使司
千戸所

屬官經歷都事斷事司斷事副斷事あり

都指揮使司　一方の軍政を掌る各其衛所を率ゐて五府に隷す都指揮使一人同知二人僉事四人あり屬官に經歷都事斷事副斷事吏目各一人あり都司凡十有三宣德中增して十有六とす又行都司凡五を置く

衛指揮使司　設官京衛の如し外衛各都司行都司或は留守司にすぶ

千戸所　正千戸一人副千戸二人鎭撫二人其屬に吏目一人所轄に百戸所凡十總旗廿人小旗百人を置く守禦千戸所軍民千戸所の別あり守禦千戸所は衛に隷せず自都司に達す衛は皆都司に隷し都司は又五軍都督府に隷す初千戸所を置き正千戸副千戸鎭撫百戸を設け又萬戸府を立て正萬戸副萬戸知事照磨を置く次で萬戸府をやめ指揮使及千戸等を置く所部兵五千ある者は指揮使たり千人は千戸たり百人は百戸たり五十人は總旗たり十人を小旗とす洪武七年衛所の制を定む初內外衛所凡一衛に十千戸を總べ一千戸十百戸をすべ百戸は總旗二を領し總旗は小旗五を領す小旗は軍十を領す是に至て每衛五千六百人前後中左右五千戸所に分ち一千一百廿人を一千戸所とし一百十二人を一百戸所とし每

順天府尹

百戸所に總旗二人小旗十人を定む廿三年軍民指揮使司軍民千戸所を置く天下內外衞凡五百四十七所二千五百九十三なり

當時京師には順天府尹あり京師の行政司法事務を掌れり府尹の外に府丞一人治中一人通判六人推官一人儒學敎授一人訓導一人あり屬官には經歷司經歷一人知事一人照磨所照磨一人檢校一人あり所轄には宛平大興二縣各知縣一人縣丞二人主簿(定員なし)典史一人司獄司司獄一人都稅司大使一人副使一人宣課司稅課司各大使一人稅課分司各副使一人遞運所批驗所各大使一人あり

南京文武官

南京には永樂中都を北京に遷せし後も猶各種の職官を置きて事務を掌らしめたり大凡舊制を止めて略省略する所あり

宗人府

六部

吏部	尚書一	右侍郎一	司務一	四屬司	所轄官司
戶部	尚書一	右侍郎一	司務一	十三司	同右
禮部	尚書一	同右	同右	四屬司	同右
兵部	參贊機務一	同右	同右	同	同

刑部　尚書一　同右　同右　十三司　同右
工部　尚書一　同右　同右　所屬四司　同右
都察院
右都御史一　右副都御史一　右僉都御史一　司務照磨經歷都事各一人
司獄二　十三道御史
通政使司　通政使一　右通政一　右參議一
大理寺　卿一　右寺丞一　司務一　左右寺正各一　左右評事各三
詹事府　主簿一
翰林院　學士一　孔目一
國子監　祭酒一　司業一　監丞一　典簿一　博士三　助敎六等
太常寺　卿一　少卿一　典簿一　博士一等
光祿寺　卿一　少卿一　典簿一　四署正丞等
太僕寺　卿一　少卿二　寺丞二　主簿一
鴻臚寺　卿一　主簿一　二署丞等

尙寶司　卿一
行人司　左司副一
欽天監　正一　副一　主簿一等
太醫院　院判一　吏目一等
五城兵馬司　指揮一　副指揮三　吏目一
應天府　尹一　府丞一　治中一　通判二　推官一等
所轄知縣縣丞主簿典史司獄等
王府長吏司　左右長吏各一人　所屬官所轄官あり
武官には
南京守備一人　協同守備一人
南京五軍都督府　左右都督　都督同知　都督僉事等あり
南京衛指揮使司　五都督府に隷する者凡三十二後府親軍衛指揮使司に
隷する者凡十七
王府護衛指揮使司　儀衛正一　同副二　典仗六　あり

第二節　經濟の狀況

土地の種類

第一款土地の制度　土地に官田民田の別あり官田に屬する者は後還官田沒官田斷入官田學田皇莊牧馬草場城壖苜宿地牲地園陵墳地公占隙地諸王公主勳戚大臣內監寺監賜乞莊田百官職田邊臣養廉田軍民商屯田等にして民田は則各私人の所有田となす

官田と私田

官田と私田との比は弘治十五年の調査に全國田土總計四百廿二萬八千五十八頃九十二畝あり此中官田五十九萬八千四百五十六頃九十二畝餘民田三百六十二萬九千六百一頃九十七畝餘ありと云其後正德の際は官民田共にまして八百四十九萬六千五百二十三頃餘に至れり

沒官田

沒官田とは民の犯罪によりて沒收されたる田地なり人を雇て耕さしめ租稅を徵收す

莊田

諸王公主勳戚大臣內監寺監も亦領地あり名けて莊田と云ふ當時勳臣公侯丞相以下莊田を賜ふ多き者は百頃親王莊田は千頃又武臣に賜ふ各差あり又百官にも給ふ莊田の收入は則各自の收入に屬す仁宗宣宗の時莊田を乞ふ者頗多し英

皇莊

宗の正統中諸王外戚中宮所在官私田を占む令して民田を奪ふ事なからしむ然れ共其實際に於ては貴族等の請求に任せて莊田墳塋を賜ひし事數ふべからず當時又令して莊田の增加を防がんが爲に寺觀僧道の洪武年間田を購ひて田莊を造りし者を除き其以外新に增加せし者は州縣の官吏に於て之を調査し民に還附せしむる事に務めたり若廢替せる寺觀の遺留せる田莊あらば同じく地方官をして調査せしめ以て貧民の戶口多くして財產少き者に分ちたり戶每に男子二十畝三丁以上は三十畝何も官田にして漫りに賣買する事を許さず天順の際皇親公侯伯文武大臣の官民田地を占領する事を禁ぜり當時莊田は全國に亘り皇親の私領は又皇莊と名づけて各其收入を以て自家の經費にあてたり弘治二年亦令して各所の王府の田地を購ひて民業を害する事なからしめき然れ共皇莊莊田は常に其數を增加し弘治二年には畿內皇莊五所其地一萬二千八百餘頃勳戚中官莊田三百三十二所其地三萬三千餘頃ありといへり以來請求する者多く天子亦堅く之を拒否する事能はざりしが如く莊田を給賜する事常に絕へず四王田の多き者は七千餘頃に至り武宗の時又皇莊七を立て後ましして三百餘

後還官田
斷入官田
屯田
軍屯

處に至れりされば諸王外戚も愈請求し民田を奪ふ者多かりき世宗以來増加の勢は一時頓挫し例ひ請求するも與へず穆宗の時其制限の頂上に達して勳臣五世限田二百頃の定ありしが神宗以來再舊に復し多き者は四萬頃に至りしを初として熹宗の時萬を以て數ふる者亦少なからざりしと云

後還官田は嘗て莊田等に屬せし者を後に至て官に還付せし田地にして國家の所有に屬す斷入官田は戸口斷絶して官に歸するに至りし田地なり又國家の所有に屬す

屯田に二種あり一を軍屯といひ一を民屯と云ふ軍屯は明の初兵を農に寓して兵農分かれざりしかば諸將に令して軍を龍江等に屯せしめて耕作せしむ以來軍屯の制漸密となれり大凡衞所軍士三分は城を守り七分は耕作に從事す但邊によりて異り或者は二分城を守り八分出て耕す事あり或は四方城を守り六分出てゝ耕す事あり或は折半して城を守り及耕す事あり皆防備の要不要に因て異れり屯田の數は各衞所により多寡あり在京錦衣衞の屯田は六千三百三十餘頃あり其他南京錦衣衞等の屯田中都留守司並に所屬衞所及皇陵衞屯田北直隸

衛所屯田南直隷衛所屯田を始として大寧萬全浙江等の十二都司及行都司所屬衛所の屯田各其數あり民屯は移民を寛鄕に付き以て屯せしむ或は應募者を或は犯罪人を徙して耕作せしむる事あり

民田は多く開墾する事によりて增加す明の制前代に類し民の開墾する者は其田を私有せしめたり又屢令して荒閑田地を開墾せしめ三年免租し以後は定則に從て徵收せり民田の中祖先の塋墳ある地は永久沒收せらるゝ事なし當時民の罪重き者は其田畜孳畜を沒收したり然れ共獨祖先の塋墳即墓地は其例外也墓地には此の如き恩典を施して國家と雖漫りに之を侵す事をせざりき

民屯

民田

墳塋

第二款　貨幣の制度　明の時貨幣に二種あり一を寶鈔といひ一を鑄錢と云寶鈔に關する法規を鈔法と名づけ鑄錢に關する法規を錢法といへり要するに紙幣と硬貨となり

鈔法　明は宋により寶鈔を用ふ宋には之を交子といひ金は交鈔といひ元以來寶鈔と云元に絲鈔あり寶鈔あり錢貨と並び行はれたり明に至て洪武八年中書省に詔して大明寶鈔を作る桑穰を以て鈔料とす其制方高一尺濶六寸許色は靑

鈔法

交鈔

寶鈔

大明寶鈔

印造

色とし外に龍文花欄を造り横に大明通行寶鈔と題す又兩側に篆文を以て大明寶鈔天下通行の八字を書し下に戸部奏准印造とあり若僞造する者あらば斬に處し僞造を告ぐる者は賞銀二百五十兩を與へ犯人の財産を給へり毎鈔一貫は銅錢一千文に銀一兩に相當せり鈔に六あり一貫文五百文四百文三百文二百文一百文の別之なり一百文以下は銅錢のみを用ひ其以上は必鈔を幷せ用ひしむ鈔を用ひずして金銀のみを用ひて交易する事を禁ず背く者は科するに刑罰を以てす告發する者は其物を以て告發人に給す商税課錢は常に錢十三鈔十七の比を以て收めしむ

寶鈔を印造するは寶鈔提擧司に於てし毎歲三月の中に工を興し十月の内に畢る京師及地方には行用庫を置きて鈔を畜へしめ民の金銀を以て鈔に代へん事を乞ふ者は之を許し若紙幣の破爛し汚穢せる者は望に任せて引替せしむ僞造紙幣を發見せば直に京に送附す其後屢令して軍民商賈をして其有する所の銅錢を官に歸し鈔に代へて通用せしめたり之によりて或は金銀銅錢の通用を禁じ犯者は科するに刑罰を以てし告者には賞するに現物を以てしたり永樂七年

錢法
錢貨の種類
洪武錢
永樂錢
宣德錢

北京に寶鈔提擧司を置けり又各種の税は皆寶鈔を以て納るゝが如き策を用ひて寶鈔の普く流布せん事に務めたり
錢法　遼金元以來錢貨を用ふる事舊の如し明に至り洪武の初寶源局を應天府に置く以て大中通寶錢を鑄たり四百を以て一貫とし四十を一兩とし四文を一錢とす又江西等行省に各貨泉局を置き大中通寶大小五等錢を頒ち鑄造せしむ又戸部各行省をして洪武通寶錢を鑄らしむ又五等あり當十錢は重一兩當五錢は重五錢當三當二重皆其數の如し小錢は重一錢なり六年民間の私鑄銅錢を禁ぜり次て又寶源局の鑄錢をやむ又布政司の寶源局をやめ寶泉局を置き小錢を鑄て寶鈔と兼行せしむ小錢折二錢當三錢當五錢當十錢あり生銅一斤に小錢は百六十折二錢は八十當三錢は五十四當五錢は卅二當十錢は十六をとるの比なり當時鈔一貫を以て錢一千文にあつ洪武廿三年布政司の寶泉局をやむ永樂九年浙江江西廣東福建四布政司に令して永樂通寶錢を鑄る宣德九年南部工部幷に浙江等の布政司をして宣德通寶錢を鑄らしむ天順四年民間の除暇錢錫錢歷代の錢洪武永樂宣德銅錢折二當三皆定規に從て通行せしむ成化以後鈔錢中半

して收め且銅錢を私鑄する事を禁ぜり

第三節　財政

明の收入

明の時國家收入の主なる者は田租なり之を税糧と名づく田租以外は不時の收入にして常に不定なり即鹽茶硝礬朱砂水銀等各地の產に從て之に課税す又役法あり

田租

田租　唐揚炎兩税法を作てより以來宋亦其制を襲ひ明亦之によれり太租の初田租は十に一を取り役亦田を計て之に課せり即位の初賦役の法を定め一に黄册を以て準據とす黄册とは即戸籍帳にして里每に編して一册となせり丁數の多寡田數をも附載せり依て之により丁を量りて役を課し田を量りて租を徵す

黄册

夏税秋糧

租に二等あり夏税秋糧と云夏税は八月を過さずして之を納れ秋糧は明年二月を過さずして之を納る夏税は米麥錢鈔絹を以てし秋糧は米錢鈔絹を以てせり弘治の時夏税は大小米麥麥荍絲綿荒絲税糸絲綿折絹税絲折絹本色糸農桑絲折絹農桑零絲人丁絲折絹改科絹棉花折布苧布土苧紅花麻布鈔租鈔税鈔幣帛絹本色絹絹折色絲等を以てし秋糧は米租鈔貫鈔租絲租絹租粗麻布租苧布棉布等を

本色折色

以てせり萬曆の時多少增損する所ありと雖多くは米麥を以て主となす絲絹鈔之に次ぐ夏稅の米は只江西湖廣廣東廣西麥豇は惟貴州に農桑絲は普く天下に取る然れ共常に一定せるにあらず或時は稅糧共に銀鈔錢絹を以て代納せしめし事あり其比例は米一石に銀一兩錢千文鈔十貫に麥は其價十の二を減ぜり棉苧一疋は米六斗麥七斗の比麻布一疋は米四斗麥五斗の比なり又洪武十七年には雲南金銀貝布漆丹砂水銀を以て秋糧に代へし事あり米麥を以てするを本色といひ他物を以て替ふるを折色と云永樂の際天下の本色稅糧三千餘萬石絲鈔等三千餘萬ありと云ふ宣德中網銀一串鈴等の諸法あり是より民の納稅只本色と折色銀とを收むるにすぎず當時太倉庫に入る者二百萬兩大凡七分を以て經費にあて三分を畜積す世宗以來經費多く國庫空虛す此故に收入の途を講せんとして或は寺田を變賣し軍罪を贖はしめしも尙足らす歲入歲出の半に充たざりしと云加ふるに邊海倭寇屢にして防備の經費亦少なからざりき以來群臣に

一條鞭法

令して國家の財源を獻策せしめたり嘉靖隆慶以後所謂一條鞭法なる者を行へり其法一州縣の地租丁役を總括し地を量り丁を計り丁糧一に合して其租を收

租の率

む而して官別に人を募て之が工食の費にあつ故に民又役せす只租と共に凡て併せて一條として銀を上納するのみ故に名つけて一條鞭法と云立法頗簡となり民亦煩擾をさくる事を得たり然れ共此法或は行はれ或は止みて一定せざりしか萬曆九年に至て盡之を行ひ四十六年畝每に三釐五毛を加へ明年又二釐を加へ前後通して九釐を加へ五百廿萬を增賦せり之を以て歲額とす當時畿內八府及貴州は增賦せす崇禎三年また三釐を增徵せり惟順天永平は兵を用ひしを以て加へず餘の六府は六釐を加へ凡て百六十五萬四千餘を增加せり之より後助餉遼餉勦餉邊餉練餉なる名稱によりて加徵する所あり以后淸朝滿州に起りて屢抄掠せしかば國費日に多端となり崇禎の末明恰亡せり

當時租の稅率は官田民田其比を異にす太祖の時官田は畝每に五升三合民田は二升を減せり重租田は八升五合五勺沒官田は一斗二升なり然れ共浙西の地は頗豐饒なりしを以て其比例亦他に比して多額也恰倍額を徵せりと云就中蘇最重く嘉湖之に次く杭又之に次く洪武十三年其稅を定め畝每に七斗五升より四斗四升に至る迄は十の二を減じ四斗三升より三斗六升に至る迄は止だ三斗五

蘆課

升を徵せり以來宣德五年正統三年各規定する所あり洪武の時又蘆地に畝每に五合三勺草塲地に三合一勺を徵せり

草塲地租

酒麯稅

田租の外に又酒麯稅あり當時酒を釀して販賣する者には必官署につきて定額の酒稅を納めしめたり若納稅せずして販賣する者あらば匿稅に依て科斷す自家用の爲に釀造する者は此限にあらず麯を鬻く者亦然り此他菜地には畝每に月鈔三百貫を果樹十株每に歲に鈔一百貫を房舍は每間に月鈔五百貫を民間行使する所の驢騾車の物貨を載する者は每輛に鈔二百貫を雇船は航する塲處に從て每料に一百貫を或は五百貫を(柴車糧米を載せ若くは空船にて回還する者は徵せず)納れしむ其他貲賣の家表背舖油房磨房等亦各鈔を納めしめたり而して各增減一定せず時代によりて多寡あり

諸稅

役の種類

役には里甲あり均徭あり雜泛あり初洪武元年田一頃に丁夫一人を出せり頃に及ばざる者は他田を以て之に足す名けて均工夫と云尋て應天府等十八府州江西九江饒州南康三府均工夫圖冊を編し每歲農隙に京師に赴きて役を供す田多く丁少き者は佃人を以て夫にあて田主米一石を出して其資に供す佃人にあら

里甲の役

均徭

雜泛

諸戸

住座輸班

賦役の免除

恩蠲

ざる者を出す者は畝に米二升五合を出して其費にあつ其後黃冊成るに及びて一百一十戸を以て里となし丁多き者十戸を長となす余の百戸を十甲とす甲に長ありこれ一の役法也里の長として里長ありこれ亦役法也名けて里甲の役と云其餘の戸丁の役を均徭と名づく主として糧戸馬船頭館夫祇候弓兵皂隷門禁厨斗の如き常役あり後又薪を斫り柴をうち河を修め倉を修め飛脚の如き役あり其他臨時に徵收して役せしむる事あり之を雜泛と云ふ一條鞭法行はれて後役する事なしと雖猶糧長里長存し崇禎の頃民の差役に疾苦する者多かりき當時餞糧に收戸あり解戸あり驛遞に馬戸あり其他竈戸あり陵戸あり園戸あり海戸あり廟戸あり㢘夫あり庫役あり其種類頗多し匠戸に二等あり住坐輸班と云住坐の匠は月に廿日事に從ふ赴かさる者は罰班銀を輸す月に六錢之を輸班と云ふ

賦役の免除を得る場合に二あり一を恩蠲といひ一を災蠲と云恩蠲にあつる者は民間寡婦三十以前にして夫亡し志を守る者の五十以後節を改めされば門閭に旌表し本家の差役を免除す又民の年七十以上の者は一丁の侍養を許し雜泛

差役を免す又洪武四年闕里の孔氏の子孫二十六戸の徭役を免せり又各府縣の軍戸は田三頃の稅糧を收むるの外雜役を免し他の田は民と同じく役せしむるか如き或は時として軍戸天文生陰陽生竈戸某縣の民墳戸等に役を免ぜし事例多し

災蠲　災蠲による者は則天災地變の爲に蒙りし害によりて特に免除せらるゝものなり

經費　國家の收入は畧右の如し之に對する經費は之を大別すれは大凡左の數種あり

賞賜　鈔錠胡椒蘇木銅錢銀衣服等を以て諸官吏に賞與す賞賜を行ふ者三あり禮部兵部戸部之なり多く軍士に給與す

月糧　又月支糧とも稱す軍士民匠軍にある者民兵等に給す

月鹽　又月支食鹽と云多く軍士に給す

雜支　臨時に米鹽を守衞官浣衣局四婦等に給す

廩祿　これ歲計の大部なり諸王公侯文武以下皆定制あり然れ共猶時に從て增減あり廩祿に二あり祿米及俸給之なり

祿米　親王郡王王子王孫及公主郡主等の毎歳の用也其他各府の祿米(秦府晋府周府楚府魯府蜀府代府遼府慶府寧府肅府等)及公侯駙馬伯の祿米

俸給　在京五軍都督府首領官吏幷に六部通政使司大理寺等衙門在京文武官俸在外文武官敎官生員の俸廩等皆此中にあり

第四節　當代に於ける自治制の發達

支那に於て自治制の最發達せし時代を明代となす是より先唐宋に於ける自治制は略前章に於て之を述べたり更に遡りて唐虞三代の制得て知るべからずと雖周代に於ける自治制は又周禮載する所によりて之を知るべし漢以後唐に至る迄其制なきにあらずと雖未完全に施行するに至らず唐或は廢して行はず宋之を行て未普からず明に至ては制最整ひ自治制の備はる此時を以て最とすべし

明に於ける自治制は十家の組合を以て單位とし名つけて甲と云甲に首あり百十戸を里とす十戸を長とす長は丁糧の多き者を以て之にあつ十年にして一周せしむ而して里の內には鄉約亭里社壇社倉社學を設け鄉約亭に於ては一里內

鄉約

の規約を示し里社壇に於ては豐饒を祈らんが爲に五穀の神を祭り社倉に於ては凶年に備へんが爲に粟米を蓄藏し社學に於ては里內の子弟を敎育せんが爲に敎師を聘しかくして鄉約を以て訴訟を決し里社を以て祭祀にあて社學を以て敎育にあて社倉を以て救恤にあて訴訟(警察)祭祀敎育救恤の凡の事務は悉く此組合內に於て處理する事としたり

鄉約は各里に於て規定し常に一定せすと雖要するに天子の聖諭を奉して組合內の親睦を期し各自其身を愼みて邪敎に染ます盜賊を隱さずと云にあり聖諭を奉ぜんが爲には每月日を定めて會所に集まりて里長甲首等一里の長老者と共に聖諭をよみ組合內の親睦を計らんが爲には同じく日を定めて集會し邪敎に染ます盜賊を隱くさざらんが爲には戶籍を詳にして其增減生死を知らしむ聖諭は大誥三篇敎民榜文等太祖の頒行せしめし者あり中にも聖諭六言を主となせり

父母に孝順に　長上を尊敬し　鄉里を和睦し
子弟を敎訓し　各生理に安し　非爲を作す勿れ

最後の非爲を作す勿れの中にはあらゆる不義不法を犯す事なかるべきを命せり而して定日には會所に於て組合内の人を會し聖諭牌を前面に立て次に香案を置き左右に一郷の長者と年老者と約長約副等列し其背部に組合内の者席次を占め其下位に講案を置き歌生等郷約保甲の規約をよみ歌ひたり其式左の如し

聖諭牌	
香案	
學校諸生等席	
郷縉紳或は年長者席	
約長約副等席	
組合内の人々	
講案	
歌生東班	歌生西班
司皷位	司磬位

組合内の集會も適宜の寺觀社廟を定めて定日に集り已むなき所用あるの外は必之に參列せしむ又組合内の戶籍を明にせんか爲に左の如き牌を作りて一日を限りとして各戶に順次揭けしむ

某里第　牌	約正 某係某處第牌人 保正	保長
孝順父母	一戸…………	六戸…………
尊敬長上	二戸…………	七戸…………
和睦郷里	三戸…………	八戸…………
教訓子弟	四戸…………	九戸…………
各安生理	五戸…………	十戸…………
毋作非爲	某年月日	

戸の下には戸内の人名年原籍職業自宅若くは借宅の如何或は身分の如き悉之を記載せり

里社

里社は里毎に壇一所を立て壇場を潔淨にし常に五穀の神を祭りて豊熟を祈る春秋二社には殊に大祭す祭には一羊一豕を用ひ酒菓香燭隨時に用ふ祭畢て一里の人相會して宴を張る飲會中一人立て强を抑へて弱を扶くるの誓をよむ其詞に曰凡我同里の人各禮法を遵守し力を恃て弱を凌く事勿れ違ふ者は先共に

之を治め然る後官を經ん貧にして靠るべきなければ其家を周給する事三年婚姻喪葬あれば力に隨て相助けよ衆に從はず及各種の非爲を犯す人は會に入る事を許さずと皆長幼を以て序をなせり

社倉

社倉は組合內の各戶か其收入の幾分をとりて之に積藏する方法也專凶年の準備にあつ蓋社倉の制は遠く古より存し周禮に委積の法あり漢以後隋唐の際常平倉義倉社倉ありし事は前章に於て述べたり明亦宋の社倉法に准して里每に之を置く貧富に從て穀を出して社倉に納む

社學

社學は洪武八年詔して社學を立てしめしに初まり十六年以來各地に設立したり皆師儒を延きて民間の子弟を敎ふ社學の事務に關しては地方官吏は之に干涉する事を許さず其敎科の如きも鄙近にして實用に供する事の多き者を撰び專道德を普及ならしむる目的なりきされは御製大誥の如き者は務めて暗誦せしめ其奬勵策としてよく大誥を暗誦する者は京師に赴きて禮部に於て之を試み誦する所の多寡に從て賞賜あり大誥の外律令の如きは常に之を學習せしめたり而して社學に入ると入らざるとは各人の自由に任せ國家及組合は强て之

保甲

王守仁周孔敎の保甲

に入學を迫まらざりき

明の末里甲の名を改めて保甲といへり其實共に制を同じくして只名を異にするのみ而して保甲の最よく行はれて後世迄其事績を傳ふる者は王守仁の江西に於ける周孔敎の蘇に於ける皆其著名なる者也周孔敎の法は城內治所を以て中央とし每保に十甲をすべ保正保副を置き甲每に十戶甲長一人を設け之を東西南北に分ち東一保東二保東三保と名づけ南西北亦此の如し其外にある保正副は城內の保正副を以て統轄せり例へば城內の東一保は鄕(即城外)の東一保をすべ東二保は同く鄕の東二保をすぶるが如し其監督の方法を見るに著るしく國家の干涉を加へたり

舟の組合

以上の如き組合は又海上にも行はれ嚴州に於ては七里瀧と云へる所に舟の組合を設けたり當時七里瀧には漁舟數百あり時に盜賊出現して財物を掠めたりしかば令して十艘每に甲を編し自警察の事務を掌らしむ若犯者を出せば十の組合は悉其責任を負へり

第五節　交通行政

明代交通に關する行政は則驛傳の制度なり

會同館

當時京師に會同館あり地方に馬驛水驛及遞運所あり此他十五里每に急遞舖あり

會同館は初南京にありしが永樂中都を北京に遷すに及びて會同館も亦之に遷し大使一人副使二人を置けり內副使一人は南館を兼ね掌る會同館は王府公差及四夷朝貢の使臣を接待する所にして使臣の國に依て南北の二館に分ちたり王府公差遼東建州女直回回西蕃雲南貴州等は北館に朝鮮日本安南等は南館に置けり館には常に馬百七十一匹驢百卅餘頭を置き外蕃朝貢の時は此等の用に供せしむ

馬驛

馬驛は則傳馬を置く所にして驛に依て馬數一定せず要衝の處には馬八十匹六十匹三十匹の三等に分て置き要衝にあらざるも道路の衝に當れる所は馬廿匹十匹五匹を置き上馬一匹に糧一百石中馬一匹に糧八十石下馬一匹に糧六十石を備へしむ驛馬には必馬膊上に小牌をかけて上中下の等級を記し馬每に銅鈴を著けしむ驛馬鈴聲をきけは次驛は直に準備して遲滯する事勿らしむ馬鞍に

は木綿及氈搨輕坐を置けり

驛馬に官給と自備とあり自備は驛の屬する府に於て占田四十頃以上の者に上馬一匹廿頃以上の者に中馬一匹十頃以上の者に下馬一匹を出さしむ官給の馬子を生む時は官に報じ自備の馬子を生む時は之を賣却すると然らざるとは其自由に任せたり馬夫は其驛に於て適宜の人を擇びて之にあて賦役を免ぜり

水驛

水驛も各驛に從て其備ふる所の船の數一定せず通行の衝に當れる所には或は廿艘十五艘十艘を備へ其支路に當れる所は又船七艘五艘等を以てす毎船に水夫十名をあつ其所在及名は成典に詳なり

遞運所

遞運所は官物を運送する船舶車輛を管し水驛と同しく設置する所の船艘等しからず六百料は毎隻に水夫十三名五百料は十二名四百料は十一名三百料は十名の比にして車輛は米十石を載する者には人夫三名牛三頭布袋十小車は一輛米三石を載する者人夫一名牛一頭の比なり遞運所の船隻は倶に紅油刷飾を用ひ船毎に牌をかけ本船の字號料數を書き記し更に水夫の姓名檣舵篙櫓鐵錨等の事をも記し常に船と共に存せしむ船隻什物毀損する者あらは官署に申請し

て之を修補す

急遞舖

陸路には十五里毎に急遞舖あり舖毎に舖司一人舖兵四人あり舖司は急遞舖に關する事務を掌り舖兵は逐物に從事す皆附近の丁粮一石五斗以上二石以下を出す者の中に於て少壯にして事に堪ふる者を以て之にあつ與に雜行差役を免す毎舖に左記の什具を準備せしむ

十二時辰輪子一箇　紅綽屑一座幷牌額　舖曆二本　遇夜常明燈

夾板一副　鈴攀一副　纓槍一副　紬絹三尺　軟絹袍一條

箬帽簑衣各一件　紅悶棍一條　回曆一本

傳達の方法

夾板とは文書を夾む板なり鈴攀とは鈴のつきたるたすきなり纓槍とは房の附着せる槍軟絹袍袱とは絹製の風呂敷紅悶棍とは棍の名なり其傳達の方法は傳達すべき者到着する時は舖兵は必之を受け其物を夾板にはさみ鈴攀をつけ纓槍を持し回曆を携へ馳せて次驛に至る次驛は其鈴聲を聞くと共に既に準備し舖兵至れは之が文書の下官より上官に傳送すべき者と上官より下官に布告する者との二樣に分て舖曆に記載し更に舖兵の齎す回曆に其到着時刻を記載し

て之に返附す舗兵は之を携へて本舗に歸還するなり

漕運

明の時都を北に遷してより軍國の經費悉東南に供給を待ちしを以て東南より北に輸送せんが爲に漕運の法頗詳密を致したり初漕運の法は主として海運により海道よりして直に沽に達す次て海陸兼運となり永樂の初江南の粮一は海道により一は淮河より黄河に入り陽武に至て陸運し衞輝より再衞河を上り白河に入り通州に至れり次て支運となり支運更に又兌運となり兌運更に又改兌となれり此故に明の漕法五たび變せり

第六節　敎育行政

當時學校は在京國子學あり中都國子學あり府州縣學校あり國子學は京師にありて國子監に隷す

國子學

國子學　初太祖元集慶路儒學を以て國子學となす洪武十四年改て國子監とし祭酒司業及監丞博士助敎學正學錄等を置く諸生學ふ所は四子本經より外は劉向說苑及律令書數御製大誥を兼て學習す學舍に六種の別あり正義崇志廣業修道誠心率性の六堂之也四書に通して未經に通ぜざる者は正義崇志廣業に居き

積分の法

諸國官生

一年半以上にして文理條暢なる者は修道誠心に升せ又一年半にして經史を兼通し文理共に勝れる者は率性に升す率性に至れは更に孟日には本經義一道仲日には論一道詔誥表内科一道を季日には本經史策一道判語二條を各試み試毎に文理倶に優れる者は一分を與へ理優りて文劣れる者は半分を與へ誤れる者は分を與へず一歳の中八分を得たる者を及格とし出身を與へ然らざる者は與へず才學超異せる者は奏請す初品官子弟及民の俊秀にして文義に通ずる者に命じて國子學生にあてしが其後高麗日本琉球暹羅の諸國皆官生あり入監して書を學べり雲南四川等の土官も亦子弟民生を遣して入監す監の前に別に房百間を作りて此等を置けり永宣の間諸國來て學ぶ者絡繹たえず正德嘉靖の時に至る迄琉球生の如き猶至れりと云

洪武五年中都國子學を置きしが廿六年に至て國子監に合せり成祖永樂元年北京國子監を置く十八年都を北京に遷すに及で北京國子監を以て京師國子監とし先の國子監を南京國子監と云崇禎の時積分の法大に替れ監生の升て率性に至り而して八分を得て後出身を得る事古式の如くならず古は一次數名にすぎ

ざりしが當時濫漸甚しく一次數十名に上れりと云

學生の事務 歷事生 學生の出身の中時に布政使等の官に任じたる事あり此等の吏務に志ず者は特に國子監に於て各生をして諸司に付て吏務を習はしめたり名づけて歷事生と云洪武の時吏部に四十一名戸部に五十三名禮部に十三名大理寺に廿八名通政司に五名行人司に四名五軍都督に五十名を置けり之を正歷と云又雜歷あり戸部に十名禮部に十八名兵部に廿名刑部に十四名工部に八名都察院十四名大理寺通政司共に四名御史に隨て出巡する者四十名あり其他諸色辨事あり洪武廿六年監生六十四人を擢でゝ布政使等の官にあてたり成祖永樂五年監生卅八人を選で翰林院に隷し四夷譯書を習はしめたり後此等の中より擢てゝ給事中御史となせし事あり仁宗の時六科の給事中多く欠けたりしかは諸生覬ひ知て之に補せられん事を望みしかと帝許さす宣宗の時敎官多く欠けたるを以て監生

納粟 三百八十人を選用せり後代納粟の例を開きてより監生漸輕視せらるゝに至れり

京衛武學 京衛武學は英宗正統六年に設くる所なり初洪武の時大寧等の衛に

儒學を置きて以て武官の子弟を敎ふ廿年武學を立てん事を請ふ者あり天子許さす文武科を異にするは一藝に偏せしむる所以也と惠帝建文中始て京衛に武學敎授一人を置き啓忠等の齋に訓導各二人を置く世祖の時之をやむ英宗に至て復置く兩京共に武學あり堂を明倫と名つけ六齋を居仁由義崇禮宏智惇信勸忠と云敎授訓導各一人あり其敎科書は小學論語孟子大學の內一本五經七書百將傳の內一本とす皆子弟十歲以上を取れり以來世宗神宗の時皆子孫を敎ゆ

宗學　京師にあり武宗正德十四年宗學敎習の制を定め神宗十年に至り宗室の子年十歲以上の者は宗學に入れ若宗子多き時は敎師を宗室中に分置し一人を擧けて宗正とし他を總べしむ尋て宗副二人をまし學生をして皇明祖訓孝順事實爲善陰隲等の書を誦習し四書五經史鑑性理も亦兼て誦讀せしむ

府州縣學　太祖洪武二年天下の府州縣に皆學を立てしむ府學には敎授一人訓導四人州學はは正一人訓導三人縣學には敎諭一人訓導二人學生は府學は四十人州學は卅人縣學は廿人其家の差役二丁を免す生員は民間に於て選補する事を許し專一經を治め禮樂射御書數を以て科を設け敎を分ち務て實材を求む廿

年廣く生員をまして定數に拘らざらしむ永樂元年順天府學を立て宣德三年(イ元年)增廣生員を定む在京府學は六十人在外府學は四十人州學は卅人縣學は廿人とす正統元年生員欠くる所は本處の官員軍民の家及社學の俊秀にして過なき子弟を以て之に補す正統中提調敎官を置きて諸所を巡行して學校を監す神宗萬曆中提學官諸生を試みて六等に分ち一二等の者は賞を給し三等は常の如く四等以下皆懲罰あり一二等を以て科擧生員とし鄕試に應ぜしむ憲宗成化三年提學官に令して躬各學を歷り敎官を督率し諸生を化導せしむ其後崇禎中學校の敎習大に廢せるを以て令して學校の制を嚴にせしむ又天下府州縣學に武學生員提學官を置けり

諸衛學

當時州縣學の外に遼東に諸衛學あり洪武十七年立つる所なり宣德七年衛所官舍軍余俊秀なる者は附近の府州縣學に入る事を許せり成化三年軍生入學の例を定め四衛以上軍生は八十人三衛以上は六十人二衛以下は四十人となせり

社學

又社學あり同く洪武八年設くる所なり社學は里に置ける學校にして師儒を延きて民間の子弟を敎ゆ學ふ所は御製大誥及律令也廿年子弟子の誥律をよむ者

京の禮部に赴き其誦する所の多寡を計て賞與を給せし事あり正統元年俊秀なる者は儒學生員に補する事を許せり孝宗弘治十七年民間の幼童年十五以下の者は社に送て讀書し冠婚喪祭の禮を講習せしめし事あり

書院

當事地方に又書院なる者あり生徒を集めて講讀せりこれに官立と私立とあり後世私立最多く一時勢力を振ひし事あり抑書院は太祖元の舊に依て洙泗尼山の二書院を立て各山長一人を設けしに始まり憲宗成化二十年には江西貴溪縣に象山書院を建て孝宗弘治元年には江南常熟縣學道書院を修め武宗正德元年には江西德化縣の濂溪書院を修めたり而して當時各省に皆書院ありて官之を禁ぜず世宗嘉靖十七年に至り湛若水の異學を唱へ廣く無賴の徒を收めて私に書院を建つる由を告ぐる者あり依て令して其書院を毀たしめたり此時亦多く書院を毀てり然れ共其後私に創立する者亦少なからず京師の首善書院江南の

東林書院

東林書院の如き其有名なる者なり東林書院は素無錫書院にして宋儒楊時の建つる所後廢して僧寺となり萬曆中顧憲成其地に在て龜山の祠を立て同志の者精舍を搆へて之に居れり依て行人高攀龍等と其中に開講せり

廩膳生員 增廣生員	善世院	僧錄司	道錄司

當時師生には皆廩饌を給ふ月に米六斗後復日に米一升魚肉鹽醯の類皆給せり洪武十五年廩饌月米一石を定む此年府州縣田租の官に入る者は悉學に歸して祭祀及師生の餼廩に供す凡三等に分つ府學に一千石州學は八百石縣學は六百石應天府學は一千六百石各吏一人を置きて出納を掌らしむ師生月に廩膳米一石を給す敎官には別に官俸あり食廩を受くる者之を廩膳生員といひ增廣する者之を增廣生員といへり

第七節　宗敎行政

明の初善世院を置て宗敎事務を掌らしめしが洪武年中に至て改て僧錄司と云南京北京と分るゝに及びても互に僧錄司を置き善世闡敎講經覺義等の官を置きて僧尼を管せり僧錄司は北京に於ては大興隆寺を以て之にあて後大隆善寺に遷す南京に於ては天界寺を以て之にあつ府州縣各僧尼を管する所あり道敎に關しても亦道錄司あり府州縣各道士を管す

(京師)　僧錄司　　道錄司　　(府)　僧綱司　　道綱司

(州)　僧正司　　道正司　　(縣)　僧會司　　道會司

道僧に入る條件

僧道に入る事を得る者は左に掲ぐる諸條件を具備せざるべからず即經典に通ずる事年廿以下四十以上なるべき事但尼は四十歳以上なる事軍民にあらざる事等之也此中經典に通ずると否とは僧道錄司に於て之を試驗す通して初て度牒を給す永樂十六年の規定によれば年十四以上二十以下にして父母の同意を得官司に通告し尙鄕里の同意を得て後寺觀に入り師に付きて業を習ひ五年の後諸經に通達して更に僧道錄司に赴きて試問をうけ通する者は始て僧道たる事を得せしめ若通せざれば還て庶民となせり洪武の時試問を受けて通せざる者は科するに刑罰を以てしたる事あり

度牒

以上の條件を備へて僧道たるに適する者には度牒を給ふ永樂中三年に一たび度牒を給へり

僧道の數は時によりて一定せず永樂十六年には府は四十人州は卅人縣は廿人を越ゆべからずと令せり

道士僧尼の心得

道士僧尼の心得は祖風を務めず妄に議論をなし令を沮むが如き行爲あるべからず犯す者は刑あり永樂十年令して天下の僧道多く戒律を守らず民間の修齋

寺觀
周知册

誦經動もすれば利の厚薄を比較して利の厚きにつき甚しき者は酒を飲み肉を食ひ遊蕩荒淫に耽て毫も顧みさる者あり或は無知の愚民ありて妄に道人と稱し男女を惑はし雜處別なく風化を亂り或は僧道祖風を務めさる者あり此等は共に嚴禁し違犯す者は科するに刑罰を以てすと次て又僧尼の私に菴院を建つる事を禁ぜり宣德中僧道の私に自簪刺し及妄言衆を惑はす者を禁ぜり

寺觀に付きては洪武五年僧道錄司共に周知册を作りて天下の寺觀に頒布し若僧道にあはゞ其周知册に載する所の姓名字號得度の年月等と僧道云ふ所の貫籍及其他の事項とを對比し若合せざる者あらば僞冒として之を罪したり六年時に釋老日に盛にして徒衆愈加はるを以て令して府州寺觀一所に存し其徒を幷せて之に居らしむ其後歷代以來及洪武十五年以前寺觀の名額ある者は併歸せず新に建つる者は皆併歸せしむ以來屢私に寺觀を創建する事を禁じたり

第八節　軍制

明の軍制は大略之を分て三となすをうべし一は在京天子親軍にして凡廿七衞あり二は京營にして之を三大營と稱す三は衞府にして京師にあるものと地方

天子親軍

京營

にあるものとあり共に衛兵と稱す京にあるものは之を京衛と云三大營の兵は諸衛所兵の番上せる者を以て之にあつ五軍三千神機の三營あり

侍衛上直軍　これ天子の親軍なり太祖洪武の時親軍都尉府を改めて中左右前後衛に隷す十五年錦衣衛を置き所屬に南北鎭撫司十四所あり又將軍力士校尉等あり直駕侍衛巡察緝捕を掌れり已にして又公侯伯都督指揮の嫡次子を擇びて勳衛散騎舍人及府軍前衛等十二衛を置く

錦衣衛　旗手衛　金吾前衛　金吾後衛　羽林左衛　羽林右衛　府軍衛

府軍左衛　府軍右衛　府軍前衛　府軍後衛　虎賁左衛

永樂中五軍三千營を置く又金吾左衛金吾右衛羽林前衛燕山左衛燕山右衛燕山前衛大興左衛濟陽衛濟州衛通州衛の上十衛を加へ宣德に至て更に騰驤左衛同右衛武驤左衛同右衛の上四衛を加へ共に上廿六衛とす皆宿衛を掌る

京營　京營を分て三とす五軍三千神機之なり其制永樂に至て備はれり初太祖大都督府を置き中外諸軍を節制す後分て前後中左右五軍都督府とす洪武四年凡て廿萬七千八百餘人あり成祖京衛を增して七十二とす又步騎軍を分て中軍

五軍　三千　神機　老家　練勇

左右掖左右哨五軍とす歳に中都山東河南大寧の兵を番上せしめて之にあつ既にして邊外の降丁三千人を得營を立て五司に分つ後交趾を征して火器の法を得たり營を立て習はしむこれ神機營なり以來京營に三大營あり景帝の時に至り諸營に於て勝兵十萬を選び十營團練に分ち毎營に都督を置き其餘の軍は本營に歸して老家といへり憲宗増して十二營團練とし四武營四勇營四威營とす當時京營七萬五千人あり武宗に至て十二營銳卒六萬五百余人に減ず其後兩官廳を立て團營勇士等を撰で之にあてしを以て十二團營亦老家となれり武宗崩ずる時兵籍にある者卅八萬餘にして存する者十四萬之を選で僅に二萬餘人あり當時團營常に役に從ひ工作繁くして軍事を操る事少し故に團營の名ありて實は田夫に異ならず世宗に至て一大改革を行ひ團營兩官廳をやめて三大營を復し三千を改めて神樞と云又四武營を五軍營中軍に歸し四勇營を左右哨に歸し四威營を左右掖に歸し各坐營官一人を設く兵を畿輔山東山西河南に募て四萬人を得たり神樞神機に分隷せしむ大將總ぶる所の三營の兵居常名けて練勇と云在京の各衞軍俱に三營に分隷す分て卅三營とし合して三大營とす副將參

班軍

班軍恰も役夫の如し

將遊擊將軍佐擊將軍坐營官號頭官等を設く總ぶるに提督總兵官一人を以てす後提督を改めて總督と云又侍郞一人あり後又提督と云次で又總督と云

京營の兵は衞所の軍京師に番上する者を以て之にあつ名づけて班軍と云初永樂十三年邊將及河南山東山西陝西各都司中都留守司江南北諸衞官に詔して所部の卒を簡ひ北京に送りて練習せしむ其後屢令して山東河南の諸衞兵を調す歲に春秋番上共に十六萬人正統中京操軍皆出でゝ邊を戍る仍て江北山東等に於て卒を撰で京師に送り以て京師の備となす景泰の初班軍十營團練に分ち久しく休請を得ず仍て兩番に分てり當時海內太平にして外衞の卒京師にある者營繕諸役を供せしを以て勢家等之を私役して其數常に多かりき後其占役の害を云者多かりしかば又衞兵八萬を選で分て四萬とし兩番せしむ嘉靖以後屢衞兵の雜役を矯め春秋兩班に分て番上せん事を進むる者多し隆慶の初卒を發して河を治む軍人多く逃亡せり萬曆以後積弊既に久しく軍士苦使多し爲に期を愆りて至らず之に罸班を科すれば逃亡する者益多きを加ふ班軍恰も役夫の如しと云ひ或は班軍京にありて軍事を習はず皆商業工業に從事せりとも云へり

四衞營　京營の外に四衞營なる者あり武驤騰驤左右衞の四衞之也勇士軍人余丁等別に一營をなす所也弘治の末勇士一萬一千七百八十人あり武宗の時四選勇士を選て西官廳に隷す莊烈帝の時改て勇衞營とす常に虎頭を皂布に畫く黑虎頭軍と名けて賊の恐るゝ所たり故に其勢京營の上にあり

衞所兵　太祖の時武德龍驤豹韜飛熊威武廣武興武英武鷹揚驍騎神武雄武鳳翔天策振武宣武羽林十七衞親軍指揮使司を置く五千人を指揮とし千人を千戶とし百人を百戶とし五十人を總旗とし十人を小旗とす既にして一郡には所を設け郡を連ぬる者は衞を設く大凡五千六百人を衞とし千一百廿人を千戶所とし百十二人を百戶所とし所に總旗二小旗十を設く其兵を取る從征あり歸附あり謫發あり從征とは諸將所部の兵既に其地を定めて因て以て留戍する者をいひ歸附とは勝國及僭僞の諸降卒をいひ謫發とは罪を以て謫せられ因て以て兵となれる者なり洪武三年杭州以下の四衞を都衞とし河南以下の四都衞を置く八年在京留守都衞を改めて留守衞指揮使司とし在外都衞を都指揮使司とす凡十三あり又行都指揮使司二あり大都督府に隷す十五年五軍に分ち諸軍司衞所を

すぶ其後都司行都司の損益分合あり當時都指揮使は布政使按察使と共に並に三司と稱し封疆の大吏となす初洪武廿六年天下都司衛所を定む都司十七留守司一內外衛三百廿九守禦千戶所六十五成祖に至て多く改增する所あり後都司廿一留守司二內外衛四百九十三守禦屯田群牧千戶所三百五十九あり

- 左軍都督府
  - 在京
  - 在外
    - 浙江都司　（諸衛千戶所）
    - 遼東都司　（諸衛千戶所）
    - 山東都司　（諸衛千戶所）
- 右軍都督府
  - 在京
    - 直隸　（諸衛）もとなし後置く
  - 在外
    - 雲南都司　（諸衛千戶所）
    - 貴州都司　（諸衛千戶所）
    - 四川都司　（諸衛千戶所）
    - 陝西都司　（諸衛千戶所）

- 四川行都司（諸衛千戸所）後置く
- 陝西行都司（諸衛千戸所）後置く
- 廣西都司（諸衛千戸所）

中軍都督府
- 在京
- 在外
  - 直隷（諸衛千戸所）
  - 中都留守司（諸衛千戸所）
  - 河南都司（諸衛千戸所）

前軍都督府
- 在京
- 在外
  - 直隷
  - 湖廣都司（諸衛千戸所）
  - 湖廣行都司（諸衛千戸所）後置く
  - 福建都司（諸衛）
  - 福建行都司（諸衛千戸所）
  - 江西都司（諸衛千戸所）

廣東都司（諸衛千戸所）
興都留守司（諸衛）後置く

後軍都督府
在京
在外
直隷（諸衛千戸所）後置く
北平都司（諸衛）後廢す
北平行都司（衛）後廢す
山西都司（諸衛千戸所）
山西行都司（諸衛）
北平三護衛（諸衛）後親軍となる
山西三護衛（諸衛）後やむ
大寧都司（諸衛千戸所）後置く
萬全都司（諸衛千戸所）後置く

奴兒干都司…………衛三百八十四所廿四
西蕃都指揮使司二　指揮使司一　宣慰使司二　招討使六　萬戸府四　千戸

所十七
南京衛所親軍衛　十八衛　犧牲千戸所
左軍都督府諸衛　右軍都督府諸衛　中軍都督府諸衛　前軍都督府諸衛　後軍都督府諸衛
在京の衛兵は皆直接に都督府の下に隷す凡卅三あり
留守左衛　鎭南衛　驍騎右衛　龍虎衛　瀋陽左衛　瀋陽右衛（以上左軍都督府に隷す）
留守右衛　虎賁右衛　武德衛（以上右軍都督府に隷す）
留守中衛　神策衛　應天衛　和陽衛及牧馬千戸所蕃牧千戸所（以上中軍都督府に隷す）
留守前衛　龍驤衛　豹韜衛（以上前軍都督府に隷す）
留守後衛　鷹揚衛　興武衛　大寧中衛　大寧前衛　會州衛　富裕衛　寬河衛　神武左衛　忠義右衛
忠義前衛　忠義後衛　義勇右衛　義勇前衛

邊要防備　戍兵　客兵　邊班　召募　改撥　折班　班軍

義勇後衛　武成中衛　蔚州左衛（以上後軍都督府に隷す）

此他京營にして都督府に隷せざるもの凡十五あり

以上明代軍制の一班なり而して此他邊要沿海の地には各自防備を設けて北虜及倭の來襲に供したり北方には九鎭を置き戍守を設け亭關烽堠を備へて北虜の南下を防げり戍兵は多く山西遼東北平等の都衛より發し各地に千戸所を置きて互に聯絡せしむ事急なれば則兵を增し常に操練せしめて懈怠する事勿らしむ邊を守る兵には土著兵あり罪ありて謫戍する者あり他衛軍往て戍する者客兵あり又邊班あり內地の軍に命じて番戍せしむる者なり或は召募あり改撥あり弘治正德以後官軍のある者僅に六萬六千にして召募と土兵と相半す當時邊防大に壞れたり況んや萬曆以後修築の費に乏しければ派遣すべき班軍を免じて錢を出さしめ之を以て召募し若くは邊防の用に供したり金を入れて戍を免ずるあり名けて折班と云之より班軍遂に耗る初邊政嚴明にして官軍皆定職あり總兵官總鎭軍に正兵副總兵あり三千を分領し遊擊亦三千を分領す其他諸將ありと雖後皆廢す

倭寇の備
民壯　土兵

沿海の地北は鴨綠江遼東より南は廣東安南の界に至る迄倭時に出沒す故に海防最嚴なり洪武の頃より既に然り沿海の民に命じて私に海に出づる事を禁ぜり防備の爲には水軍を置き舟を造り火船快船を以て薄戰驅逐す又沿城に諸城を築き三丁に一を徵發して沿海の戍兵となし衞所を要害に移し二千戶所一千戶所八千戶所等を立て巡檢司と共に船を備へて海上を巡り倭の入冦に豫備す永樂以後倭寇漸絕ゆ嘉靖中に至て倭寇復起るを以て始て巡撫浙江兼管福建海道提督軍務都御史を置く後巡撫を改めて巡視とす以來倭寇益甚し乃金山參將を增設し蘇松海防を分守す尋で改めて副總兵とす又常に舟を連ねて相助けしめ參將を各地に設けて諸兵を指揮せしむ隆慶の初倭冦漸患を爲さず萬曆六年巡撫官を天津に設く以て倭軍の朝鮮に入るに備へしむかくの如く世宗以來倭寇に備へん爲に沿海大都會には各總督巡撫兵備副使及總兵官參將遊擊等の員を設け諸所を防禦せり廣東には東中西三路に分ちて三參將を置き福建には五水寨あり浙には六總あり其他各地に參將を設けて兵を掌らしむ

衞所の外郡縣に民壯あり邊郡に土兵あり太祖の時邊民の自軍械を備へ團結し

て邊を防ぐ事を聽せり以來召募義兵民兵土兵あり或は機兵と稱し弓兵と號し

歷代沿革あり

既に官制の條に於て述べし如く地方にありて一方を總べ鎭むる者を鎭守といひ一路を鎭むる者を分守といひ各一城一堡を守る者を守備といへり正德中此等の鎭戍の中鎭守は廿一ヶ處分守卅三箇處守備一百處ありき

第九節　法源

明の太祖の時初て律を議定せし事あり後左丞相李善長をして律令を爲らしむ善長乃楊憲等廿人をして議律官たらしめ遂に令百四十五條律二百八十五條を撰す蓋天子命じて繁多に失するなからしめ及ぶ限は之を簡易にするに勉めしめたり令律共に六部に分ち令は之を吏令戶令禮令兵令刑令工令と名づけ律は之を吏律戶律禮律兵律刑律工律と命じたり又大理卿周禎に命じて註釋を作らしめ名づけて律令直解と云次で洪武六年律令憲綱を刊し同年又大明律を定む篇目一に唐律に准じ衞禁職制戶婚廐庫擅興賊盜鬪訟詐僞雜律捕亡斷獄名例の十二律となし凡て六百六條卅卷とす撰者は刑部尙書劉惟謙なり而して此律令

明令

律令直解

御製大誥

大明律

に傳はらず明代亦之を遵用せざりし由なり但劉惟謙の序文は後年編する所の明律に存す洪武十八年太祖衆民の往々罪を犯す者あるを見て各種の過犯條を輯めて大誥を爲る其目十あり次で又續篇三篇を爲る廿二年更に大明律を定む凡て卅巻四百六十條なりこれ今傳ふる所の大明律にして其編目左の如し

名例律一巻

吏律二巻　職制　公式

戸律七巻　戸役　田宅　婚姻　倉庫　課程　錢債　市廛

禮律二巻　祭祀　儀制

兵律五巻　宮衛　軍政　關津　廐牧　郵驛

刑律十一巻　盜賊　人命　鬪毆　罵詈　訴訟　受贓　詐僞　犯姦　雜犯

捕亡　斷獄

工律二巻　營造　河防

附するに五刑圖喪服圖等を以てす之を唐律に比するに稍複雜を加へたり唐律は僅に十二律にして名例衞禁職制戸婚廐庫擅興賊盜鬪訟詐僞雜律捕亡斷獄よ

問刑條例

り成る明律は分離し增加して三十編目を立てたり而して名例律に規定する所は主として我刑法總則に當り刑名刑の適用恩典數罪倶發刑の加減例の如き悉此中に規定したる事唐の名例律に異ならず吏律に規定する所は主として官吏の職務に違反せる者に對して科する刑罰なり戶律に規定する所は戶籍法違犯租稅怠納度量衡違反者其他各の稅則違反者に科する刑罰にして禮律に規定する所は上は皇室より下百官に至る迄の婚嫁喪葬等に關する各種の儀式及祭祀に對する犯則なり兵律に規定する所は主として軍事に關する犯則者に科する刑罰也刑律に規定する所は强竊盜殺人傷人毆打罵詈詐僞猥褻逃亡放火失火等の犯罪者に科する刑罰にして現今日本の刑法に規定する所の大部は皆此中にあり工律に規定する所は決水の罪營造物破毀等に科する刑罰なり要するに一般刑法特別刑法を幷せたる者と云ベし

卅五年五月大明律誥成を作る大誥の條目を取り其要略を撮て律に附載せるなり次で世宗の嘉靖廿八年問刑條例二百四十九條を增修す和刻明律載する所のもの之也

大明會典

孝宗の弘治十五年大明會典を修成す武宗の正德五年重校して刊行す其書六典に則り官職を以て綱とし各部に屬する法規を其下に集載したり凡百八十卷法典として完成せる者誠に未曾有とす其編目左の如し

卷一文職衛門　　宗人府　　卷二、十五　吏部
卷十六―四十一　戶部　卷四十二―百五　禮部　卷百六―百廿五　兵部
卷百廿六―百四十六　刑部　卷百四十七―百六十三　工部　卷百六十四―百六十六　都察院　卷百六十七―百八十　通政司等

其軆裁六典等と異らず明會典一百八十卷の內卷二より卷百六十三に至る迄凡百六十餘卷は六部に屬す他の諸卷は只其官名と職掌とを列載するにすぎざれ共六部の下に於ては各部に屬する法規をも併せ加へたり即吏部の條下に於ては官吏任用令俸給令官吏服務規則の如きものを規定し戶部の條下に於ては戶籍法地租條例各種の稅法の類を兵部の條下に於ては軍事交通に關する法規を刑部の條下に於ては吏律なる文武官懲戒令を始として凡の律文を工部の條下に於ては河川法の如き其他工事營造に關する法規を各集載せり會典の刑部の

十三種の成文規

條下には律の全文を掲げたれば大明會典の一書は實に明代に於ける唯一の成典と云べし

抑會典のよる所は唐の六典にして其內容は多く十三種の成文規と事例となり所謂十三種の成文規とは(與ふべき解釋は支那法典論に讓る)

諸司職掌　皇明祖訓　大誥　大明令　大明集禮　洪武禮制　禮儀定式

稽古定制　孝慈錄　敎民榜文　大明律　軍法定律　憲綱

之なり此等の成文規を先掲げて後に加ふるに事例を以てせり

裁判所構成

第十節　訴訟法

裁判所の構成は前代と異る所なし即京師にありては順天府尹司法事務を掌り外に在ては知縣事務を掌れり上級下級を次第すれば左表の如し

刑部
- (京師)　順天府尹
- (地方)　(省)　提學按察使司
  - (州)……縣
  - (府)推官……縣

縣の上には知府あり特に推官を置きて訴訟を判決す其上級に提學按察使司あ

りて獄訟を平にし府州縣官の不公平を監督したり府州縣の權限は杖六十以下は縣に於て判決執行し八十以下は州に於て一百以下は府に於て各判決執行せり徒流以上は京に報じ刑部をして判斷せしむ

訴訟手續

訴訟の手續は先里甲に訴へ然る後縣官に訴ふ里甲の裁判を請はずして直に州縣に訴ふる者を越訴と云越訴に坐する者は裁判を與へず里老をへて縣に至る時は官に口告文簿を備へ吏一人を置きて其訴ふる所を聞き裁判を要する者は簿に記載して後事に從ひ受理すべからざる者は其受理すべからざる理由を書し吏捺印して後證にあつ吏受理すべくして受理せざる時は更に上級官署につきて訴ふる事を得たり

訴訟は必實事を陳せしめ疑を稱する事を得ず誣告する者は罪あり若訴訟の兩處の州縣に亘る事あれば原告の裁判所が被告の官署に旨を通じ原告の裁判所に於て裁判す

廻避

當時又忌避の制あり之を廻避といへり裁判官が其訴訟人の內に於て有服の親及婚姻の家幷に業を受くる師及舊讎の嫌ある人なりしならば之を忌避せしむ

賠償
保辜

裁判所の構成及訴訟の手續は略右の如し而して民事に關する訴訟の如きは恰組合內に於て之を解決し終るを常とす組合內の訴訟を解決する者は多くは長老を以て之にあて其公正にして事に任ふべき者を擇べり若戶婚田宅鬪毆に關する事あらば里胥と合議して之を決せり事態重大なる者は縣官に申請するを法とす民事訴訟及刑事訴訟の極めて輕き者は之を解決し或は賠償保辜を科せり賠償は其受けたる損害の額に從て被害者に償ひ保辜は被害者の受けたる負傷につきて其平癒するに至る迄の費用を負擔す其輕重に從て廿日卅日五十日の別あり之を名けて保辜限期と云又辜限ともいへり若又人を殺す者あらば常刑の外に死者の命を償はん爲に燒埋銀十兩を徵し償はざる者は銀廿兩を徵し同謀下手人皆均しく徵して死者の家屬に給付するの法あり
里老の存せし間は里老が鄉里の訴訟を裁決せしを以て手數を省略する上に於て便利なるのみならず又却て裁決の公平を保つ事を得て裁判の目的に叶へり然るに明末に至て里老多く重ぜられず州縣の官吏里老を見る事徒隸の如くなりしにより里老も亦之に當る事を好まず其古に於ては州縣官吏里老に接する

刑名

に禮儀を以てせし者が其末に至ては既に此の如き冷遇を與へしを以て患荐り
に起るに至りき

第十一節　刑法

第一欵　刑名　明の刑名亦唐の刑名に同じ

笞刑五
笞十　笞廿　笞卅　笞四十　笞五十
杖刑五
杖六十　杖七十　杖八十　杖九十　杖一百
徒刑五
徒一年　徒一年半　徒二年　徒二年半　徒三年
徒刑には更に附加刑あり一年には杖六十、一年半には杖七十、二年には杖八十、二年半には杖九十、三年には杖一百とす
流刑三
二千里　二千五百里　三千里

刑の執行

流刑には共に杖一百の附加刑あり此他唐の加役流に倣て邊に發して軍に充てし事あり

死刑二　絞斬

以上當代の刑名なりと雖猶此以外に用ひられざるにあらず例へば刺字の如き又磔の如き刑罰あり刺字は則黥にして多くは盜罪に科す左右小臂膊の上に於て槍奪若くは竊盜の如き文字を刺す磔は大逆に用ふるを常とす

第二款　刑の執行

笞には笞杖を用ふ大頭徑二分七厘小頭徑一分七厘杖は大頭徑三分二厘小頭徑二分二厘何れも長三尺五寸節を削去し小頭を以て臀部を打つ

徒刑は湖廣省の所屬にては江北府州縣は興國の鐵爐に發して拘役し江南の府州縣は黃梅の鐵爐に發して拘役す江西省の所屬にては江東の府州縣は新喩の鐵爐に發して拘役し江西の府州縣は進賢鐵爐に發して拘役す浙江省の所屬にては兩淮の鹽運司所屬の鹽場に發して拘役し江淮省の所屬にては西浙の鹽運司所屬の鹽場に發して拘役す直隸府州に於ては江北の府州縣は兩浙の鹽運司

保釋

所屬の鹽場に於て拘役し江南の府州縣は兩淮の鹽運司所屬の鹽場に發して拘役す

流刑は皆江南北の人を問はず兩廣福建府分及龍南安遠汀州漳州煙瘴の地に發して安置し上項煙瘴の地の附近州府の人は迤北邊塞の地に送くる

四人の獄舍にある皆男女を分て男房女房を立て各別に監禁す又年七十以上十五以下廢疾及輕重罪共に散禁して一處に混居せしめず著くる所の枷杻は常に洗滌し獄舍内は蓆薦を敷き冬は煖匣を設け夏は涼漿を備ふ枷は長五尺五寸頭闊さ一尺五寸死囚は枷の重廿五斤流罪囚は廿斤杖罪は十五斤皆乾木を以て作り長短輕重を其上に刻誌す杻は長一尺六寸横濶三寸厚一寸鐵索長一丈鐐連鐶重三斤なり四人病重き時は實を驗して藥を與へ治療せしめ死罪を除くの外は皆枷杻を解きて親戚の入て看護するを許し笞罪以下は保管(即保釋)し外に於て治療せしめ病治すれば律に依て執行す決すべからざる者は再入監せしむ若官吏の入監する者は私罪を犯す時は死罪を除く外徒流は鎖收し杖罪以下は散禁す公罪は流より以下皆散收せしむ司獄官は常に獄卒を管して四人を苦しむる

責付

事なからしめ司獄官なき所は提牢官之を監したり
又責付の制あり婦人悪逆奸盗人を殺す罪を犯して入監するの外其餘の雑犯は
有服の宗親に責付し宗親之を収めて判決を待つ

刑の適用

第三欵刑の適用　刑の加重減輕も亦唐と大差なし其人によりて刑の適用を異
にする亦然り但唐制に比して刑の輕重を異にする者多し
○人ヲ闘毆スルモノハ笞二十　（唐は笞四十）
○奴婢主ヲ闘ツモノハ斬　（唐は絞）
○妻夫ヲ毆テバ杖一百　（唐は徒一年）
○夫ノ祖父母父母ヲ毆テバ斬　（唐は絞）
○祖父母父母ヲ毆テバ斬　（唐亦同じ）

加重

十悪の制亦唐の如し其加重の場合に於ける異る所なし只其刑罰に於て輕重の
差異あるのみ例ば三犯加重の例に於て盗賊三たび徒を犯す者は唐は流二千里
なれ共明は更に加重して絞となせり刑の輕減の場合たる八議も亦然り然れ共
減輕を受くる者に自制限あり例へば四品五品以上の父母妻子は此特典に接す

贖金

る事を得れ共六品以下に至ては何等の特典あるを見ず又官當除名免官免所居官の制の如きも其規定を見ず

刑を科せずして贖罪金を出さしむる事も明の時之あり凡年七十以上十五以下及篤廢殘疾者の笞杖徒流罪を犯す者は皆贖を許す其他婦人の罪を犯し徒流を犯す者は杖一百を科して餘罪は贖金を出さしむ天文生業を習て既に其事を專にし流及徒を犯さば杖一百を科して餘罪は贖を入れしむるが如き皆然り然れ共官吏及其父母妻子等に贖を許す事も明制に規定なし只文武官公罪を犯し軍官の私罪を犯し笞四十以下に當る時のみ贖を許せり而して其贖金は則次の如し

○笞一十	贖銅錢六百文	笞廿	贖銅錢一貫二百文
笞三十	同　一貫八百文	笞四十	同　二貫四百文
笞五十	同　三貫		
○杖六十	同　三貫六百文	杖七十	同　四貫二百文
杖八十	同　四貫八百文	杖九十	同　五貫四百文

杖一百　同　六貫
○徒一年　同　十二貫　徒一年半　同　十五貫
徒二年　同　十八貫　徒二年半　同　廿一貫
徒三年　同　廿四貫
○流二千里　同　卅貫　流二千五百里　同　卅三貫
流三千里　同　卅六貫
○死　絞斬共　四十二貫

自首減輕

自首により減輕する事亦唐に同じ
○凡犯罪未發セズシテ自首告スル者ハ其罪ヲ免ス輕罪發スト雖因テ重罪ヲ首スルモノハ止タ輕罪ヲ坐ス自首シテ盡サス實ナラサル者アラハ坐スルニ不盡不實ノ罪ヲ以テシ死ニ至ラハ一等ヲ減ス其人ニ於テ損傷シ物ニ於テ賠償スヘカラス事發シテ逃亡シ及奸スル者ハ自首ノ限ニアラス
○凡強竊盜未發セスシテ自首シ及事主ノ所ニ於テ首露スル者ハ罪ヲ免ス
○凡取受未發覺セスシテ過ヲ悔幷主ニ還ヘス者ハ則自首ニ同シ

○凡罪ヲ犯シ自首スル人若クハ法ノ容隱ヲ許スノ親代首スル者ハ自首ト同シ其罪人自首セスシテ父子ヲ首シ弟兄ヲ首シ尊長服アル卑幼ヲ首ス皆罪人自首ノ法ノ如シ卑幼尊長ヲ告訐スルモノハ犯人ノ自首ト同シ仍テ干名犯義ノ例ニ依テ卑幼ニ罪ヲ科ス

此他加減例につき二死三流は各一減に同じき事唐に於けるが如し

刑の消滅

第四欵刑の消滅　刑の消滅する場合は犯人死亡の時刑の執行を畢りたる時及赦恩の場合也然れ共例ひ大赦あるも諸の奸邪讒言を進め左使して人を殺す者は免さず又强盜謀故殺に於ける亦然り竊盜は並に刺字を免ず

犯罪

第五欵犯罪　犯罪に公罪私罪の別ある事唐宋に於けるが如し其共犯數罪倶發の如き亦然り

○凡罪ヲ犯ス者ハ二罪倶ニ發セハ重キ者ヲ以テ論シ罪相等シキ者ハ一ニ從テ科斷ス　○凡家人共ニ盜ム並ニ凡盜ノ首從ニ依テ科斷ス

以上名例律の一斑なり以下各論として叙述すべき者多しと雖今省略す

第十二節　民法

人の法
親等
斬衰三年
齊衰三年
齊衰杖期

第一款　人の法

人の法として親族法の一班を記述せんとす

イ親等　親等は又唐制に倣て服忌の年月の長短を以て親疎を別ちたり

斬衰三年

(一)子父の爲にす　(二)嫡孫祖の後たる者祖の爲にす　(三)女室にあり父の爲にす　(四)女父の室に在るに及で女嫁し父の爲にす　(五)父嫡子の爲にす　(六)妻夫の爲にす　(七)妾主の爲にす　(八)夫の父の爲にす　(九)人の後たる者後たる所の父の爲にす

齊衰三年

(一)子母の爲にす　(二)女室に在て母の爲にす　(三)祖の後たる者祖卒して祖母の爲にす　(四)母長子の爲にす　(五)女婦反て室にあり母の爲にす　(六)婦夫の母の爲にす　(七)繼母は母と同じ　(八)慈母は母と同じ　(九)繼母長子の爲にす　(十)妾主の長子の爲にす　(十一)人の後たる者後たる所の母の爲にす

齊衰杖期

齊衰期年

(一)父卒し母嫁し及出妻の子母の爲にす　(二)祖の後たる者祖在せば祖母の爲にす　(三)父卒して嫡繼慈養母宗に歸すれば之が爲に服す若改嫁するに從ふ者は之が爲に服す

齊衰期年

(一)祖父母の爲にす　(二)伯叔父母の爲にす　(三)兄弟の爲にす　(四)衆子の爲にす　(五)兄弟の子の爲にす　(六)嫡孫の爲にす　(七)姑姨妹女室にある者の爲にす　(八)女室に在る者兄弟の爲にす　(九)婦人夫子なき者兄弟の姪の爲にす　(十)女祖父母の爲にす　(十一)妾其子の爲にす　(十二)妾其父母の爲にす　(十三)庶子其父母の爲にす　(十四)女人に適き兄弟の夫の後たる者の爲にす　(十五)人の後たる者其父母の爲にす　(十六)妾嫡妻の爲にす　(十七)繼父の同居する者の爲にす　(十八)妾主の衆子の爲にす　(十九)舅姑嫡婦の爲にす　(廿)夫の親兄弟の子の爲にす

齊衰五月

○曾祖父母の爲にす　女曾祖父母の爲にす

齊衰三月
大功九月
小功五月

齊衰三月

高祖父母の爲にす　女高祖父母の爲にす

大功九月

同堂兄弟の爲にす　衆孫の爲にす　女の人に適く者の爲にす　出母女の爲にす　女の人に適く者伯叔父母の爲にす　夫の祖父母の爲にす　夫の伯叔父母の爲にす　兄弟の子の婦の爲にす　夫の兄弟の子の婦の爲にす　衆子の婦の爲にす　子の長殤中殤の爲にす　叔父の長殤中殤の爲にす　姑姉妹兄弟嫡孫兄弟の子夫の兄弟の子の長殤中殤の爲にす

小功五月

伯叔祖父母の爲にす　兄弟の孫の爲にす　再従兄弟爲にす　外祖父母の爲にす　同堂姉妹の人に適く者の爲にす　母の兄弟姉妹の爲にす　夫の兄弟の孫の爲にす　嫡母の父母兄弟姉妹の爲にす　庶母己を慈する者の爲にす　嫡孫の孫の爲にす　兄弟の妻の爲にす　叔父姑姉妹兄弟嫡孫兄弟の子夫の兄弟の子の下殤の爲にす　衆孫同堂兄弟姉妹夫の叔父の

緦麻三月

婚姻

長殤の爲にす

緦麻三月

族兄弟、族曾祖父母、兄弟の曾孫外孫、再從兄弟の子、曾孫、玄孫、從母兄弟姉妹、舅姑の子、夫の兄弟の曾孫、夫の再從兄弟の子、衆孫の婦、庶母、乳母、妻の父母、夫の曾祖父母、夫の從祖祖父母、兄弟の孫の婦、夫の從祖父母、甥の孫、夫の外祖父母、外孫の婦、夫の舅姨、姉妹の子の婦、從父兄弟姉妹の中殤下殤、舅姉從祖兄弟從父兄弟の子兄弟の孫等の長殤、夫の姑姉妹の長殤以上各の爲にす、

右大略なり此他規定する所多し長殤中殤下殤とは十九歳より十六迄を長殤とし十五より十二迄を中殤とし十一より八迄を下殤とす長殤中殤は正服に一等を下し下殤は更に一等を下す生れて三歳より七歳迄は無服の殤とす

ロ婚姻　婚姻成立の要件につきては左の規定あり

同姓にあらざる事　重婚にあらざる事　尊卑親族間にあらざる事

凡婚姻をなすには皆祖父母父母の同意を得る事を要す即祖父母父母を以て婚主とし祖父母父母なき時は餘の親を以て婚主とす其儀式は一に朱子家禮の定

むる所に由て行はしむ

婚姻は聘財を受授するによりて其効力を生ず此故に既に聘財を受けて後約を變ずる者は法律上の懲罰をうく婚姻の無効なる場合は父母夫の喪に居て嫁娶する時祖父母父母囚禁せられて子孫嫁娶する時部民の婦女を娶て妻妾となす時逃走の婦女を娶て妻妾となす時强制して良家の妻女と婚したる時樂人を娶て妻妾としたる時僧道妻妾を娶りたる時良賤相婚をなしたる時等とす

婚姻を取消し得る場合は婚を定めし夫の盜を作し及徒流を犯したる時五年故なく娶らざる時夫逃亡して三年をすぎて歸らざる時女の姦を犯す時等之なり

ハ離婚　離婚をなし得る場合は妻の七出の狀を有したる時即子なき淫佚なる舅姑に事へざる多言なる盜竊する妬忌なる惡疾ある之也但七出の狀ありとも妻が三年の喪を得たる時前に賤くして後に貴き娶る所ありて歸する所なき時の三不去の狀ある時は離婚をなす事を得ず皆唐の制に同じ

ニ養子　養子をなす事を得るは子なき事を一要件とす次に同宗昭穆の相當る姪なる事を第二の要件とす但之なき時は大功小功緦麻以上の親を以てし之な

離婚

養子

相續

き時は遠房及同姓を以てす要するに子なくして此等の親屬に當る者は養子をなす事を得たり此故に異姓を養て嗣となし宗族を亂る事を許さず若同姓を立てんにも尊卑序を失ひ以て昭穆を亂る事を禁ぜり

ホ相續　明の時相續は嫡長子孫相續法也然れ共其遺產分配に於て諸子均分法を取れり即家財田產を分配するには妻妾婢の生を問はず子の數に從て均分す但姦生の子は子の數に依て半分を與ふ子なき時は繼ぐべき人を立てゝ嗣とし姦生の子と均分す若又同宗繼ぐべき者なく所生の親女の分を承くる者さへなき時は官に沒收するを以て法となす

所有權

第二欵　物の法

イ所有權　既に土地の條に於て略說せし如く民田は各私人の所有に屬し莊田は貴族寺觀等の私有に屬せり然れ共此等の所有權は絕對にあらずして時に國家の沒收する所となれり就中籍沒の罪に當る者は其財產田地の所有權を失ひて悉國家の所有に歸したり而して此等に對して比較的完全なる所有權を得る者は祖先等の墓地也墓地は最重き罪を犯すの外は沒收せらるゝ事なし蓋墓地

は祖先等の藏せる所例ひ子孫の罪を犯すにしても累を祖先に及ぼす事は國家の道德上忍ぶべからざる所なればなり

所有權取得

所有權の取得に關して第一遺失物を拾得したる時は拾得したる日より五日以內に官署に送達し官物なれば官に收め私物なれば遺失者の屆出を待て之に附與す半ば拾得者に半ば遺失者に與ふ若遺失者の屆出なくして卅日に及ばゝ拾得者は其所有權を取得す其期日內に送達せざる者は罪あり第二官私の地內に於て埋藏物を掘り得たる時は其掘得者之が所有權を取得す若古器鐘鼎符印異常の者を發見したる時は卅日以內に官署に送達する事を要す第三私鹽私茶私礬を發見し之を告發し若くは捕へたる者は其告發者捕獲者其物の所有權を取得す第四僞造貨幣(錢貨及寶鈔)を發見し之を告發し若くは僞造者を捕へたる者は其告發者捕獲者は犯人の財産の一部又全部の所有權を取得す

質權

ロ質權　當時田宅を以て質入するには其田宅の價額の多寡に從ひて一定の稅を收め官署の印を受けて契約を履行す之を名づけて稅契と云此場合に於て質取主を名けて典賣主とも或は單に典主とも云ひ質置主を業主と云ふ一旦他人

に質入し更に他人に質入して二重質をなす者あらば法律上の懲罰を受くると共に第二の質主に對しては其價を辨償し其田宅は第一質取主の占有となるの規定なり若質物の期限内に於て業主價を償ふて質受をなす時は典主は之を拒む事を得ず期限を經過して債務者辨償し能はざる時は當然債權者の所有に歸す

ハ債權

債權

賣買

賣買　賣買の方式に關して左の規定あり

田宅家畜を賣買する時は官署に赴きて税を納め更に契約書一本毎に工本銅錢四十文を納れ官印を受けて後履行せしむ

鹽茶の賣買には必官引を添ふる事を要す官引を添へざる鹽茶は私鹽茶として其賣主は懲罰せらる既に賣買を畢らば引を附近の官署に入る官署一角を截て再當事者に下付す名けて退引と云退引を用ひて再賣買する事を得ず麞に於ける亦然り

物價

物價は別に官の定むる所に從て高下する事を聽さず

金銀銅錫の類
金一兩、四百貫　銀一兩、八十貫　銅錢一千文、八十貫　生熟銅一斤、四貫　鐵一斤、一貫　錫一斤、四貫　黑鉛一斤、三貫
珠玉の類
玉一片長二寸闊一寸厚五分、八十貫　翠一個、十貫　珍珠一顆重一分、十六貫
寶石一粒重一分、八貫
羅段布絹絲綿の類
紗一匹、八十貫　綾一匹、百廿貫　羅一疋、百六十貫　紵絲一疋、二百五十貫　改機一疋、百六十貫　錦一尺、八貫　高麗布一疋、卅貫　大綿布一疋、廿貫　綿紬一疋、五十貫　麻布一疋、八貫　大絹一疋、五十貫　小絹一疋、廿貫　氈段一疋、五十貫　麻一斤、五百文
米麥の類
粳糯米每一石、廿五貫　小麥一石、廿貫　大麥一石、十貫　粟一石、十八貫　豍一斤、五百文　䆉秫一石、十二貫

畜産の類

馬一匹、八百貫　騾一頭、五百貫　驢一頭、二百五十貫　駝一頭、一千貫　水牛一隻、三百貫　黃牛一隻、二百五十貫　大猪一口、八十貫　小猪一口、十二貫　羊一隻、四十貫　鹿一隻、八十貫　犬一隻、十貫　猫一隻、三貫　兎一隻、四貫　馬皮一張、十六貫　虎豹皮一張、四十貫　鵝一隻、八貫　鷄野鷄一隻、三貫　牛皮一張、廿四貫　鹿皮一張、廿貫　馬騾牛驢猪羊獐鹿肉每一斤、一貫　魚鼈蟹每斤、一貫

蔬果の類

桃梨每百個、二貫　棗栗柿餅每一斤、一貫　杏李林檎每一百個、一貫　西瓜十個、四貫　柹子每卅個、一貫　柑橙橘石榴每廿個、一貫　楊梅菱芡每一斤、一貫　松子葡萄每一斤、一貫　冬瓜一個、五百文　菜一百斤、二貫

巾帽衣服の類

紗帽一頂、廿貫　胡帽一頂、八貫　氈帽一頂、四貫　絛一條、一貫　鹿皮靴一隻、廿四貫　牛皮靴一隻、十貫　網巾一頂、三貫　手帕一方、二貫　舊羅衣服一件、廿四貫　新羅衣服一件、七十貫　舊綿布衣服一件、五貫　新綿布衣服一件、十六貫　舊

紗衣服一件、廿貫　新紗衣服一件、六十貫　綾紬衣服一件、廿貫　舊夏布衣服一件、五貫　新夏布衣服一件、十貫

器用の類

門一扇、五貫　大屏風一個、廿四貫　琴一張、六十貫　扇一把、一文　木箱一箇、八貫　竹簾一箇、二貫　雨傘一把、二貫　笠一頂、一貫　斛一張、五貫　斗一量、二貫　升一箇、五百文　大鐵鍋一口、八貫　銅鍋一口、二十貫　小車一輛、廿四貫　鉛一隻計料一百石、五百貫　馬鞍一副、六十貫　皷一面、五貫　弓一張、八貫　碾磨一副、卅貫　鐵索一條、一貫　鎗一根、四貫　太刀一把、五貫　瓦一百片、十貫　磚一百箇、十六貫　木一根圍一尺長一丈、六貫　猫竹一根、二貫　筆竹一根、五百文　白蠟一斤、十貫　茶一斤、一貫　香油一斤、一貫　鹽每十斤、二貫五百文　胡椒一斤、八貫　蜂蜜砂糖每一斤、一貫　銀珠一斤、十貫　硫黃一斤、一貫　榜紙一百張四十貫　中夾紙百帳、十貫　各色大箋紙百帳、廿貫　墨一斤、八貫　筆十枝　二貫

凡器用の物牢固眞實ならず絹布の層薄く短く狹き時は賣主は其度に從て懲罰

せらる
凡賣買には合意を要す賣主强て買主に賣却する時は其賣買は効力を失ふ
民事に關する規定畧右の如し之を民法と題すと雖其中刑法の分子を含む事の多きは唐と異ならず

支那法制史　終

附錄

清朝の法典に就て

前六章に於て大略支那に於ける法律の發達を叙述し畢りたり而して此以外に於て特に研究すべき者は元代の法制と清朝の法制となり此二者は共に漢人種に屬せず故に漢人種の法制の發達を研究する以外に於て特別の一代法制として論究すべき者なり

然れ共此二朝と雖其法制は恰前代の摸倣にすぎず前代に於ける法制を骨子として多少の慣習法を附加せるのみ此故に此二朝の法制を知らんと欲せば必其前代に遡らざるべからず然らざれば往々歴史的關係を無視して突飛なる見解を下すなしとせず清朝法制を知らんとする人は必明以上の法制に通ずるの必要あり

凡支那法制を研究するに二の方法あり一は縱の研究にして一は横の研究なり縱と横との二方面は共に離るべからざる關係を有す法制上横の研究とは則法

典の研究なり蓋法典は常に靜止的にして一たび編纂せらるれは其編纂を改正せざる限は靜止の狀態にあればなり縱の研究とは則法制の運用の研究なり要するに横と縱との研究は所謂體と用との研究なり

體の研究は則法典の研究にして唐に在ては唐令律疏六典の類これなり宋に在ては勅令格式編勅條法事類の類之なり明に在ては會典明律の類之なり用の研究は則正史の志類九通會要の類之なり此故に體のみの研究若くは用のみの研究は共に一方に偏せる者なりかの文獻通考の類を以て支那法制を研め得べしとするものは其用を知て體を知らざる者なり體と用とは常に離るべからず

元代の法制を學ぶに於て用たる研究書には續通考續通志續通典なる續三通の類ありといへ共其體たる研究書の元典章至元新格大元通制新修至元條格新集至治條例の類は從來日本に傳へざりしを以て元代の法制は頗不備なるの觀ありき然れ共近者杭州八千卷樓に藏する所元典章あるを知てより之を我國に傳へんと企圖する士あり若該書にして傳ふる事を得は誠に斯界の便利なり

若夫清朝の法制に至ては編者別に成稿あり他日を待て公行せん事を期せり故

に詳細なる研究は該書に讓り今は只本書を讀む人士の淸朝法制を知らんとする人の爲に特に淸朝の法典につきて略說せんと欲す蓋法制を知らんか爲には必先法典を究めざるべからず法典を研め得は一代の法制は略察知し得べし但其運用に至ては別書の存するあり

淸朝の法典は頗複雜なり故に巧に之を組織分類するにあらざれば通達するに難かるべし蓋其統一を全然缺如せりと云にあらざるも其組織たるや一種の支那的方法によりて成されたれば之を讀む者の了解し易からざるに本つけり此故に讀者は先淸朝法典の名稱を覺え次に該書につきて之を了解し適宜に分類すべし但文字の解し難きを豫期せざるべからず

而して淸朝の法典の體裁に就ては編者嘗て史學雜誌第十四篇八號(明治三十六年八月十日發行)に於て支那法典の躰裁に就てなる一篇を公にしたり故に讀者は該誌に就て其體裁の如何を會得せられなば淸朝法典を見るに於て多少の便利あるべし

淸朝法典の數素より多數なり殊に我國に傳へず又編者の見聞に屬せざる者幾

何なるを知らず故に今は其最主要なる法典を年代別に表示して一覧に便せんとす

清朝法典編纂略年表

太宗	天聰七年	欽定法律
世宗	順治元年	大清律
	同　三年	大清律　十卷
	同十二年	滿文大清律
	同十五年	大辟條例
聖祖	康熙十六年	現行則例
	同卅三年	大清會典
雍正帝	雍正三年	大清律集解　三十卷
	同　五年	再修大清會典
	同　五年	欽定八旗通志初集　二百五十卷
乾隆帝	乾隆元年	欽定大清通禮　五十卷

同　五年　欽定大清律例　四十七卷
同　五年　欽定賦役全書
同　八年　欽定督捕則例　二卷
同十四年　欽定工部則例　五十卷
同二十年　欽定賦役全書(續增)
同廿四年　欽定工部續增則例　九十五卷
同廿九年　三修大清會典　一百卷
同廿九年　大清會典則例　一百八十卷
同卅七年　欽定中樞政考　三十一卷
同　年　八旗則例　十二卷
同　年　欽定吏部則例　六十六卷
同三十九年　欽定學政全書　八十卷
同四十一年　欽定戸部則例　一百二十六卷
同四十九年　欽定禮部則例　一百九十四卷

嘉慶帝　嘉慶廿三年　續修大清會典　八十卷
　　　　同　廿三年　大清會典事例　九百二十卷
道光帝　道光廿七年　欽定增修六部處分則例　五十三卷

以上主要なる者なり此外に乾隆中の詔によりて凡五年毎に纂修修改續纂せる條例あり例へは

嘉慶六年	纂修	道光十五年	修改續纂
同十一年	纂修	同十九年	修改
同十九年	修改	同二十年	修改續纂
同廿五年	修纂	同廿一年	續纂
道光元年	修改續纂纂修	同廿五年	續纂
同　五年	續纂	同廿六年	修改
同　六年	修改	咸豐二年	修改續纂纂修
同　十年	修改續纂	同治十二年	修改續纂

光緒年間に於て特法の公布せられし者悉枚擧すべからず殊に近者朝令暮改恰

應接に暇なからしむかの增修籌餉事例の如き增修現行常例の如き銓補章程の如きこれ等捐納事例の一例のみ

淸朝法典の最主要なる者は則大淸會典と大淸律例となり而して此他に六部の則例あり會典は略行政法に類じ官職を列して其官職の下に其職掌と官職に屬する法規とを列載したり例へば大淸會典一百卷の目次は

卷一　宗人府　卷二　內閣　卷三―七　吏部　卷八―十九　戶部　卷二〇―五七　禮部　卷五八　樂部　卷五九―六七　兵部　卷六八―六九　刑部　卷七〇―七七　工部　卷七八　盛京六部　卷七九―八〇　理藩院　卷八一、―一〇〇　都察院等

にして各種の法規は皆吏戶禮兵刑工の六部に掲載せり戶部の條下には戶部の職掌と戶籍法徵稅法度量衡法等を載せ兵部の條下には軍事及交通に關する法規を掲けたるが如し律例は即我一般刑法と特別刑法とを合併したる者にして本文は律なり例は其事例なり會典と律例とは淸朝法制の根本にして以後の運用は處分則例によりて專察知せらる此故に此三者は淸朝法制を研究するに於

て必相離るべからざる關係を有す而して大清律例の書には後世註解類聚する者頗多く普通吾人の見聞する所によるも猶左の多數に達せり

康熙四十四年　大清律箋釋　六册
同　四十五年　大清律例硃註廣案全書　十册
同　五十四年　律例輯註　沈之奇
乾隆五十七年　大清律例彙編　王又槐
嘉慶　十　年　大清律例輯註通纂　胡肇楷
同　十六年　律例統纂集成　沈秀水
道光　三　年　新修律例統纂集成　姚雨薌
同　廿七年　大清律例按語　潘德畬
同治　九　年　大清律例刑案新纂集成　二十四册
同　十　年　重修律例統纂集成　二十四册

普通行はるゝ者は後の二者にして大清律例刑案新纂集成と重修律例統纂集成となり共に律例輯註に本づき前者は姚雨薌の律例統纂集成によりて會稽胡仰

山增輯する所後者は同く律例統纂集成によりて任彭年重輯する所也
則例定例を編輯類聚する者には
孫氏定例成案　陸氏則例類篇　湯氏續增類篇
季氏定例全篇　同續增　全氏駁案新篇　同續
あり皆行はる又別に同治十一年の刋本に係る蔡蓬年編する所の處分則例圖要
六卷あり蓬年の兄雲峯編する所の律例便覽八卷（實は七卷）と並び行はれて最簡
要を得たり
清朝の官制につきては大淸會典以外に近者每年刋行せる縉紳全書ありと雖該
書の誤謬多きは何人も既に知る所なり此故に讀者は此の如き既成法典及私撰
書以外に猶多くの注意を拂はざるべからざるの不便あり殊に最近法制の變改
に於て最甚しきを見る
清朝法制の用たる研究即法の運用如何を見るべき者は主として處分則例にあ
りと雖猶乾隆以前にありては乾隆三十二年編纂せる皇朝通典皇朝通志同三十
七年の皇朝通考なる皇朝三通を見るを可とす（乾隆三十餘年は凡今を去る百餘

年前)此他三朝實錄大清一統志聖武紀の類皆參照すべし

要するに清朝法制は之を前代に比するに最複雜にして又最發達せるは事實なり然れ共其發達や孤立的なるを以て之を歐洲法制に比すれば至らざる所多きは云を待たず而して其法制の大部は悉之を前代に準據せるを以て其長所短所をも併せて之を遺傳し往々前代に適して今に適せざる者あり之が爲に法は屢其活用を失ひて死法に歸する者あり或は不測の弊害を今に傳へて爲に商工起らず官紀振はず兵備整はざるの害毒を外部に發現せる者あり觀來れば清朝法制は啻に漢滿人種の特性を現はせるのみならず社會百般の事業の上に及ぼせる影響の頗多大なるを見るかの通商に政治に敎育に凡の方面より支那に從事せんとするの士は此等の關係を認識して清朝法制を熟知するの必要を悟るべし然らざれば往々其末端の觀察に止まりて大本を逸するの憾あるべし

附　錄　終

支那法制史　並製

明治三十七年三月二十五日印刷
明治三十七年三月二十八日發行

著作權所有

定價金四拾錢

著者　淺井虎夫
東京市日本橋區本町三丁目八番地
發行者　大橋新太郎
東京市京橋區西紺屋町廿六七番地
印刷者　石川金太郎
東京市京橋區西紺屋町廿六七番地
印刷所　株式會社秀英舍

發兌元
東京市日本橋區本町三丁目
博文館

▲既刊目次▼

◎第三十九編　氣候及土壤論　農學士　佐々木祐太郎君著
◎第四十編　最新統計學　法學士　夏秋龜一君著
◎第四十一編　西洋歷史　文學士　吉國藤吉君著
◎第四十二編　分析化學　工學士　内藤游君　工學士　藤井光藏君著
◎第四十三編　民法債權編釋義　法學士　丸尾昌雄君著
◎第四十四編　稅關及倉庫論　法學士　岸崎昌君著
◎第四十五編　東洋西洋教育史　文學士　中野禮四郎君著
◎第四十六編　政治史　法學士　森山守次君著
◎第四十七編　政治汎論　法學士　永井惟直君著
◎第四十八編　日本風俗史　文學士　坂本健一君著
◎第四十九編　運送法　法學士　菅原大太郎君著
◎第五十編　社會學　文學士　十時彌君著
◎第五十一編　日本法制史　文學士　三浦菊太郎君著
◎第五十二編　支那文明史　文學士　白河次郎君　國府犀東君著
◎第五十三編　畜産汎論　農學士　高見長恒君著
◎第五十四編　畜産各論　農學士　田口晋君著
◎第五十五編　森林保護學　林學士　新島善道君著
◎第五十六編　國法學　法學士　岸崎昌君　故法學士　中村孝君著
◎第五十七編　黴菌學　農學士　井上正賀君著

◎第五十八編　船舶論　法學士　赤松梅吉君著
◎第五十九編　應用化學　工學士　蜂屋貞興君著
◎第六十編　星學　理學士　須藤傳次郎君著
◎第六十一編　農用器具學　農學士　西村榮十郎君著
◎第六十二編　新撰三角法　理學士　松村定次郎君著
◎第六十三編　有機化學　理學士　龜高德平君著
◎第六十四編　邦語獨逸文典　文學士　青木昌吉君著
◎第六十五編　無機化學　理學士　眞島利行君著
◎第六十六編　新撰微分積分學　理學士　松村定次郎君著
◎第六十七編　世界宗教史　文學士　加藤玄智君著
◎第六十八編　栽培各論　農學士　田中節三郎君著
◎第六十九編　農業經濟學　農學博士　横井時敬君　農學士　澤村眞君著
◎第七十編　經濟汎論　法學士　池袋秀太郎君著
◎第七十一編　應用機械學　工學士　重見道之君著
◎第七十二編　植物學新論　理學士　飯塚啓君著
◎第七十三編　近世氣象學　理學士　岡田武松君著
◎第七十四編　教育學　文學士　熊谷五郎君著
◎第七十五編　農政學　農學士　石坂橘樹君著
◎第七十六編　農藝化學　農學士　井上正賀君著

◉第七十七編　新撰解析幾何學　理學士　松村定次郎君著
◉第七十八編　解説批評日本文典（上下二册）　文學士　岡田正美君著
◉第八十編　議會及政黨論　法學士　菊池學而君著
◉第八十一編　土地改良論　農學士　上野英三郎君著
◉第八十二編　邦語獨逸文章論　文學士　青木昌吉君著
◉第八十四編　邦語佛蘭西文典（上下二册）　文學士　松井知時君著
◉第八十五編　東洋歷史　文學士　幸田成友君著
◉第八十六編　行政裁判法論　法學士　小林魁郎君著
◉第八十七編　行政法汎論　法學士　小原新三君著
◉第八十八編　養蠶及製絲論　農學士　井上正賀君著
◉第八十九編　心理學　文學士　速見滉君著
◉第九十編　銀行新論附外國爲替　法學士　野口弘毅君著
◉第九十一編　行政法各論　法學士　小原新三君著
◉第九十二編　家禽學　法學士　月田藤三郎君著
◉第九十三編　支那哲學史　文學士　中内義一君著
◉第九十四編　國藝通論　農學士　高橋久四郎君著

◉第九十五編　衞生化學　一名飲食物嗜好物日用品檢査法　仙臺醫學專門學校教授　須田勝三郎君著
◉第九十六編　刑事訴訟法論　法學士　溝淵孝雄君著
◉第九十七編　新撰動物學（上下二册）　理學士　會田龍雄君著
◉第九十九編　保險通論　理學士　奧村英夫君著
◉第百編　世界宗教制度論　法學士　工藤重義君著
◉第百一編　日本文明史　文學士　大町桂月君著
◉第百二編　水產學　農學士　塚本道遠君　農學士　井上正賀君著
◉第百三編　議院法提要　法學士　工藤重義君著
◉第百四編　支那法制史　文學士　淺井虎夫君著
◉第百五編　露國侵略史　法學士　須崎芳三郎君著

▲續刊目次▼

◉第百六編　近世外交史　法學士　原田豐次郎君著
◉第百七編　政治地理學　法學士　山本信博君著
◉第百八編　金融論　法學士　佐々木雄次郎君著
◉第百九編　世界殖民史　法學士　山内正瞭君著
◉第百十編　稻作改良論　農學博士　横井時敬君著
◉第百十一編　植物病理學　農學博士　大森順造君著

三十四編　近世美學

文學博士　高山林次郎君著

上編　美學史一斑

第一章　緒言

美學の名稱◎美學とは如何なる學ぞ◎美の兩面等

第二章　美學史の概見

希臘人の美學思想外十三目

下編　近世美學

第三章　キルヒマン氏の美學美の概念◎美感外六目

第四章　ハルトマン氏の美學

序言

第一節　美的假象論

美的假象◎美感◎美樂受

第二節　美の具象階級

第一次形式美即最美其他

第三節　美の種類

第四節　宇宙に於ける美の位置

第五節　ハルトマン氏の假象論の由來

第五章　スペンセル氏及グラント、アルレン氏

第六章　マーシャル氏の快樂論的美學

三十五編　哲學汎論

文學士　藤井健次郎君著

緒論

哲學とは何ぞや◎哲學の效用◎哲學の分類◎哲學系統

第一部　知の哲學

第一編　寫象論

知覺◎思考

第二編　認識論

眞理の根本則◎個體の認識◎普通の認識即科學◎哲學◎普通論理學◎直接理解及說明

第二部　實在體の哲學

第一編　物的實在體の哲學即自然哲學

自然哲學に於ける觀念論と實在論◎自然界に於ける最高概念◎自然科學と實在論◎終局目的論と機制論

第二編　心的實在體の哲學即心理學

第三編　人事の哲學

（甲）倫理學

（乙）美學

（丙）宗教哲學

三十二編　西洋哲學史

文學博士　蟹江義丸君著

序論　哲學とは何ぞや◎哲學史とは何ぞや外四項

古代哲學

總論　哲學發生以前の希臘の情況外一項

第一期　ミレスト派、エレア派、ピタゴラス派

第二期　詭辯學派小ソクラティス派等

第三期　ストア學派、懷疑派、混合學派

第四期　新ピタゴラス派ピタゴラス化ぜろプラトーン派等

中世哲學

教父哲學

煩瑣哲學

中世及び近世の過渡時代

古代哲學派の再興等六項

近世哲學

總論　古代哲學は美術的也（外四項）

第一期　ベーコン、ホッブス、デーカルト等

第二期　カント以後

九十三編　支那哲學史

文學士　中內義一君著

緒論

第一編　古代哲學

第一章　儒家

第二章　道家

第三章　楊家―楊子

第四章　墨家―墨子

第五章　折衷派―鶡冠子

第六章　法家

管子◎中子◎韓非子

第七章　名家―鄧析子尹文子

第八章　詭辯家―惠子公孫龍

第九章　縱橫家―鬼谷子

第十章　雜家―尸子、呂子

第二編　中古哲學

第一章　漢代の思想界

第二章　六朝の思想界

第三章　唐代の思想界

第四章　五代の思想界

第三編　近代哲學

敍論

第一章　宋代哲學

第二章　元代の思想界

第三章　明代の思想界

第四章　清代の思想界

五編　宗教哲學

文學博士　姉崎正治君著

第一部　宗教心理論
第一章　人間一面のみの宗教的機能
寫象としての宗教的機能◎感情としての宗教的機能◎意志としての宗教的機能
第二章　神と人と二面の宗教的關係
恩寵及信仰概論◎啓示の恩寵と知力的信仰◎解脱の恩寵と實行的信仰◎靈化の恩寵と實行的信仰
第二部　宗教形而上論
第一章　宗教的客躰の形而上論即神論
第二章　宗教的主躰の形而上論
第三部　宗教倫理論
第一章　濟度の主觀的過程
恩寵の喚起◎恩寵の開展◎恩寵の結果
第二章　濟度の客觀的過程

六十七編　世界宗教史

文學士　加藤玄智君著

第一編　國民的宗教の孤立的發達
第一章　バビロニア及びアシリアの宗教
第二章　支那の宗教
第三章　埃及の宗教
第二編　セム民族の宗教
第一章　太古セム民族宗教の概觀
第二章　アナアニン人とフォイニケ人との宗教
第三章　イスラエルの宗教
第四章　回々教
第五章　基督教
第三編　アーリヤ民族の宗教
第一章　アーリヤ民族の宗教總論
第二章　古代日耳曼の宗教
第三章　希臘の宗教
第四章　羅馬の宗教
第五章　印度の宗教
第六章　波斯の宗教

百編　世界宗教制度論

法學士　工藤重義君著

第一編　總論
緒言
第一章　宗教及法律の觀念
第二章　宗教と法律との關係
第二編　國家宗教關係論
第一部　政教合一制度論
概論◎國教制度◎教國制度
第二部　信教自由制度論
第一章　概論
第二章　教會統治權の原則
第三章　信教自由の原則
第四章　政教分離制度
第五章　教會公認制度
第六章　我邦現時の制度
第三編　宗教內部組織論
第一章　概論
第二章　管長組織
第三章　長老組織
第四章　組合組織
第五章　我國に於ける宗教
第四編　餘論
第一章　宇內平和論
第二章　犯罪救濟論

四十八編　日本風俗史

文學士　坂本健一君著

緒言
第一期　大倭民族本來相
上世の社會と人心と◎日常生活と禮樂と
第二期　民族制世相
族制社會の組織と民情と◎日常生活の發達◎學藝及雜技
第三期　唐風摸倣世相
唐風摸倣の社會◎教法產業と日常生活と◎學術と禮樂と
第四期　文弱奢華世相
門閥政教の弊風◎衣食住の奢◎冠婚葬祭の盛◎禮樂と產業と
第五期　武强質實世相
武門政治の世態◎生產日常生活◎典禮歌舞雜戲
第六期　文武雜亂世相
室町時代社會相◎室町時代の衣食住冠婚葬祭◎年中行事と歌舞雜戲と◎武器と戰法と
第七期　僞文武恬世相
海內統一時代の社會相◎江戶時代の社會相衣食住と冠婚葬祭と◎典禮行事と歌舞雜戲と
第八期　最近文明世相
史後剩錄

帝國百科全書 **文科書類** 既刊目錄

二十五編

日本歴史

文學士 木寺柳次郎君著

第一期 神代

第二期

第一章―神武天皇の奠都―崇神垂仁兩帝の經國―土賊征服―外國との關係―佛教の傳來及び影響

第二章―大化改新―三韓の反服―藤原鎌足―律令の撰定附大寶令概略

第三章―奈良の奠都―史誌の編修―佛法の興隆―藤原氏の擅權―武士の勃興

第三期

第一章―平氏の盛衰―源頼朝の霸業―承久の亂―元寇―鎌倉幕府の滅亡

第二章―建武中興―南北兩朝

第三章―足利氏―應仁の亂

第四章―織田―豐臣―征韓役

第五章―德川―關ヶ原―豐臣滅亡―元祿弊政―吉宗中興―外國交渉―大政奉還等

第四期―明治維新―廢藩置縣―西南役―憲法―征清役其他

四十一編

西洋歴史

文學士 吉國藤吉君著

總論

第一編 上世史

上古諸國の地理◎埃及とフォイニケ及ヘブライの海國民◎アッシリヤ國の盛衰◎波斯の勃興外十二章

第二編 中世史

獨逸種族の諸王國◎東羅馬帝國と外邦◎回々教徒の勃興◎回々教の耶蘇教に於ける影響◎フランク王國外十二章

第三編 近世史

宗教改革◎西歐羅巴の盛衰◎東洋に於ける西葡二國◎三十年戰爭◎佛國の強大とルイ十四世西班牙王位繼承の亂◎英國革命外十章

第四編 最近世史

平和恢復後の歐洲列國◎佛國七月革命及其結果◎佛國の二月革命とナポレオン◎獨逸及伊太利◎佛國第二帝國と伊太利の統一外八章

附錄地名及人名索引

八十五編

東洋歴史

文學士 幸田成友君著

總論―東洋と西洋―亞細亞洲の地理―出入―高低―水流等

第一期 上古より秦の一統まで

第二期 秦の一統より三國の分立まで

第三期 三國の分立より隋の一統まで

第四期 隋の一統より唐の滅亡まで

第五期 唐の滅亡より蒙古の勃興まで

第六期 蒙古の勃興より歐人の東略まで

第七期 歐人の東略より清の衰運まで

中央亞細亞及印度の形勢◎歐人の東略◎明の末路等

第八期 清の衰運より日清戰爭まで

鴉片戰爭◎長髪賊の亂◎英佛の北清征伐◎清露の交渉◎英露の交渉外三章

一編

世界文明史

文學博士 高山林次郎君著

序論 文明史とは何ぞや

第一編 非文明的人類

第一章 原始文

第二章 自然民族

第二編 東洋の文明

第一章 總說

第二章 『ツラン』人種

第三章 『アーリヤ』人種

第四章 『ハム』人種

第五章 『セム』人種

第六章 古代西洋人文に及ぼせる東洋人文の勢力

第三編 歐羅巴

第一章 希臘

第二章 古代羅馬

第三章 羅馬帝國と基督教

第四章 民族大移動と歐羅巴の人種

第五章 ビザンツ帝國

第六章 中世

第七章 亞利比亞と十字軍

第八章 文藝復興と宗教革命

第九章 近世

帝國百科全書　文科書類　既刊目錄

五十二編　支那文明史

白河文學士　國府种德君　共著

- 第一章　世界文明の源泉及支那民族
- 第二章　原始時代の神話及古代史の展開
- 第三章　支那民族西亞細亞より來るの説
- 第四章　學術宗教の變遷概説
- 第五章　政治に關する觀念及君主政躰の發展
- 第六章　曆數地理の發達及變遷
- 第七章　建築土木の發達及變遷
- 第八章　文字書法及び繪畫の發達及變遷
- 第九章　支那に於ける歐羅巴印刷術の應用
- 第十章　音樂雜劇及樂器の發達及變遷
- 第十一章　金屬の使用及舟車

九編　支那文學史

文學士　笹川種郎君著

- 總説－支那の文明－支那の人種－南北兩人種の差異等
- 第一期　春秋以前の文學　總説◎書◎詩◎易
- 第二期　春秋戰國時代の文學　孔子と老子◎孟子と莊子等
- 第三期　兩漢文學　賈誼と揚雄◎司馬相如等
- 第四期　魏晉及南北朝の文學　建安の詩人◎陶淵明外二目
- 第五期　唐朝文學　初唐の詩◎李白と杜甫外四目
- 第六期　宋朝の文學　蘇東坡と其前後◎陸放翁等
- 第七期　金元の文學　元遺山◎小説と戲曲の發展等
- 第八期　明朝文學　總説◎高青邱◎李何七子と李王七子◎小説と戲曲
- 第九期　清朝文學　總説◎詩人と文章家◎小説と戲曲及批評

七十八編　解説批評　日本文典（上卷）

文學士　岡田正美君著

第一章　第二章　第三章　第四章　第五章　第六章

言語◎方言◎國語◎古言◎古語　聲◎音◎韻◎母韻其他　文字◎意字◎形象文字◎發字◎音字外五十目　伊音便◎宇音便◎撥呼音便◎鼻音便◎促呼音便◎促音便外三十四目　假名遣◎國語假名遣◎字音假名遣　單語◎體言◎用言◎助辭◎品詞◎言詞◎名詞◎代名詞◎數詞◎動詞外二十二目

第七章　第八章　第九章　第十章　第十一章

構造◎本原◎轉品其他　名詞　代名詞　數詞　數詞◎本邦數詞◎支那數詞◎本數詞◎助數詞◎本邦本數詞◎本邦助數詞外に三目　用言　活用言◎用言語體◎語尾◎語根◎語尾變化◎四段活用等

七十九編　解説批評　日本文典（下卷）

文學士　岡田正美君著

第十二章　第十三章　第十四章　第十五章　第十六章　第十七章　第十八章　第十九章

助動詞　助動詞の活用｜助動詞の活段外六目　互爾遊波：：：：六目　副詞　本來の副詞｜將來の副詞外五目　接續詞　本體の接續詞｜假體の接續詞外七目　感動詞：：：三章　發語｜助語外に五目　單語｜品詞｜熟語｜疊語｜熟語の例外に二目　文｜句｜節｜章｜文の

第二十章　第廿一章　第廿二章　第廿三章　第廿四章　第廿五章　第廿六章　第廿七章

構造的成分　主語｜說明語｜述語、客語｜補足語外に三目　主節｜屬節｜非屬節｜獨立節｜從屬節｜節の種類　聯構文：：插入文　單文｜複文｜對文｜混合文｜混文外に七目　正序法外に三十二目　冠辭法｜枕詞｜序詞　解剖法：：：四法　文法｜語法｜修辭法

帝國百科全書　**政治書類**　既刊目錄

四十七編　政治汎論

法學士　永井惟直君著

第一編　緒論

政治とは何ぞや◎政治の起原◎政治の目的◎政治と政治學の區別及關係◎政治と其他社會的諸現象との關係、宗教、道德、法律、國際條約、經濟◎政治學に對する批難及其辨明◎政治學の研究法◎政治學說沿革

第二編　本論

第一部　近世政治思想

◎正義　◎自由　◎平等　◎文明　◎進化　◎民性

第二部　國家の政治的研究

甲、國家夫れ自體

國家の觀念◎國家の起源◎國家の目的◎國家の將來

乙、國家の政治的方面

◎主權　◎政體　◎憲法　◎政府
◎國民　◎議會　◎政黨　◎輿論
◎集合結社◎革命◎自治

三十一編　財政學

法學士　笹川潔君著

總說◎財政及財政學◎財政學と他の科學との關係

第一編　經費論

緒論◎政治上經濟上及國法上經費の觀察◎經費の分類（六節に分つ）

第二編　收入論

緒論◎約束上の收入（田野森林採鑛冶金、政府の製造業、交通運輸、銀行業等より生ずる收入を五節に分說す）◎强迫上の收入（手數料、租稅＝二十二款數十項）◎國家の特占事業による利得

第三編　公債論

緒論◎各種の公債（任意公債及强迫公債、擔保附公債及無擔保公債、利息附公債及無利息公債、確定公債及流動公債）

外篇　財政學史略要

四十六編　政治史

法學士　森山守次君著

◎維也納會議
◎神聖同盟
◎希臘獨立
◎英國憲法の改正
◎佛國七月の革命
◎七月革命の影響
◎佛國二月革命
◎クリミヤ戰爭
◎伊太利統一
◎シユレスウヰッヒ、ホルスタイン事件
◎西班牙問題
◎波蘭問題
◎墨西哥事件
◎普墺戰爭
◎普佛戰爭
◎露土戰爭
◎十九世紀末後に於ける諸國の動靜

五十一編　日本法制史

文學士　三浦菊太郎君著

緒言

第一編　神武帝建國より鎌倉開府以前に至る

貴賤の階級◎官制◎爵位の制度◎土地の制度◎租稅の制度◎交通の制度◎軍事制度◎社寺の制度◎教育制度◎司法制度

第二編　鎌倉時代

職制◎土地の制度◎租稅の制度◎交通制度◎軍事制度◎司法制度

第三編　室町時代

職制◎租稅制度◎交通制度◎司法制度

第四編　豐臣氏時代

職制◎土地の制度◎租稅の制度◎交通制度

第五編　江戸時代

社會の秩序◎職制◎土地の制度◎租稅の制度◎公家に對する制度◎諸侯に對する制度

帝國百科全書　政治書類　既刊目録

三十三編　日本帝國憲法論

法學士　田中次郎君著

第一編　總論
○帝國憲法の沿革及意義
○憲法の位地及解釋
○國家の觀念
○國家統治の關係
○國家統治の機能

第二編　各論
○天皇
○臣民の權利義務
○帝國議會
○國務大臣及樞密顧問
○司法
○會計
○補則
(一)憲法改正法の性質
(二)憲法以前の法令の性質
(三)皇室典範の國法上の性質

附錄
(一)五ヶ條御誓文
(二)明治十四年の詔勅
(三)憲法前文詔勅各條正文
(四)皇室典範正文

八十編　議會及政黨論

法學士　菊地學而君著

緒論
一章　國家の觀念
二章　統治權又は主權
三章　國体及政体

一編　帝國議會
一章　總論
二章　議會制度の沿革
三章　議會の性質及び國法上の地位
四章　議會の組織
五章　議會の職權

二編
一章　選擧
二章　少數代表
三章　選擧の方法

三編
一章　總論
法政法の由來外に五目
二章　政黨の目的
政黨の目的に關する學說其他
三章　政黨内閣論
英國政黨外に六目

五十六編　國法學

岸崎法學士　故中村孝君　共著

緒論
第一編　國法學の意義
第二編　國法の淵源

第一卷　國家の組織
第一編　統治權
第二編　領土
第三編　臣民
第四編　國家の機關(總論)

第二卷　國家の機關
第一編　政府
第二編　國會
第三編　裁判所

第三卷　國家の機能
第一編　立法
第二編　行政
第三編　司法

第四卷　國家連結
第一編　事實上の連結
第二編　國際法上の連結
第三編　國法上の連結

八十六編　行政裁判法論

法學士　小林魁郎君著

總論　行政の意義◎行政と法規との關係の沿革◎行政法の意義及其淵源◎行政の活動する形式◎法律命令及處分令の消滅源因◎行政機關の組織◎官吏及吏員

本論

第一編　訴願　總論◎行政訴願の範圍◎行政訴願を提起し得る人◎同訴願を受くる官廳◎同訴願提起の期限◎同手續◎同裁決

第二編　行政訴訟　行政訴訟の性質◎行政裁判制度の比較(各國の制度を擧ぐ)◎行政裁判所と司法裁判所との關係◎行政訴願と行政訴訟との關係◎行政訴訟事項◎行政訴訟の種類◎行政裁判所の組織◎行政訴訟當事者◎行政訴訟手續◎行政裁判の判決

第三編　權限爭議　總論◎權限爭議の種類◎權限爭議を許す範圍◎行政裁判所と行政廳との間に生ずる權限爭議◎權限爭議の期間◎同當事者◎權限裁判所の組織◎權限裁判の手續及判決

第八十七編　行政法汎論

法學士　小原新三君著

緒論
第一章　緒言
第二章　行政
行政の觀念◎仝發達◎仝目的◎仝地位◎仝實質◎仝分類
第三章　行政法
法規の觀念◎公法の觀念◎行政法の觀念◎仝法と他法律及條約との關係◎仝法の內容
第四章　公權附公義務

第一編　行政機關
第一章　行政の組織
第二章　行政官廳
第三章　公共團体
第四章　公務員

第二編　行政行爲
第一章　行政行爲
實質上の區別◎形式上の區別◎目的上の區別
第二章　行政上の强制手段
第三章　行政上の救濟手段

第三編　營造物附公有物及公用物

第九十一編　行政法各論

法學士　小原新三君著

緒言
第一卷　官治行政
第一編　軍務行政
兵役◎軍事負擔
第二編　財務行政
國庫◎豫算◎國有財產◎會計◎會計檢査◎租税◎手數料◎公債
第三編　外務行政
外務大臣に依りて行はるゝ行政◎公使に依りて行はるゝ行政◎領事に依り行はるゝ行政
第四編　司法行政
裁判所◎判事◎檢事局及檢事◎辯護士◎執達吏及公證人◎裁判執行に關する行政
第五編　內務行政
內務行政の要領◎人事行政◎警察◎助長行政

第二卷　自治行政
第一編　地方團体
市町村◎府縣及郡◎市町村內の區◎郡組合及町村組合
第二編　公共組合
水利組合◎商業會議所◎北海道土功組合

第二十三編　國際公法

北條法學士
熊谷法學士　共著

第一編　總則
第一章　國際公法の小史
第二章　國際公法の意義
第三章　國際公法の淵源
第四章　國際公法上の人格
第五章　平時國際公法の大原則

第二編　平時國際公法
第一章　國家の發生消滅及變更
第二章　國家の領土
第三章　土地に非る國家の財產
第四章　領土に關する主權
第五章　臣民に關する主權
第六章　疆土以外に於ける主權
第七章　國家防衛權
第八章　國際干涉
第九章　國際上國家の代理者
第十章　條約
第十一章　國際爭議調停

第二十二編　國際私法

法學士　中村太郎君著

緒論
國際私法の概念◎仝沿革◎國際公法と仝私法との關係◎國際私法の目的及び範圍◎仝法上裁判官の職務◎外國法の適用に關する裁判官の職務◎國際私法の淵源
第一編　外國人の法律上の地位
第二編　國籍
第三編　住所
第四編　資格
第五編　失踪
第六編　婚姻及び離婚
第七編　親子の關係
第八編　無能力者の保護
第九編　債務法
第十編　相續及び遺囑
第十一編　財產權
第十二編　商法
總說◎手形◎海法◎破產
第十三編　訴訟法

東亜同文會幹事國友重章君校閲
東亜同文會幹事恒屋盛服君著

朝鮮開化史

大判洋布上裝
正價金壹圓
郵稅拾四錢

地理編

○天然地理○平安道○咸鏡道○江原道○慶尚道○全羅道○忠清道○京畿道○黄海道○歴代版圖沿革○境外地域○日韓兩國地理上の關係

人種編

○天降人種○扶餘族○半島關係の各種族○漢人種の殖民幷に人種の大變動○日本人の殖民○扶餘族の半島大移住○百濟高句麗の亡滅と人種の移動○中古血脈の紛亂○概論

文化論

○西南二系統の文明○魏晋文明の遞傳○佛教傳來の結果○百濟高句麗文化の流傳○新羅王朝文運の盛時○高麗文明の第一期○高麗文明の第二期○李朝創業時代○世宗王の治世○世祖より宣祖に至る○壬辰役後○社會○宗教々育○政府制度○運輸交通

外交編

○半島外交の初期○新羅中興の外交○新羅外交の平和○高麗契丹の關係○高麗と宋金との關係○蒙古の征服時代○高麗末世の外交○朝鮮の國是と其外交○日本の一大打擊○清國の征服○鎖國時代○開國後の外交○半島外交上の結論

半島希望無し朝鮮餘望を保たずとせんも之に連ぬるに希望滿々たる東方の新興國を以てせば又一點の光明が北極圏線内に顯現せるの想あるべし本書は之を既往に考へ現在に徵し之を未來に推し大勢の歸着する所を逆視し其本然の性質が將來に及ぼす關係を知悉せしむ苟も刻下の時要に應せんとするもの先づ本書を繙讀すべきなり

河口慧海師著

世界之秘密國 西藏旅行記 上卷

大判洋布上綴
正價金壹圓
郵稅拾貳錢

卷頭口繪

●比馬羅耶山脈中世界第一の高雪峰（ゴリーサンカ）の景（菊版二頁大）●慧海師出發當時の肖像（一頁）●西藏語梵語博士チャンダラダース氏肖像（一頁）●タシルフンフー寺大喇嘛教師シエンチエンドルヂエチャン尊者肖像（一頁）●慧海師入藏踏査地圖（石版着色）（一頁）

西藏は（ヒマラヤ）山北の高原國にして世界の高山峻嶺を以て其四邊を圍み且國道に關門を設けて鎖國を嚴行せり彼が完全鎖國を勵行せしより歐洲人の探檢を企てし者幾多なるを知らすと雖も或は道途の險に仆れ或は彼國人に殺戮せられて一も成功せしものなし今日尚彼國内の消息を詳かにするを得ざりき是れ師の談話の最も珍重すへき所以なり今や英國は遠征隊を彼國に送らんとし露國亦之れに對する運動をなさんとす英露の彼國に於ける勢力消長の如何を知り且又非常に活潑なる精神的活動を知らんと欲する者は師が辛苦經營の偉績を讀んて其裨益を得給ふべし

支那法制史　　日本立法資料全集　別巻 1150

平成29年4月20日　復刻版第1刷発行

編 者　淺 井 虎 夫

発行者　今 井 貴
渡 辺 左 近

発行所　信 山 社 出 版
〒113-0033 東京都文京区本郷6-2-9-102
モンテベルデ第2東大正門前
電 話 03（3818）1019
FAX 03（3818）0344
郵便振替 00140-2-367777（信山社販売）

Printed in Japan.

制作／(株)信山社，印刷・製本／松澤印刷・日進堂

ISBN 978-4-7972-7260-4 C3332

別巻　巻数順一覧【950～981巻】

巻数	書　名	編・著者	ISBN	本体価格
950	実地応用町村制質疑録	野田藤吉郎、國吉拓郎	ISBN978-4-7972-6656-6	22,000円
951	市町村議員必携	川瀬周次、田中迪三	ISBN978-4-7972-6657-3	40,000円
952	増補 町村制執務備考 全	増澤鐵、飯島篤雄	ISBN978-4-7972-6658-0	46,000円
953	郡区町村編制法 府県会規則 地方税規則 三法綱論	小笠原美治	ISBN978-4-7972-6659-7	28,000円
954	郡区町村編制 府県会規則 地方税規則 新法例纂 追加地方諸要則	柳澤武運三	ISBN978-4-7972-6660-3	21,000円
955	地方革新講話	西内天行	ISBN978-4-7972-6921-5	40,000円
956	市町村名辞典	杉野耕三郎	ISBN978-4-7972-6922-2	38,000円
957	市町村吏員提要〔第三版〕	田邊好一	ISBN978-4-7972-6923-9	60,000円
958	帝国市町村便覧	大西林五郎	ISBN978-4-7972-6924-6	57,000円
959	最近検定 市町村名鑑 附 官国幣社 及 諸学校所在地一覧	藤澤衛彦、伊東順彦、増田穆、関惣右衛門	ISBN978-4-7972-6925-3	64,000円
960	鼇頭対照 市町村制解釈 附 理由書 及 参考諸布達	伊藤寿	ISBN978-4-7972-6926-0	40,000円
961	市町村制釈義 完　附 市町村制理由	水越成章	ISBN978-4-7972-6927-7	36,000円
962	府県郡市町村 模範治績　附 耕地整理法 産業組合法 附属法令	荻野千之助	ISBN978-4-7972-6928-4	74,000円
963	市町村大字読方名彙〔大正十四年度版〕	小川琢治	ISBN978-4-7972-6929-1	60,000円
964	町村会議員選挙要覧	津田東璋	ISBN978-4-7972-6930-7	34,000円
965	市制町村制 及 府県制　附 普通選挙法	法律研究会	ISBN978-4-7972-6931-4	30,000円
966	市制町村制註釈 完　附 市制町村制理由〔明治21年初版〕	角田真平、山田正賢	ISBN978-4-7972-6932-1	46,000円
967	市町村制詳解 全　附 市町村制理由	元田肇、加藤政之助、日鼻豊作	ISBN978-4-7972-6933-8	47,000円
968	区町村会議要覧 全	阪田辨之助	ISBN978-4-7972-6934-5	28,000円
969	実用 町村制市制事務提要	河邨貞山、島村文耕	ISBN978-4-7972-6935-2	46,000円
970	新旧対照 市制町村制正文〔第三版〕	自治館編輯局	ISBN978-4-7972-6936-9	28,000円
971	細密調査 市町村便覧(三府 四十三県 北海道 樺太 台湾 朝鮮 関東州)　附 分類官公衙公私学校銀行所在地一覧表	白山榮一郎、森田公美	ISBN978-4-7972-6937-6	88,000円
972	正文 市制町村制 並 附属法規	法曹閣	ISBN978-4-7972-6938-3	21,000円
973	台湾朝鮮関東州 全国市町村便覧 各学校所在地〔第一分冊〕	長谷川好太郎	ISBN978-4-7972-6939-0	58,000円
974	台湾朝鮮関東州 全国市町村便覧 各学校所在地〔第二分冊〕	長谷川好太郎	ISBN978-4-7972-6940-6	58,000円
975	合巻 佛蘭西邑法・和蘭邑法・皇国郡区町村編成法	箕作麟祥、大井憲太郎、神田孝平	ISBN978-4-7972-6941-3	28,000円
976	自治之模範	江木翼	ISBN978-4-7972-6942-0	60,000円
977	地方制度実例総覧〔明治36年初版〕	金田謙	ISBN978-4-7972-6943-7	48,000円
978	市町村民 自治読本	武藤榮治郎	ISBN978-4-7972-6944-4	22,000円
979	町村制詳解　附 市制及町村制理由	相澤富蔵	ISBN978-4-7972-6945-1	28,000円
980	改正 市町村制 並 附属法規	楠綾雄	ISBN978-4-7972-6946-8	28,000円
981	改正 市制 及 町村制〔訂正10版〕	山野金蔵	ISBN978-4-7972-6947-5	28,000円

別巻　巻数順一覧【915 ～ 949 巻】

巻数	書　名	編・著者	ISBN	本体価格
915	改正 新旧対照市町村一覧	鍾美堂	ISBN978-4-7972-6621-4	78,000 円
916	東京市会先例彙輯	後藤新平、桐島像一、八田五三	ISBN978-4-7972-6622-1	65,000 円
917	改正 地方制度解説〔第六版〕	狭間茂	ISBN978-4-7972-6623-8	67,000 円
918	改正 地方制度通義	荒川五郎	ISBN978-4-7972-6624-5	75,000 円
919	町村制市制全書 完	中嶋廣蔵	ISBN978-4-7972-6625-2	80,000 円
920	自治新制 市町村会法要談 全	田中重策	ISBN978-4-7972-6626-9	22,000 円
921	郡市町村吏員 収税実務要書	荻野千之助	ISBN978-4-7972-6627-6	21,000 円
922	町村至宝	桂虎次郎	ISBN978-4-7972-6628-3	36,000 円
923	地方制度通 全	上山満之進	ISBN978-4-7972-6629-0	60,000 円
924	帝国議会府県会郡会市町村会議員必携 附関係法規 第1分冊	太田峯三郎、林田亀太郎、小原新三	ISBN978-4-7972-6630-6	46,000 円
925	帝国議会府県会郡会市町村会議員必携 附関係法規 第2分冊	太田峯三郎、林田亀太郎、小原新三	ISBN978-4-7972-6631-3	62,000 円
926	市町村是	野田千太郎	ISBN978-4-7972-6632-0	21,000 円
927	市町村執務要覧 全 第1分冊	大成館編輯局	ISBN978-4-7972-6633-7	60,000 円
928	市町村執務要覧 全 第2分冊	大成館編輯局	ISBN978-4-7972-6634-4	58,000 円
929	府県会規則大全 附 裁定録	朝倉達三、若林友之	ISBN978-4-7972-6635-1	28,000 円
930	地方自治の手引	前田宇治郎	ISBN978-4-7972-6636-8	28,000 円
931	改正 市制町村制と衆議院議員選挙法	服部喜太郎	ISBN978-4-7972-6637-5	28,000 円
932	市町村国税事務取扱手続	広島財務研究会	ISBN978-4-7972-6638-2	34,000 円
933	地方自治制要義 全	末松偕一郎	ISBN978-4-7972-6639-9	57,000 円
934	市町村特別税之栞	三邊長治、水谷平吉	ISBN978-4-7972-6640-5	24,000 円
935	英国地方制度 及 税法	良保両氏、水野遵	ISBN978-4-7972-6641-2	34,000 円
936	英国地方制度 及 税法	髙橋達	ISBN978-4-7972-6642-9	20,000 円
937	日本法典全書 第一編 府県制郡制註釈	上條慎蔵、坪谷善四郎	ISBN978-4-7972-6643-6	58,000 円
938	判例挿入 自治法規全集 全	池田繁太郎	ISBN978-4-7972-6644-3	82,000 円
939	比較研究 自治之精髄	水野錬太郎	ISBN978-4-7972-6645-0	22,000 円
940	傍訓註釈 市制町村制 並ニ 理由書〔第三版〕	筒井時治	ISBN978-4-7972-6646-7	46,000 円
941	以呂波引町村便覧	田山宗堯	ISBN978-4-7972-6647-4	37,000 円
942	町村制執務要録 全	鷹巣清二郎	ISBN978-4-7972-6648-1	46,000 円
943	地方自治 及 振興策	床次竹二郎	ISBN978-4-7972-6649-8	30,000 円
944	地方自治講話	田中四郎左衛門	ISBN978-4-7972-6650-4	36,000 円
945	地方施設改良 訓諭演説集〔第六版〕	鹽川玉江	ISBN978-4-7972-6651-1	40,000 円
946	帝国地方自治団体発達史〔第三版〕	佐藤亀齢	ISBN978-4-7972-6652-8	48,000 円
947	農村自治	小橋一太	ISBN978-4-7972-6653-5	34,000 円
948	国税 地方税 市町村税 滞納処分法問答	竹尾高堅	ISBN978-4-7972-6654-2	28,000 円
949	市町村役場実用 完	福井淳	ISBN978-4-7972-6655-9	40,000 円

別巻　巻数順一覧【878 ～ 914 巻】

巻数	書　名	編・著者	ISBN	本体価格
878	明治史第六編 政黨史	博文館編輯局	ISBN978-4-7972-7180-5	42,000 円
879	日本政黨發達史 全〔第一分冊〕	上野熊藏	ISBN978-4-7972-7181-2	50,000 円
880	日本政黨發達史 全〔第二分冊〕	上野熊藏	ISBN978-4-7972-7182-9	50,000 円
881	政党論	梶原保人	ISBN978-4-7972-7184-3	30,000 円
882	獨逸新民法商法正文	古川五郎、山口弘一	ISBN978-4-7972-7185-0	90,000 円
883	日本民法鼇頭對比獨逸民法	荒波正隆	ISBN978-4-7972-7186-7	40,000 円
884	泰西立憲國政治攬要	荒井泰治	ISBN978-4-7972-7187-4	30,000 円
885	改正衆議院議員選擧法釋義 全	福岡伯、横田左仲	ISBN978-4-7972-7188-1	42,000 円
886	改正衆議院議員選擧法釋義 附 改正貴族院令,治安維持法	犀川長作、犀川久平	ISBN978-4-7972-7189-8	33,000 円
887	公民必携 選擧法規ト判決例	大浦兼武、平沼騏一郎、木下友三郎、清水澄、三浦數平	ISBN978-4-7972-7190-4	96,000 円
888	衆議院議員選擧法輯覽	司法省刑事局	ISBN978-4-7972-7191-1	53,000 円
889	行政司法選擧判例總覽―行政救濟と其手續―	澤田竹治郎・川崎秀男	ISBN978-4-7972-7192-8	72,000 円
890	日本親族相續法義解 全	髙橋捨六・堀田馬三	ISBN978-4-7972-7193-5	45,000 円
891	普通選擧文書集成	山中秀男・岩本溫良	ISBN978-4-7972-7194-2	85,000 円
892	普選の勝者 代議士月旦	大石末吉	ISBN978-4-7972-7195-9	60,000 円
893	刑法註釋 卷一～卷四(上卷)	村田保	ISBN978-4-7972-7196-6	58,000 円
894	刑法註釋 卷五～卷八(下卷)	村田保	ISBN978-4-7972-7197-3	50,000 円
895	治罪法註釋 卷一～卷四(上卷)	村田保	ISBN978-4-7972-7198-0	50,000 円
896	治罪法註釋 卷五～卷八(下卷)	村田保	ISBN978-4-7972-7198-0	50,000 円
897	議會選擧法	カール・ブラウニアス、國政研究科會	ISBN978-4-7972-7201-7	42,000 円
901	鼇頭註釈 町村制 附 理由 全	八乙女盛次、片野続	ISBN978-4-7972-6607-8	28,000 円
902	改正 市制町村制 附 改正要義	田山宗堯	ISBN978-4-7972-6608-5	28,000 円
903	増補訂正 町村制詳解〔第十五版〕	長峰安三郎、三浦通太、野田千太郎	ISBN978-4-7972-6609-2	52,000 円
904	市制町村制 並 理由書 附 直接間接税類別及実施手続	高崎修助	ISBN978-4-7972-6610-8	20,000 円
905	町村制要義	河野正義	ISBN978-4-7972-6611-5	28,000 円
906	改正 市制町村制義解〔帝國地方行政学会〕	川村芳次	ISBN978-4-7972-6612-2	60,000 円
907	市制町村制 及 関係法令〔第三版〕	野田千太郎	ISBN978-4-7972-6613-9	35,000 円
908	市町村新旧対照一覧	中村芳松	ISBN978-4-7972-6614-6	38,000 円
909	改正 府県郡制問答講義	木内英雄	ISBN978-4-7972-6615-3	28,000 円
910	地方自治提要 全 附 諸届願書式 日用規則抄録	木村時義、吉武則久	ISBN978-4-7972-6616-0	56,000 円
911	訂正増補 市町村制問答詳解 附 理由及追輯	福井淳	ISBN978-4-7972-6617-7	70,000 円
912	改正 府県制郡制註釈〔第三版〕	福井淳	ISBN978-4-7972-6618-4	34,000 円
913	地方制度実例総覧〔第七版〕	自治館編輯局	ISBN978-4-7972-6619-1	78,000 円
914	英国地方政治論	ジョージ・チャールズ・ブロドリック,久米金彌	ISBN978-4-7972-6620-7	30,000 円